高等职业教育工学结合系列教材·汽车类

汽车电气

（第3版）

胡光辉　仇雅莉　主编

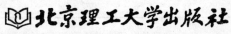
北京理工大学出版社
BEIJING INSTITUTE OF TECHNOLOGY PRESS

内容简介

本书根据职业院校汽车电气设备构造与维修课程的教学要求，采用理论与实践相结合的方式，介绍了汽车电气设备的相关专业知识和操作技能。

全书共分为九个模块，内容包括绪论、汽车蓄电池、充电系统、起动系统、点火系统、照明/信号系统、仪表/报警系统、辅助电气系统、空调系统。每个模块包含多个课题，针对每个课题设置了实训操作内容，以促进学生操作水平和职业素质的提升。每个模块的后面设置有思考与练习，以帮助学生巩固理论知识。

本书适合高等院校、高职院校汽车运用与维修技术、汽车电子技术、汽车制造与装配技术等相关专业使用，也可以作为成人高等教育相关课程的教材使用，还可供汽车修理工、驾驶员、汽车行业工程技术人员阅读参考。

版权专有　侵权必究

图书在版编目（CIP）数据

汽车电气 / 胡光辉，仇雅莉主编. --3 版. --北京：北京理工大学出版社，2021.8（2021.9 重印）
ISBN 978-7-5682-9500-0

Ⅰ.①汽… Ⅱ.①胡… ②仇… Ⅲ.①汽车–电气设备–高等职业教育–教材 Ⅳ.①U463.6

中国版本图书馆 CIP 数据核字（2021）第 158007 号

出版发行 /	北京理工大学出版社有限责任公司
社　　址 /	北京市海淀区中关村南大街 5 号
邮　　编 /	100081
电　　话 /	（010）68914775（总编室）
	（010）82562903（教材售后服务热线）
	（010）68944723（其他图书服务热线）
网　　址 /	http://www.bitpress.com.cn
经　　销 /	全国各地新华书店
印　　刷 /	涿州市新华印刷有限公司
开　　本 /	787 毫米×1092 毫米　1/16
印　　张 /	20.5
字　　数 /	481 千字
版　　次 /	2021 年 8 月第 3 版　2021 年 9 月第 2 次印刷
定　　价 /	59.00 元

责任编辑 / 陈莉华
文案编辑 / 陈莉华
责任校对 / 周瑞红
责任印制 / 李志强

图书出现印装质量问题，请拨打售后服务热线，本社负责调换

前　言

《汽车电气》第2版出版以来，得到了许多学校、汽车维修人员和汽车爱好者的充分肯定。汽车专业类教材要以汽车维修行业人才需求为基本依据，以职业岗位的实际工作任务为教学内容，通过综合和具体的职业技术实践活动，帮助学生积累实际工作经验，突出职业教育的特色，全面提高学生的职业道德、职业能力和综合素质。

本书在前一版的基础上重新进行了编排，注重以就业为导向，以培养学生的技术技能为本位，体现了职业教育特色。通过引入大量的实车电路，使学习者对汽车电气各系统有全面的了解，以满足汽车运用领域技术技能型人才培养的需要。

全书共分为九个模块，内容包括绪论、汽车蓄电池、充电系统、起动系统、点火系统、照明/信号系统、仪表/报警系统、辅助电气系统、空调系统。每个模块包含多个课题，针对每个课题设置了实训操作内容，以促进学生操作水平和职业素质的提升。每个模块的后面设置有思考与练习，以帮助学生巩固理论知识。

本书的特色可以概括为：

① 全书在每一课题中，通过引入不同车型各个系统电路图，分析电路工作原理，结合相关的专业知识解决汽车电气故障检修中存在的问题，便于掌握和理解。

② 在讲解分析各主要电气系统电路特点与常见故障诊断的基础上，有针对性地介绍德国大众、日本丰田、美国通用、法国雪铁龙、韩国现代等典型车系的电路分析方法。

③ 注重理论与实践的紧密结合，力求内容广泛，保持汽车电路分析知识的完整性。

本书适合高等院校、高职院校汽车运用与维修技术、汽车电子技术、汽车制造与装配技术等相关专业使用，也可以作为成人高等教育的相关课程的教材使用，还可供汽车修理工、驾驶员、汽车行业工程技术人员阅读参考。

本书由湖南交通职业技术学院胡光辉、仇雅莉担任主编（编写模块一、六、七和工作任务单），参加本书编写的人员还有湖南开放大学网络工程职业学院胡欣怡（编写模块二、三）、湖南交通职业技术学院彭波（编写模块四）、广汽菲亚特克莱斯勒汽车有限公司高晓伟（编写模块九）、长沙师范学院陈思远（编写模块五、八）。

本书在编写过程中参阅了许多国内外公开出版与发表的文献，在此表示感谢。限于编者经历及水平，内容难以覆盖全国各地的实际情况，也难免有不妥和错误之处，恳请读者提出宝贵意见。

编　者

目 录

模块一　绪论 ... 1
课题一　汽车电气设备概述 ... 1
课题二　汽车电气维修基础 ... 6
课题三　汽车电路图的识读 ... 15
思考与练习 ... 31

模块二　汽车蓄电池 ... 33
课题一　蓄电池的结构 ... 33
课题二　蓄电池的工作原理 ... 38
课题三　蓄电池的充电 ... 42
课题四　蓄电池的维修 ... 47
思考与练习 ... 49

模块三　充电系统 ... 52
课题一　交流发电机的结构及类型 ... 52
课题二　交流发电机的工作原理 ... 57
课题三　交流发电机的维修 ... 61
课题四　电压调节器的结构及工作原理 ... 62
课题五　电源系统电路 ... 69
思考与练习 ... 77

模块四　起动系统 ... 80
课题一　起动系统的功用及类型 ... 80
课题二　起动机的结构、工作原理 ... 83
课题三　起动机的使用与调整 ... 95
课题四　起动系统电路 ... 96
思考与练习 ... 101

模块五　点火系统 ... 104
课题一　概述 ... 104

目录 Contents

  课题二 电子点火系统 ································· 108
  课题三 微机控制点火系统 ························· 124
  思考与练习 ·· 138

模块六 照明/信号系统 ································· 144

  课题一 照明系统 ·· 144
  课题二 信号系统 ·· 157
  思考与练习 ·· 168

模块七 仪表/报警系统 ································· 171

  课题一 仪表系统 ·· 171
  课题二 报警系统 ·· 181
  思考与练习 ·· 187

模块八 辅助电气系统 ···································· 189

  课题一 电动风扇 ·· 189
  课题二 风窗清洁装置 ·································· 192
  课题三 电动车窗 ·· 200
  课题四 电动后视镜 ····································· 203
  课题五 电动座椅 ·· 206
  课题六 电动中央门锁 ·································· 208
  思考与练习 ·· 213

模块九 空调系统 ··· 216

  课题一 空调系统的构成 ······························ 216
  课题二 空调系统的工作原理 ······················· 220
  课题三 空调系统的控制电路 ······················· 240
  课题四 空调系统的维护 ······························ 250
  课题五 空调故障诊断 ·································· 256
  思考与练习 ·· 260

工作任务单 ·· 265

模块一 绪 论

> **学习目标：**
> 了解汽车电子技术的发展现状。
> 知道汽车电气设备的组成、特点。
> 掌握汽车电路检测仪表、仪器的使用方法。
> 知道国内主流车型电路图。
> 学会根据电路图查找电器元件。

课题一 汽车电气设备概述

一、汽车电气的发展

1. 汽车电气的发展概况

经过近百年的发展，汽车电气系统成为汽车越来越重要的组成部分。其结构是否合理、性能是否优化、技术状况是否正常，对汽车的动力性、经济性、安全性、可靠性、舒适性和排放水平有着非常重要的影响。例如，为使汽车发动机获得最高的经济性，需要点火系统在最适当的时间点火；为使发动机可靠起动，需要装备电源系统和起动系统；为了保证汽车安全行驶，需要装备照明系统、信号系统、信息显示与报警系统、挡风玻璃刮水与洗涤系统；为了便于查找和排除汽车电器故障，需要装备熔断器、易熔线和故障自诊断系统；为了提高汽车的动力性，需要装备发动机燃油喷射系统、进气控制系统、增压控制系统、汽油发动机电控单元（电脑）控制点火系统和爆燃控制系统；为了提高汽车的经济性和排放性，需要装备空燃比反馈控制系统、燃油蒸气回收系统和废气再循环控制系统；为了提高乘坐汽车的舒适性，需要装备汽车空调系统、悬架调节系统和座椅控制系统；为了提高汽车行驶的安全性，需要装备防抱死制动系统、安全气囊系统、座椅安全带控制系统、雷达车距控制系统和倒车防撞警报系统等。

随着汽车结构的改进与性能的不断提高，汽车上装备的传统电气正面临着巨大的冲击。近年来，伴随电子工业的发展，电子技术在汽车上的应用越来越广，车用电子装置的新产品不断涌现,特别是大规模集成电路及微型处理机的应用,大大推动了汽车工业的发展,同时也给汽车的控制装置带来了巨大的变革。当前,电子技术在解决汽车所面临的油耗、安全、排放等问题方面正起着重要作用。如电子控制汽油喷射装置和电子点火装置的应用不仅可节油 5%～10%,同时对排气净化亦十分有利;电子控制防抱死制动装置的应用不但可使汽车在泥泞路面上高速行驶,而且紧急制动时可防止侧滑,保证汽车安全制动。此外,在实现操纵自动化和提高舒适性等方面也离不开电器与电子设备的应用。可见,随着汽车工业和电子工业的高速发展,汽车上所装用的电器与电子设备的数量将会与日俱增,所起的作用也将越来越重要。

在汽车发展的最初阶段,除了点火系统外,汽车上几乎没有电气系统。汽车电子技术始于 20 世纪 50 年代,其发展大致可分为以下 4 个阶段。

1)第一阶段(20 世纪 50 年代初—70 年代初):主要特征是开发分立元件和集成电路,开始应用电子装置代替传统的电气机械部件,如集成电路调节器、电子点火器等。

2)第二阶段(20 世纪 70 年代中期—80 年代中期):主要特征是发展专用的独立系统,电气装置被应用在某些机械装置所无法解决的复杂控制功能方面,如电子控制汽油喷射系统、制动防抱死系统等。

3)第三阶段(20 世纪 80 年代中期—90 年代中期):主要特征是电控单元开始在汽车上获得应用,并实现了对许多功能的集中控制。汽车上的电气装置不仅已能自动承担基本控制任务,而且还能处理外部和内部的各种信息,如部分传统电气实现电控单元控制、发动机和底盘许多机械部分实现电控单元控制等。

4)第四阶段(20 世纪 90 年代中期开始至今):主要特征是研究发展汽车电子智能控制技术,模拟人的思维和行为对车辆进行控制,如汽车自动驾驶系统、汽车自动导航系统等。汽车采用电子控制系统的概况如图 1-1 所示。

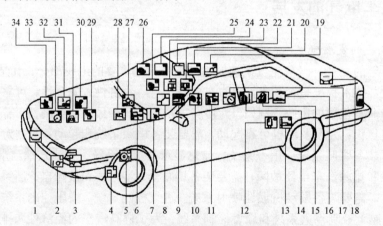

图 1-1 电子技术在汽车上的应用

1、18—雷达车距检测;2—LED 车灯;3—气体放电车灯;4—轮胎气压检测;5—制动防抱死与防滑转控制;6—底盘故障诊断;7—刮水器与洗涤器控制;8—维修周期提示;9—液面与磨损检测;10—安全气囊与安全控制;11—车辆防盗控制;12—前/后轮转向控制;13—电子控制悬架;14—自动空调;15—电动座椅调节;16—中控门锁;17—巡航控制;19—线束控制;20—信息显示;21—交通控制与通信;22—车载电话;23—车载电控单元;24—音响系统;25—声控系统;26—声音复制;27—控制器区域网络;28—加速踏板控制;29—电控点火系统;30—自动变速控制;31—发动机电控系统故障诊断;32—空燃比反馈控制;33—怠速控制;34—发动机电控燃油喷射系统控制

2. 汽车电子技术应用的发展趋势

人类进入 21 世纪，现代汽车工业已进入成熟期，世界汽车生产能力已大于需求总量的 20%。其重要标志是汽车技术向机电一体化迈进，汽车电子化程度不断提高。可以说，汽车电子化引发了现代汽车工业的重大变革。今天的汽车已经逐步进入了电脑控制的时代。专家预测未来 3~5 年内，汽车上装用的电子装置成本将占汽车整车成本的 25%以上，汽车将由单纯的机械产品向高级的机电一体化产品方向发展，成为所谓的"电子汽车"。

随着集成控制技术、计算机技术和网络技术的发展，汽车电子技术已明显向集成化、智能化和网络化 3 个主要方向发展。

（1）集成化

近年来嵌入式系统、局域网控制和数据总线技术的成熟，使汽车电子控制系统的集成化成为汽车技术发展的必然趋势。将发动机管理系统和自动变速控制系统，集成为动力传动系统实现综合控制；将制动防抱死控制系统、牵引力控制系统和驱动防滑控制系统综合在一起进行制动控制；通过中央底盘控制器，将制动、悬架、转向、动力传动等控制系统通过总线进行连接，控制器通过复杂的控制运算，对各子系统进行协调，将车辆行驶性能控制到最佳水平，形成一体化底盘控制系统。

（2）智能化

传感技术和计算机技术的发展，加快了汽车的智能化进程。与汽车智能化相关的技术问题已受到汽车制造商的高度重视。其主要技术中"自动驾驶仪"的构想必将依赖于电子技术实现。智能交通系统（ITS）的开发将与电子技术、卫星定位等多个交叉学科相结合，它能根据驾驶员提供的目标资料，向驾驶员提供距离最短而且能绕开车辆密度相对集中处的最佳行驶路线。它装有电子地图，可以显示出前方道路，并采用卫星导航。从全球定位卫星获取沿途天气、车流量、交通事故、交通堵塞等各种情况，自动筛选出最佳行车路线。

（3）网络化

随着电控器件在汽车上越来越多的应用，车载电子设备间的数据通信变得越来越重要。以分布式控制系统为基础构造汽车车载电子网络系统是十分必要的。大量数据的快速交换、高可靠性及低成本是对汽车电子网络系统的要求。在该系统中，各子处理机独立运行，实现汽车某一方面的功能，同时在其他处理机需要时提供数据服务。主处理机收集整理各子处理机的数据，并生成车况显示。

二、汽车电气设备的组成

现代汽车的电气设备种类和数量都很多，但总的来说，可以大致分为三大部分，即电源、用电设备和全车电路及配电装置。

1. 电源

汽车电源有 2 个：蓄电池、交流发电机及调节器。发动机不工作时由蓄电池供电，发动机达到某一转速后，由发电机供电。在发电机向用电设备供电的同时，也给蓄电池充电。调节器的作用是在交流发电机工作时，保持其输出电压的稳定。

2. 用电设备

用电设备主要由以下几个系统组成。

(1) 起动系统

起动系统主要包括起动机及其控制电路,用来起动发动机。

(2) 点火系统

点火系统用来产生电火花,点燃汽油机气缸中的可燃混合气。目前汽车上采用的点火系统有传统点火系统、电子点火系统和微机控制点火系统之分。

传统点火系统包括蓄电池、点火开关、点火线圈和附加电阻、分电器(断电器、配电器、电容器、点火提前调节装置)、火花塞、高压导线等。

电子点火系统包括蓄电池、点火开关、点火线圈、信号发生器、点火控制器、点火器、火花塞、高压导线等。

微机控制点火系统包括蓄电池、点火开关、传感器(包括曲轴位置、凸轮轴位置等)、发动机控制电脑、执行器(包括点火线圈、点火控制器、火花塞等)。

(3) 照明系统

照明系统包括车外和车内的照明灯具,提供车辆夜间安全行驶必要的照明。

(4) 信号装置

信号装置包括音响信号和灯光信号两类,提供安全行车所必需的信号。

(5) 仪表及报警装置

用来监测发动机及汽车的工作情况,使驾驶员能够通过仪表及报警装置,及时发现发动机及汽车运行的各种参数及异常情况,确保汽车正常运行。它主要包括车速里程表、发动机转速表、水温表、燃油表、电压(电流)表、机油压力表、气压表及各种报警灯等。

(6) 辅助电器

辅助电器包括散热器风扇、风窗清洁装置(刮水器、洗涤器、除霜装置)、空调、低温起动预热装置、汽车音响、电动车窗、电动后视镜、中央门锁、电动座椅、防盗装置等。辅助电气设备有日益增多的趋势,主要向舒适、娱乐、保障安全等方面发展。车辆的豪华程度越高,辅助电气设备就越多。

(7) 汽车电子控制系统

汽车电子控制系统主要指利用微机控制的各个系统,包括电控燃油喷射系统、电控点火系统、电控自动变速器、制动防抱死装置、电控悬架系统、安全气囊等。电控系统的采用可以使汽车上的各个系统均处于最佳工作状态,达到提高汽车动力性、经济性、安全性、舒适性,降低汽车排放污染的目的。

3. 全车电路及配电装置

全车电路及配电装置包括中央接线盒、保险装置、继电器、电线束及插接件、电路开关等,使全车电路构成一个统一的整体。

由于现代汽车所采用的电控系统越来越多,所占的比重越来越大,且汽车电控装置往往都自成系统,将电子控制与机械装置相结合,形成了较为典型的机电一体化系统,因此本教材除了涉及传统电气设备中的电子控制装置外,仅对诸如电控燃油喷射、电子控制自动变速器、制动防抱死等系统进行简单介绍。

综上所述,电气设备的组成如图1-2所示。

三、汽车电气设备的特点

1. 低压电源

汽车电气设备系统的额定电压有12 V 和 24 V 两种。目前汽油发动机普遍采用 12 V，而柴油发动机则多采用 24 V。随着汽车用电设备功率的增加，电压有向 42 V 发展的趋势。

2. 直流电源

汽车上的电源之一是蓄电池，系直流电源，汽车起动系统采用的是直流串励式电动机，必须由蓄电池供电，且蓄电池放电后必须用直流电对其进行充电。同时直流电易于储存，所以汽车上采用直流电。

3. 单线制

用电设备与电源相连需要用两根导线才能形成回路，一根为火线，另一根为零线。汽车上所有用电设备都是并联的，从理论上讲需要有一根共用的火线和一根共用的零线。汽车的底盘和发动机都是金属制造的，具有良好的导电性，可以将其作为共用零线使用。电源到用电设备就只需用一根导线连接，称为单线制。

由于单线制导线用量少，且线路清晰，安装方便，因此广为现代汽车所采用。

4. 负极搭铁

采用单线制时，蓄电池一个电极须接至车架上，俗称"搭铁"。若蓄电池的负极接车架就称为"负极搭铁"，反之则称为"正极搭铁"。负极搭铁可以减轻对车架的电化学腐蚀，减小无线电干扰。由于单线制节省导线、线路清晰、安装和检修方便，且电器也不需与车体绝缘，因此现代汽车均采用单线制。但在个别情况下，对于某些电气设备为了保证其工作的可靠性，有时也需采用双线制。此外，某些不能靠车体形成可靠回路的地方，也采用双线制。根据我国 QT/T 413—2002《汽车

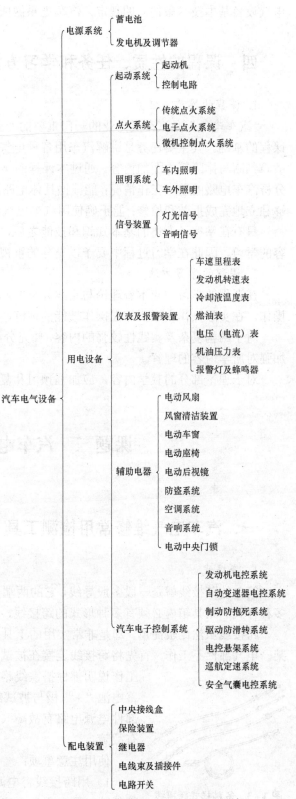

图 1-2 汽车电气设备的组成

电气设备基本技术条件》的规定，汽车电系做成单线制时，应使其负极搭铁。

四、课程的性质、任务和学习方法

1. 课程的性质、任务

"汽车电气"是汽车类专业的一门重要的专业课，同时也是学好汽车专业其他相关专业课程的基础。其主要任务是讲解汽车用各种电气设备的构造、基本工作原理、使用与检修、故障判断与排除等方面的内容。通过本课程的学习，应能够读懂汽车电路图，学会用电路图分析汽车电路的基本工作情况；能根据具体电路进行故障判断和排除；对常用的电气设备能够独立地完成拆装和检修；能正确使用汽车电气设备维修中常用的工具、设备、仪器、仪表。

只有在掌握了上述的基本知识和技能之后，才能比较顺利地完成汽车的各个电控系统内容的学习，因此在学习过程中要予以充分的重视。

2. 课程的学习方法

在课程的学习中应本着理论与实践并重的原则，要加强实践环节，尽可能多地参加动手操作，在实际操作中还要加强操作技能的训练，掌握正确的操作方法。

对于结构复杂及实践性较强的内容，要充分利用实物，采取边学习、边实践的学习方式，加强对所学内容的理解。

对于理论部分的教学内容，应加强预习和复习，以提高学习效果。

课题二　汽车电气维修基础

一、汽车电气维修常用检测工具

1. 跨接线

简单的跨接线就是一段多股导线，它的两端分别接有鳄鱼夹或不同形式的插头，它具有多种样式。工具箱内必须有多种形式的跨接线，以用作特定位置的测量，如图 1-3 所示。

跨接线虽然比较简单，却是非常实用的工具，它的作用只是起一个旁通电路的作用。如某一电气部件不工作，首先将跨接线连接在被试部件"-"端子与车身搭铁之间，此时部件工作说明部件搭铁线路断路；如搭铁电路很好，就将跨接线连接在蓄电池"+"极与被试部件的电源端子之间，此时部件工作，说明部件电源电路有故障（断路或短路），如部件仍不工作，说明部件有故障。

使用注意事项：

1）用跨接线将电源电压加至试验部件之前，必须先确认被试部件的电源电压是否应为 12 V。如果有的喷油器电源电压为 4 V，

图 1-3　多种样式跨接线

若加上12 V电压就可能使喷油器损坏。

2）跨接线不可错误连接在试验部件"＋"端子与搭铁之间。

2. 测试灯

测试灯由12 V试灯、导线、各种型号端头组成，如图1-4所示。它主要是用来检查系统电源电路是否能给电气部件提供电源。

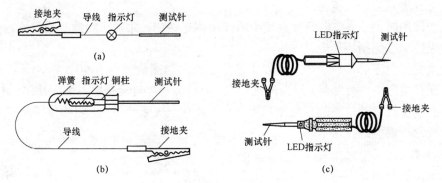

图 1-4　测试灯
（a）自制测试灯；（b）一般测试灯；（c）LED测试灯

将12 V测试灯一端搭铁，另一端接电气部件电源端子。如灯亮，说明电气部件的电源电路无故障；如灯不亮，再接去向电源方向的第二个接线点，如灯亮，则故障在第一接点与第二接点之间，电路出现的是断路故障。如灯仍不亮，则再去接第三接点，依此类推，直到灯亮为止。且故障在最后被测端子与上一个被测端子间的电路上，大多为断路故障。

3. 自带电源测试灯

如图1-5所示，自带电源测试灯与12 V测试灯类似，它只是在手柄内加装两节1.5 V干电池。它可用来检查电气电路断路和短路故障。

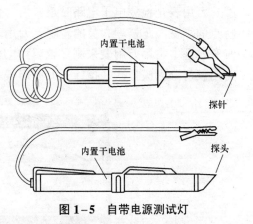

图 1-5　自带电源测试灯

（1）断路检查

首先断开与电气部件相连接的电源电路，将测试灯一端搭铁，另一端接电路各端子（从电路首端开始）。如果灯不亮，则断路出现在被测点与搭铁之间，如灯亮，断路则出现在此时被测点与上一个被测点之间。

（2）短路检查

首先断开电气部件电路的电源线和搭铁线，测试灯一端搭铁，另一端与余下电气部件电路相连接，如灯亮，表示有短路故障（搭铁）存在，然后逐步将电路中插接器脱开，开关打开，拆除部件等，直到灯灭为止，则短路出现在最后开路部件与上一个开路部件之间。

使用注意事项：不可用测试灯检查汽车电子控制系统，除非维修手册中有特殊说明，方可进行。

二、常用电工仪表

1. 电流表

电流表是用来测量电路中电流大小的一种仪表,通常用符号 Ⓐ 表示,按测量电流性质的不同,可分为直流、交流两种。

电流表使用时,必须将电流表直接串联在所测电路中,尤其在测量直流电流时,要注意电流表的极性,以免损坏仪表。

在测量交流电流时,对于 500 V 以下低压系统,当测量值小于 50 A 时,可将交流电流表直接串联在电路中进行测量,若当电流较大时,则必须与电流互感器配合使用,才可测量。

在一些精度较高的仪表的刻度标尺板下,还装有一块弧形镜片,它的作用就在于消除使用者的"视觉"误差。

2. 电压表

电压表是测量电路中电压高低的一种仪表,通常用符号 Ⓥ 表示,其特点是内阻较大。按测量电流性质的不同,可分为直流、交流两种。测量时应将电压表与被测电路并联。

3. 万用表

万用表是检测电子电路时最常用的仪表之一,它以携带及使用方便、可测参数多等显著特点而深受汽车修理人员的青睐:万用表可用来测量交流与直流电压、电流和导体电阻等。汽车修理中常用万用表来测量电阻、电压、电压降等,以判断电路的通断和电器的技术情况。万用表可分为模拟式(指针式)万用表和数字式万用表两种类型,如图 1-6 所示。

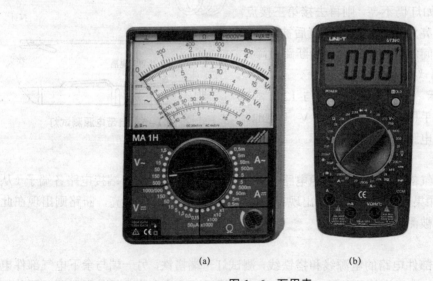

图 1-6 万用表
(a)指针式万用表;(b)数字式万用表

(1)电阻测量的方法

将开关转到电阻挡的适当位置,校零后即可测量电阻。汽车上很多电器的技术状态都可用检查电阻的方法来判断,如检查断路、短路、搭铁故障。

(2) 直流电压测量的方法

将开关转到直流电压挡的适当位置（选择量程）。注意表针的"＋""－"极应和电路两端的正、负一致，用测电压的方法可以检查电路上某点是否存在电源电压，以及电路通过电气部件电压降的大小。

(3) 万用表检测汽车电器的注意事项

1) 在检测之前，应先检查汽车电器中熔断器、线束连接器（插头）是否良好。可参照维修手册说明的安装位置，对各熔断器的工作状态进行检查。

2) 蓄电池应保持充足的电量，电源线应接触良好，因为当电源电压小于 11 V 时，会使检测结果增大甚至测试错误。

3) 万用表的输入阻抗应大于 10 MΩ。若使用低阻抗的万用表，轻者会使测试数据不准确，严重时还会使汽车电器中的集成电路元件、传感器等损坏，因此使用前应认真阅读汽车万用表的使用说明书，对输入阻抗的数值进行核对。

4) 测量电控单元（ECU）各个端子的电压时，各连接器（插头）与各个执行器、传感器之间应保持连接状态，只有这样才能检测出准确的数据。

5) 测量电控单元（ECU）各个端子的电阻时，不允许用普通万用表的电阻挡测量，特别要注意不要将较高电压引入电控单元（ECU）内部，以免损坏电控单元（ECU）的内部元件。

三、汽车专用测试仪表

1. 汽车专用数字式万用表

汽车专用万用表为模拟式（指针式）和数字式两种，可用来检测电阻、电流和电压。由于指针式万用表内阻小，使用时易造成过大电流，所以在电控发动机的检测中，很多元件的测量都规定要用高阻抗的数字式万用表，以防止烧坏。

汽车专用数字式万用表，除了具有一般万用表的功能外，还具有一些汽车专用测试功能。汽车专用数字式万用表，一般能测量电压、电流、电阻、转速、频率、温度、电容、闭合角、占空比和二极管等项目，并具有自动断电、自动量程变换、图形显示、峰值保留和数据锁定等功能。

目前常用的车用数字式万用表有 EDA 系列、OTC 系列、VC400 型和 KM300 型等。图 1-7 所示 KM300 型汽车专用数字式万用表是美国艾克强公司的产品，现以此介绍其使用方法。

(1) 用汽车专用数字式万用表测量直流电压

1) 将汽车专用数字式万用表选择开关旋转到直流

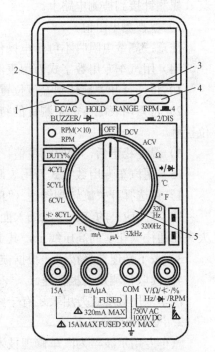

图 1-7 汽车专用数字式万用表

1—直流/交流按钮；2—保持按钮；
3—量程按钮；4—车速按钮；5—选择开关

电压 DCV 位置，此时万用表进入自动选择量程方式，能自动选择最佳测量量程。也可以按下量程（RANGE）按钮，选择手动选择量程方式，每按动量程按钮一次，即可选择更高的量程。

2）将红色测针的导线插入面板电压欧姆插孔中，黑色测针的导线插入面板 COM 插孔中；红、黑色测针接到被测电路上进行测量。

3）要注意万用表的"＋""－"测针应与电路测点的"＋""－"极性一致。

4）读取被测直流电压值。

（2）用汽车专用万用表测量直流电流

1）按下直流/交流（DC/AC）按钮，选择直流挡。

2）根据被测电流的大小，将选择开关旋转到 15 A、mA 或 μA 位置，如果不能确定所需电流量程，应先从 15 A 位置往下降。

3）将红色测针的导线插入所选定的 15 A 或 mA、μA 插孔内，黑色测针的导线插入面板的 COM 插孔内；红、黑色测针接到被测电路上，与电路串联。

4）打开被测电路。

5）读取被测直流电流值。

（3）用汽车专用数字式万用表测量电阻

1）将选择开关旋转到欧姆挡位置上，此时万用表进入自动选择量程方式，能自动选择最佳测量量程。也可以按下量程（RANGE）按钮，选择手动选择量程方式，按动量程按钮选择适当的量程。

2）红色测针的导线插入面板电压欧姆插孔中，黑色测针的导线插入面板 COM 插孔中。红、黑测针接到被测电路上。

3）取被测电阻值。

注意：测量电阻时不可带电操作，否则易烧毁万用表。

（4）用汽车专用数字式万用表测量温度

1）将选择开关旋转到温度位置上。

2）将万用表配备的带测针的特殊插头，插接到面板黄色插孔内，测针与被测温度的部位接触。

3）温度稳定后，读取测量值。

（5）用汽车专用数字式万用表测量转速

1）将选择开关旋转到转速（"RPM"或"RPM（×10）"）位置上。

2）将感应夹的红色导线插入面板电压欧姆插孔内，黑色导线插入 COM 插孔内，感应夹夹在通往火花塞的高压线上，其上方的箭头应指向火花塞。

3）按下转速选择按钮，根据被测发动机的冲程数，选择 4 或 2。

4）读取被测发动机转速。

汽车专用数字式万用表还有一些其他的用途，在此不作介绍，可参阅相关使用手册。

2. 汽车专用示波器

汽车专用示波器为汽车修理技术人员快速判断汽车电子设备故障提供了有力的工具。汽车示波器按功能分有专用型示波器：如美国艾克强袖珍型 MODEL575 双通道示波器/万用表、美国 OTC VISION 四通道示波器；多功能型的示波器：如美国 FLUKE 公司的 F98，它将双通道示波器、发动机分析仪、运行记录器和数字式万用表组合成一体；国产的有深圳元征科技股份有限公司的 ADC2000 汽车诊断电控单元，它有解码、示波器、万用表和发动机分析等功能。

SNAP-ON 公司的 VANTAGE-MT2400 为波形显示、数字式万用表和诊断数据库三合一的多功能型综合检测分析仪，如图 1-8 所示。

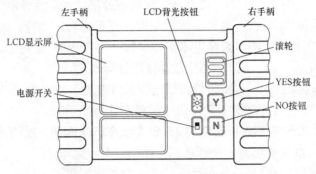

图 1-8　VANTAGE-MT2400 的外观图

（1）仪器简介

1）综合检测分析仪有一个用于显示数据的液晶显示屏和 4 个按钮、一个滚轮。4 个按钮分别是：显示屏幕背景灯的开关按钮（LCD 背光按钮）；电源开关按钮；用于确定选项的"Y"按钮（YES 按钮）；用于否定或后退一步的"N"按钮（NO 按钮）。

2）调整显示屏亮度的方法。按下显示屏背景灯按钮，慢慢滚动滚轮直至满意为止。转动滚轮，屏幕上的光标移动，可选择所需选项；"Y"按钮用于激活选单确定选项，"N"按钮用于放弃选择或退出选项。按下电源开关，可打开 VANTAGE-MT2400 仪器；关闭时，按下电源开关，保持至仪器关闭为止；也可在常规设置中，设置为一段时间未操作时，仪器自动关闭。

3）该仪器具有 5 个测试通道接口和一个串行打印机接口，如图 1-9 所示。其中两个测试通道（CH3、CH4）可通过一个 9 脚的 mini-DIN 连接器，连接压力表和 kV 级模块系统。

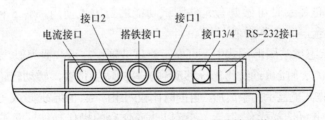

图 1-9　VANTAGE-MT2400 测试接口说明

依据通道的选择，该仪器可读出以下内容：直流电流、直流电压、交流电压、电阻、频率、脉宽、压力、真空度、转速、次级电压、循环频率等数值，还可测试其连续性及二极管压降。

4）诊断数据库资料。可提供传感器、动作执行元件、控制信号的测试以及制造商和各系统的信息，如一般元件的工作原理、技术参数、端子位置、正常波形显示等。

单击按钮或者测试帮助信息结束时，追踪到最大/最小值，此时蜂鸣器会发出响声。

该仪器使用两节电池，有熔断器以保护内部线路，机壳侧面有熔断器、电池、记忆卡及更换说明。

(2) 使用方法

1) 元件测试设置。打开 VANTAGE-MT2400 仪表时，屏幕上会显示版权及主选单，如图 1-10 所示。

2) 从主选单通过滚轮选择元件测试项，确定后仪器将会列出所选车型：克莱斯勒、福特、通用、吉普、奥迪、宝马、本田、现代、马自达等。

3) 滚动滚轮选择待测车型（例如奥迪），按"确定"按钮进入所选车系（奥迪）测试系统（若要改变车系可按"N"按钮返回车系选择显示）。

主选单
元件测试性能特征及优越性
万用表常规设置
波形显示怎样……
存储屏幕A—Z的索引
使用者测试
用户设定

图 1-10 屏幕显示的主选单

4) 选择燃油喷射系统，按"确定"按钮进入生产年款选择、发动机型式选择；选好后按"确定"按钮返回主选单。

5) 选择元件测试性能特征及优越性，按"确定"按钮进入元件选项：凸轮轴位置传感器、冷却液温度传感器、活性炭罐电磁阀、燃油压力、进气温度传感器、点火控制模式、喷油器、爆震传感器、空气流量传感器、氧传感器、转速传感器、节气门阀控制模式、故障诊断代码电路、旧术语、缩写应用，依普通项目列出元件单。

6) 选择凸轮轴位置传感器，按"确定"按钮进入该项目：原理，位置，连接，测试。依次选择上述项目，仪器将提示传感器的原理、位置、线路连接及测试情况。如：当选择"测试"项时，仪器会自动进入万用表功能，显示数据测试。旋转滚轮，并按下"Y"按钮，可选定所需选单；按下"N"按钮，可实现万用表和测试帮助信息的切换；退出测试功能并返回到元件测试选择选单时，首先应转动滚轮，使屏幕正文进入测试帮助处按下"N"按钮并放开。

7) 其他传感器的测试与上述类似。

8) 如果在主选单中选择万用表功能，则按"确定"按钮进入万用表使用模式。此模式下可做独立的万用表使用，在全屏幕显示时有4种主要检测模式：图形、数字、双重显示和单独显示。在半屏幕显示时可做兼有元件测试功能的万用表使用，有5种测试模式：数字、图形、双重显示、全屏显示和单独显示。

9) 在万用表状态下的图形模式中，可显示测试波形；与示波器类似，X 轴为时间坐标轴，Y 轴为测试上限，上、下限可通过将光标移动到屏幕的适当位置，转动转轮选择的值来改变。

10) 双重显示方式能显示两个波形，可同时比较两组读数、两组波形或一组读数、一组波形。

11) 在主选单上可选择操作设定，它可以改变仪器的操作功能，操作者设定包括：断电定时设定；背光定时设定；对比度调节；英—公制切换；最大/最小值声响报警；打印机/波特率设定；转速夹选择。

(3) 使用注意事项

在操作 VANTAGE-MT2400 前，要先阅读以下安全操作说明，避免损坏 VANTAGE-MT2400 主机或损坏其他附件，因此，为了确保人身及仪器的安全，请遵守以下操作规则。

1) 在更换电池、熔断器、数据资料卡之前，一定要拔掉所有测试表笔，并关掉仪器电源。

2) 如仪器两端的黑色橡胶保护套没有安装好，不可操作仪器。

3)测试电流或电压不可超过仪器规定的最大测试值。

4)任何测试输入端和搭铁端均不可加载 250 V 以上的交直流信号。

5)不可用 VANTAGE-MT2400 的电流测试端测试交流信号,测试直流信号的电压不可高于 32 V。

6)更换的熔断器必须符合规格:10 A,32 V。

7)测试 60 V 以上的直流信号或 24 V 以上的交流信号要特别小心。

8)不可在 RS-232 接口与任何测试口加载 250 V 以上的电压。

9)不可在含有可燃性或爆炸性气体的环境使用 VANTAGE-MT2400。

10)测量电压值时必须保证电流测试孔不插任何测试笔。

11)在转换测试功能前一定先将表笔从当前的测试电路中拆除,先拆除红色或蓝色表笔,后拆除黑色表笔。

12)在量取电阻值时,一定要将测试的元件从电路中断开(或拆除)。

13)起动发动机进行测试前,要将变速杆放于空挡(手动挡)或 P 位(自动挡),拉紧手刹,抱死驱动轮。

3. 电眼睛 X-431 诊断仪

(1)测试功能

X-431 诊断仪由主机单元、测试主线及诊断接头等组成,如图 1-11 所示。其基本功能见表 1-1。

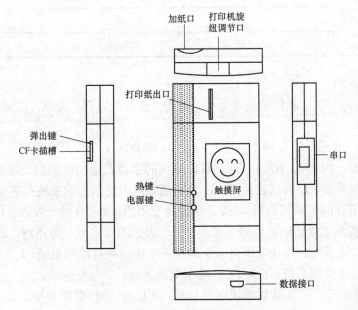

图 1-11 电眼睛 X-431 诊断仪主机示意图

表 1-1 X-431 诊断仪的基本功能

功能名称	说明		
诊断功能	控制模块	读取故障码	
		清除故障码	
		执行元件诊断	

续表

功能名称	说明	
诊断功能	控制模块	系统基本调整
		读测量数据流
		读独立通道数据
		通道调整匹配
		控制单元编码
		系统登录
		传送底盘号
		查控制 ECU
	保养/机油灯归零	
	服务站代码设置	
	OBD-Ⅱ诊断功能	
	诊断座位置说明	
PDA 功能	系统信息	
	个人信息管理	
	控制面板	
	系统功能	

（2）诊断仪应用

1）读取故障码。在诊断仪功能菜单中，单击"查询故障码"选项，读取 ECU 确认的故障码及相关内容。

在装备 OBD-Ⅱ系统的车辆上，所有的故障码（DTC）都以英文字母开头，后面跟随 4 个数字，如 P0101、C1234、B2236 等。DTC 开头的字母表示被监测到故障的系统：P 为动力系统、B 为车身系统、C 为底盘系统、U 为网络或数据通信传输系统；字母后的第一个数字是通用码（对所有的车辆制造商），或是制造商专用码，如：0 指一般码，1 指制造商专用码；第二个数字指出了受影响的故障系统类型：1 为燃油及空气计量系统，2 为燃油及空气计量系统（特指喷射系统回路功能不良），3 为点火系统或缺缸监测系统，4 为辅助排放系统，5 为车速控制和怠速控制系统，6 为 ECU 输出电路系统，7 为变速器。

2）读测量数据流。读测量数据流就是读取 ECU 的运行数据参数。大众/奥迪车系是以数据组的形式显示，大众车系以外的其他车系数据流的读取方式则是以选择菜单的形式列出。如 OBD-Ⅱ诊断程序，在功能菜单中，单击"读数据流"选项，屏幕显示所测试车型数据流项菜单，单击想看的数据流项，并单击"确定"按钮，可查看数据流的动态数据。

3）系统基本调整。在汽车维修和保养后必须进行系统基本调整。所谓系统基本调整，是通过数据通道将一些数据写入控制单元中，将数据调整到生产厂家指定的基本值，或将某些元器件参数写入控制单元，从而使汽车达到最佳运行状态。根据车辆使用的国家、地区和发动机、变速器以及其他配置输入适当的设定号，屏幕显示后，单击相应的数字即可输入通道号。对某些系统，在维修或保养后，必须进行基本调整。如节气门体匹配，自动变速器维修后对离合器进行设置等。

4）执行元件诊断。在功能菜单中，单击"执行元件诊断"选项，屏幕显示驱动的执行元件，可按照屏幕提示逐一执行元件测试。该功能可以对发动机电控系统及底盘电控系统执行元件（如喷油器）进行驱动，还可以对仪表系统执行元件（如发动机转速表、车速表和燃油表等）进行驱动。如对发动机喷油器的驱动过程是：踏下节气门，怠速开关打开，1缸喷油器应发出"咔嗒"声5次。每按一次"→"键，就切换到下一个喷油器（如对某个喷油器不进行检测，也可照此切换）。按此方法依次检查所有的喷油器。如某个喷油器未被触发（无"咔嗒"声），应检测喷油器电气性能及相关控制线路（电路检测请参阅维修手册）。

5）控制单元编码。当车辆的代码没有显示或ECU已更换，则必须给控制单元进行编码。一个控制单元有时能够适应多种车型，这由控制单元内部所存储的不同程序来决定，控制单元的一个编码代表了其中的一个程序，所以，在更换控制单元时，一般要先查看一下原车所用的控制单元的编码。错误的编码轻则导致车辆的性能不良，重则会给车辆带来严重的故障。

6）保养/机油灯归零。保养提示灯在里程表的显示窗内，当车辆需要进行某一项保养操纵时，相应的保养提示灯就会点亮。

7）OBD-Ⅱ诊断功能。对于符合OBD-Ⅱ标准的汽车，在测试车系菜单中选择OBD-Ⅱ诊断程序进入功能菜单，可用OBD-Ⅱ诊断程序进行冻结帧测试。冻结帧测试是指当与汽车发动机排放相关的故障产生时，OBD-Ⅱ系统不仅设置一个故障码，而且还记录了此故障发生瞬间与此故障相关的系统运行参数，将这一组数据称为冻结帧数据。冻结帧数据包括发动机转速、车速、空气流量、发动机负荷、燃油压力、燃油修正值、发动机冷却液温度、进气歧管压力以及开闭环状态等。

课题三　汽车电路图的识读

一、汽车电气维修手册

为便于对汽车电气设备进行维护和修理，汽车生产厂都编制了汽车电气维修手册（电路图），这些手册对汽车电气的维修至关重要。

1. 汽车电气维修手册的内容

目前汽车电气维修手册有两种：一种是某种车型出厂时编制的维修手册，如图1-12所示；一种是某种车型经过改型出厂时编制的维修手册，如图1-13所示。

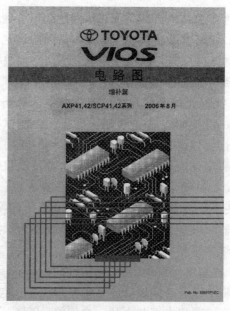

图 1-12　北京现代轿车电路维修手册　　图 1-13　丰田威驰轿车电路维修手册

为方便电气维修手册的使用，手册中主要包含：如何使用本手册、电路图（按系统编排）、部件位置图、插接器图、线束布置图、总电路等，如图1-14、图1-15所示。

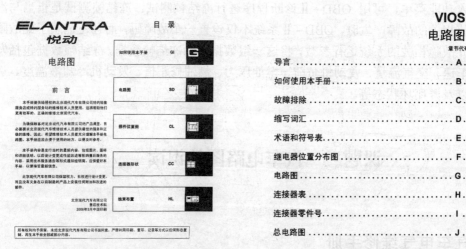

图 1-14　北京现代轿车电路维修手册主要内容　　图 1-15　丰田威驰轿车电路维修手册主要内容

（1）如何使用本手册

在如何使用本手册这部分内容中主要包含手册中电路图的图例、插接器的图例、电器的符号示例、汽车电气设备故障诊断的一般方法示例等。

（2）电路图

由于汽车电气设备较多，电路复杂，因此不管是哪种车型的电路图都是按各系统来编制的，以方便查询及进行修理。当某个部分的电路图在一个页面排不下时会紧接着排在下一个页面，相同的导线会以相同的字母标示。

（3）部件位置图

部件位置图用来标示汽车电气部件的具体位置，方便维修时查找。部件位置图有用图片表示部件具体位置的，如图 1-16 所示；也有与线束绘制在一起来表示部件的具体位置的，如图 1-17 所示。

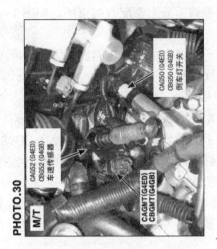

图 1-16 悦动轿车部件位置图

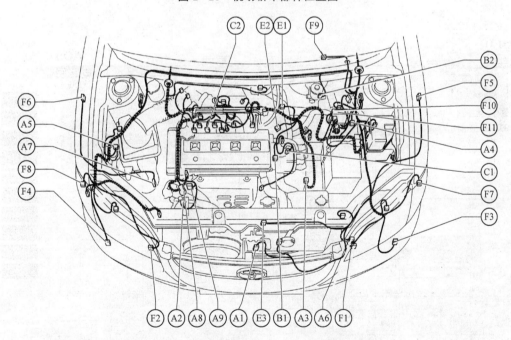

图 1-17 丰田轿车部件位置和线束图

A1—空调冷凝器风扇电动机；A2—空调电磁离合器；A3—驻车挡/空挡位置开关；A4—左前 ABS 转速传感器；
A5—右前 ABS 转速传感器；A6—左前气囊传感器；A7—右前气囊传感器；A8，A9—交流发电机；
B1—倒车灯开关；B2—制动液液位警告开关；C1—凸轮轴位置传感器、点火线圈和分电器；C2—曲轴位置传感器；
E1—ECT 电磁阀；E2—EFI 水温传感器；E3—发动机罩门控灯开关；F1—左前示廓灯；F2—右前示廓灯；F3—左前雾灯；
F4—右前雾灯；F5—左前侧转向信号灯；F6—右前侧转向信号灯；F7—左前转向信号灯；F8—右前转向信号灯；
F9—前刮水器电动机；F10，F11—熔断器盒

（4）插接器图

汽车电气系统导线较多，为方便插接和区别各电气系统，采用了大量的插接器。插接器图用来表示不同的插接器外形，并标注导线端子等，以方便查找。

（5）线束布置图

汽车电器元件都由导线插接，这些分散的导线往往都做成一股股线束。为了表明这些线束的走向，方便维修，汽车维修手册上都配有线束图，如图1-18所示。

（6）总电路图

由各系统的电路汇集成一起就组成了总电路图。总电路通常将电源、起动等部分的电路放在前面，其余按各系统依次排列。

2. 汽车电气维修手册的运用

下面以悦动轿车的大灯电路为例，说明维修手册的运用。

查阅悦动轿车电路维修手册的目录，找到大灯电路图SD921-1，如图1-18所示。

从图中看出悦动轿车大灯电路由电源、大灯远光和近光继电器、组合开关、车身控制模块（BCM）、左右大灯、大灯远光指示灯等组成。

电源由安装在室内接线盒当中的10A大灯保险丝提供，其安装位置可查找部件位置图38。

大灯远、近光继电器安装在发动机室盒内，其安装位置可查找维修手册上的部件位置图10，如图1-19所示。

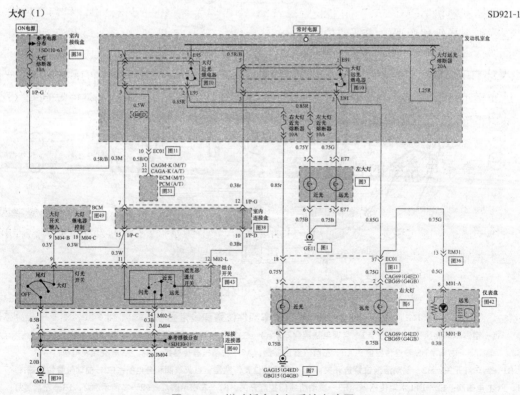

图1-18 悦动轿车大灯系统电路图

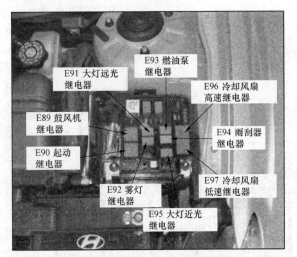

图 1-19　大灯远、近光继电器位置图（部件位置图 10）

组合开关安装在方向盘下方，由插接器 M20-L 与之插接，具体位置可查找维修手册上的部件位置图 43。

车身控制模块 BCM 安装在副驾驶侧仪表板下，由插接器 M04-B 和 M04-C 与之插接，具体位置可查找维修手册上的部件位置图 49。

左大灯由 E7 插接器与之插接，具体位置可查找维修手册上的部件位置图 3。

右大灯由 CAG69 或 BAG69 插接器与之插接，具体位置可查找维修手册上的部件位置图 6。

远光指示灯安装在仪表板上，由 M01-A 或 M01-B 插接器与之插接，具体位置可查找维修手册上的部件位置图 6。

二、汽车电路图的特点

各大汽车公司所生产车辆资料中的汽车电路图都有各自成熟的表达方法，目前德国大众、日本丰田、法国雪铁龙、美国通用、韩国现代等车型在我国较多，为方便读者阅读理解这些汽车电路图，我们以这几类车型为例叙述其电路符号含义及特点。

1. 大众车系汽车电路图的识读

（1）大众车系汽车电路图的特点

大众汽车公司的电路图遵循德国工业标准，其电路原理图采用纵向排列式画法，为读图提供了方便。奥迪、桑塔纳、捷达、帕萨特等均采用这种电路图。大众车系电路图的表示方法如图 1-20 所示。

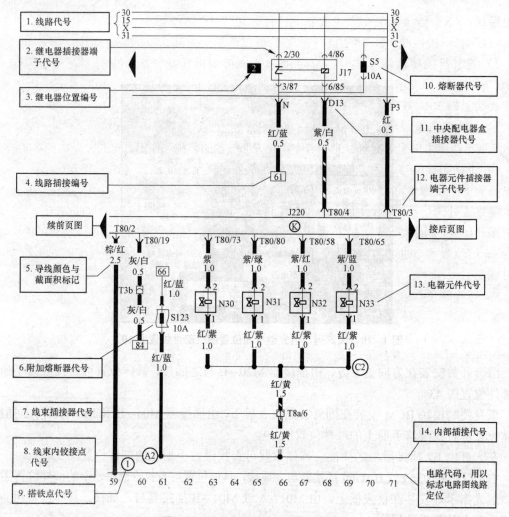

图1-20 大众车系电路图表示方法

1)用不同的线条表示不同的连接电路。电路图的连接导线用粗实线表示,并都标明导线的颜色和截面积,内部插接(非导线插接)用细实线表示。

2)用符号和代号表示电器元件。在电路图中,各个电器元件都用规定的符号画出,一些符号形象地表示了该电器元件的作用和原理。每个电器元件用字母或字母和数字组成的代号标注。

3)汽车电器系统线路铰接点和接地点清晰。在电路图中标示出线路各个铰接点和接地点代号,并在图注中说明铰接点和接地点的确切位置。

大众车系电路图的这些特点给按图查寻汽车电路故障提供了方便,但分析工作原理则要比汽车电路原理图复杂一些。

(2)大众车系汽车电路图标注说明

1)线路代号。线路代号表示在中央配电器盒的内部线路,"30"为常火线,来自蓄电池正极的电源线,在发动机处于熄火状态或停车时均有电,为停车灯、制动灯、报警灯、顶灯、冷却风扇等供电;"15"点火开关在点火或起动位置时与"30"电源线接通,为小功率用电器电源线;"X"点火开关在点火或起动位置时与"30"电源线接通,为大功率用电器电源线;"31"表示接地线;图 1-20 中的"C"则表示是中央线路板中的内部线。

2) 继电器插接器端子代号。它是继电器插接器插接端子的端子号及接线端子标记。"2/30"中的"2"表示该插接端子位于继电器插接器上的 2 号端子,"30"表示插接该接脚的接线端子为 30。

3) 继电器位置编号。用方框黑底白字的数字表示该继电器在中央配电器盒中的位置。"2"表示该继电器在中央配电器盒中的 2 号位置。该继电器的名称和作用,可通过元件代号了解到。

4) 线路插接编号。为方便读图,大众汽车公司采用了断线代号法。其方法是:如某一条电路的上半段在电路号码为 66 的位置上,而下半段在电路号码为 61 的位置上,则在上半段电路终止处画一小方框,内标 61,说明下半段电路应在电路号码为 61 的位置上;在下半段电路开始处的电路号码为 61 位置上也画一小方框,内标 66,说明上半段电路应在电路号码为 66 的位置上。通过数字将上、下两半段电路联系在一起。接续的导线可能在本页图中,也可能在另页图中。

5) 导线颜色与截面积标记。导线的颜色通常用代码标记,各代码的含义为:ws 白色;sw 黑色;ro 红色;br 棕色;gn 绿色;bl 蓝色;gr 灰色;ge 黄色;li 紫色。

一些大众汽车的中文图书资料中,电路图导线的颜色直接用汉字标记。双色线的两种颜色用"/"分隔。比如"棕/红",表示导线的底色是棕色,条纹为红色。颜色标记上方或下方的数字表示导线的截面积,单位为 mm^2。

6) 附加熔断器代号。"S123"是表示在中央配电器盒上的第 123 号 10A 熔断器。

7) 线束插接器代号。相插接的两线束插接器的端子数和插接的端子号,可从维修手册中的图注或元件说明表中查到该代号所代表的插接器所插接的线束。图 1-20 中的"T8a/6",T8a 是插接发动机线束和发动机右线束的线束插接器,该插接线路为 8 端子插接器的 6 号端子。

8) 线束内铰接点代号。表示线路在此处有一个铰接点,铰接点所在的线束可从图注中查得,如图 1-20 中的"A2"表示是正极接线,在发动机线束内。

9) 搭铁点代号。表示该搭铁点的位置,可以从图注或说明表中查得接地点在车身上的具体位置。如图 1-20 中的"①"表示搭铁点在发动机 ECU 旁的车身上。

10) 熔断器代号。表示熔断器的作用、位置及额定电流等。"S"表示熔断器,"5"表示该熔断器在熔断器盒的 5 号位置;"10A"则表示该熔断器的额定电流为 10A。

11) 中央配电器盒插接器代号。表示中央配电器盒中的多端子或单端子插接器、端子号和导线的位置。如图 1-20 中的"D13"表示该导线由 D 插接器的 13 号端子插接。

12) 电器元件插接器端子代号。表示电器元件插接器的端子数、插接的端子号等。如图 1-20 中的"T80/3"表示该元件插接线束的插接器有 80 个端子,该导线插接的是 3 号端子。

13) 电器元件代号。大众车系电路图中的元件均用字母和数字组成的代号表示,并通过图注或列表说明各元件代号所代表的电器元件。

14) 内部插接代号。表示该导线与其他页电路图中标注相同字母的内部插接是相连的。

2. 丰田车系汽车电路图的识读

丰田车系汽车的丰田皇冠(CROWN)、凌志(LEXUSS)、凯美瑞(CAMRY)等车型在我国拥有一定的数量,国内生产的夏利 2000、威驰、威乐、威姿、花冠等轿车在国内也有一定的市场占有率。这些车型的中文维修资料都源自丰田公司原厂资料,其电器与电子控制系统电路图通常都保留了丰田原厂资料汽车电路图的绘图风格。丰田车系电路图的表示方法如图1-21所示。

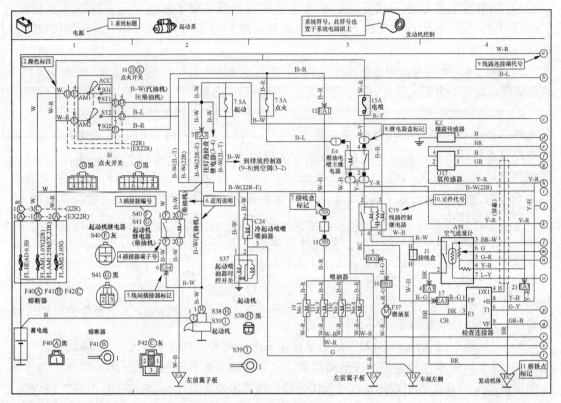

图1-21 丰田车系电路图表示方法

(1) 丰田车系汽车电路图的特点

1) 电路图中的电器元件用文字标注。丰田汽车电路图中各个电器元件通常用文字直接标注,识图比较方便。

2) 整车电路图各系统电路标示明确。丰田汽车整车电路图中的各系统电路按长度方向逐个布置,并在电路图的上方标出各系统电路的区域和代表该电路系统的符号及文字说明,使电路的阅读比较清晰、方便。

3) 线路搭铁点标示明确。电路图中不仅绘出了搭铁点,并标注该搭铁点代号与文字说明,读者从电路图中了解线路搭铁点直观明了。

4) 元件插接端子标示清楚。插接端子较多的电器元件,各电路插接端子通常用字母组成的符号标示。一些电路图中,有的还直接标出线路插接器的端子排列和各端子的使用情况,给识图和电路故障查寻提供方便。

(2) 丰田车系汽车电路图标注说明

1) 系统标题。在电路图上方用刻线划分区域内,用文字和系统符号表示下方电路系统的名称。

2) 导线颜色标注。导线颜色用代码标注在该线路的旁边,各颜色代码如表1-2所示。双色线用代表两种颜色的代码中间加"-"表示。如"W-R"表示导线的底色是白色,条纹为红色。

表 1-2　丰田车系电路图导线颜色代码

颜色代号	导线颜色	颜色代号	导线颜色	颜色代号	导线颜色
B	黑色	LG	浅绿	W	白色
L	蓝色	V	紫色	GR	灰色
R	红色	G	绿色	P	粉红
BR	棕色	O	橙色	Y	黄色

3）插接器编号。表示与电器元件连接的插接器，例如图 1-21 中 S40 和 S41 表示与起动继电器连接的插接器。插接器的端子排列情况列于图中的某个位置，或在其他图中表示。通常还标有插接器的颜色，其中未标注的为乳白色。

4）插接器端子号。用数字表示插接器端子号，可从插接器端子排列图中找到该端子的具体位置。插座各端子的编号从左到右排列，插头端子的编号则相反。

5）线间插接器标记。用符号"✈"表示导线与导线之间用插接器连接。线框中间的字母和数字"EA4"为插接器代号，线框外的数字表示连接该导线的插接器端子号。

插接器代号中的第一个字母表示插接器的位置：E 指发动机室，I 为仪表盘及周围区域，B 为车身及周围区域。

6）适用说明。用"（　）"中的文字说明该线路、电器元件或连接所适用的发动机、车型或技术条件。

7）接线盒标记。用带黑影的"✈"符号表示导线从接线盒插接，圆线框中间的数字和字母"3B"为插接器代号，其中数字"3"表示该插接器位于 3 号接线盒，圆线框外的数字"6"表示该导线连接插接器的 6 号端子。

8）继电器盒标记。用带黑影的"✈"符号表示导线从继电器盒插接，圆线框中间的数字表示继电器盒号码，"1"表示该继电器位于 1 号位置，圆线框外的数字表示继电器端子号。

9）线路连接端代号。用圆圈内的字母表示该线路与下一页标有相同字母的导线相连接。

10）元件代号。用字母或字母加数字表示电器元件，通常在该元件代号旁注有元件的中文名称，无中文注释的，可根据元件代号从相关的表中查得该元件代号所代表的元件。

11）搭铁点标记。用符号"▽"表示搭铁点位置，符号中间的字母为搭铁点代号，代号中的第一个字母表示了搭铁点位置：E 指发动机室，I 为仪表板及周围区域，B 为车身及周围区域。电路图中通常在搭铁标记旁用中文说明搭铁点的具体位置。

3. 通用车系汽车电路图的识读

上海通用汽车公司成立后，通用车系在我国的保有量则迅速上升。目前通用车系汽车的别克、君威、凯越、雪佛兰等车型在我国占有一定的比例。通用车系汽车电路图的表示方法如图 1-22 所示。

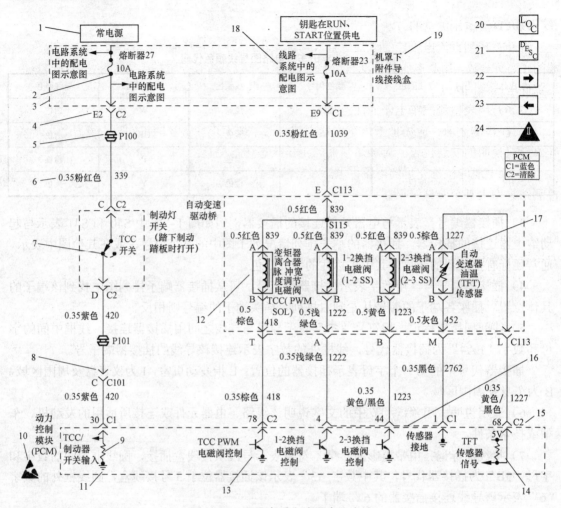

图1-22 通用车系电路图表示方法

（1）通用车系汽车电路图的特点

美国通用车系汽车电路图与前述几种车系的汽车电路图相比有明显的区别，具有如下的特点。

1）电路图中标有特殊的提示符号。在通用车系电路图中，通常标有特殊的提示符，给汽车检修人员起某种提醒作用。通用车系汽车电路图提示符号如图1-23所示，各特殊提示符的含义如下。

图1-23 通用车系电路图中的特殊符号

(a) 静电敏感符号；(b) 安全气囊符号；(c) 故障诊断符号；(d) 注意事项符号

① 静电敏感符号。用于提醒检修人员该系统含有对静电放电敏感的部件，在作检修操作时应注意：在检修操作前通过触摸金属搭铁点，以除去身体上的静电；检修操作中不要用

手触摸裸露的端子,也不要用工具接触裸露的端子;若无必要,不要将零件从保护盒中取出;除非是故障诊断必须,不要随意将零部件或插接器跨接或接地;打开零部件保护性包装之前应先将其搭铁。

② 安全气囊符号。用于提醒检修人员该系统为安全气囊系统或与安全气囊系统相关,在检修时应注意:在检修操作前要进行安全气囊系统的检查;检修操作时,先要使安全气囊解除其功能,并在完成检修操作后,恢复安全气囊功能;在车辆交与用户前要进行安全气囊诊断系统的检查。

③ 故障诊断符号。用于提醒读者该电路在车载诊断(OBD-Ⅱ)范围内,当该电路出现故障时,故障指示灯就会亮。

④ 注意事项符号。用于提醒检修人员还有其他附加系统维修的信息。

2) 电路图中标有电源接通说明。通用车系汽车电路图其电源通常是从该电路的熔断器起,并在黑框中直接用文字说明在什么样的情况下该电路接通电源。

3) 电路图中标有电路编号。通用车系的电路图中,各导线除了标明颜色和截面积外,通常还标有该电路的编码,通过电路编码可以知道该电路在汽车上的位置,以方便读图和故障查寻。

(2) 通用车系汽车电路图标注说明

1) 电源接通说明。在电路图上方用黑框表示,框内文字说明框下熔断器在什么情况下发热(电源接通)。电路图电源接通说明框的文字标注和电源接通说明如表1-3所示。

表1-3 通用车系电路图电源接通说明

电源接通标注	电源接通说明
RUN 或 START 接通	该电路在点火开关处于点火(RUN)或起动(START)时与电源接通
所有时间接通	该电路插接常接电源
RUN 接通	该电路在点火开关处于点火(RUN)位置时与电源接通
START 接通	该电路在点火开关处于起动(START)位置时与电源接通
ACC 和 RUN	该电路在点火开关处于点火(RUN)或接通部分用电设备(ACC)位置时与电源接通

2) 电路配电盒中元件位置。如图1-22所示的"27"和"23"分别表示熔断器在"机罩下附件导线接线盒"中所处的位置,10 A表示熔断器的额定电流。

3) 电路配电盒(接线盒)。虚线框表示没有完全表示出配电盒全部,只是配电盒中的一部分。

4) 接线盒插接器连接标注。表示导线由发动机机罩下熔断器接线盒的C2连接插接器的E2插脚(端子)引出(连接插接器编号C2写在右侧,插脚(端子)编号E2写在左侧)。该标注表示339号电路从C2插头的E2号端子引出。

5) 表示密封圈代号。P100表示贯穿式密封圈,其中P表示密封圈,100为其代号。

6) 电路(导线)标注。表示该电路导线的横截面面积、颜色和电路编号。其中,左边数字表示导线横截面面积,右边数字为电路编号,中间标注导线的颜色。图中的"0.35 粉红色"表示导线横截面面积为0.35 mm^2,颜色为粉红色。数字"339"是车辆位置分区代码,表示该线束位置在乘客室。在一些通用车系的电路图中,用颜色代码标注导线颜色,各种颜色的代码如表 1-4 所示。

表 1-4 通用车系电路图导线颜色代码

颜色代号	导线颜色	颜色代号	导线颜色	颜色代号	导线颜色
BLK	黑色	DK BLU	深蓝	WHT	白色
BLU	蓝色	LT BLU	浅蓝	GRY	灰色
RED	红色	PPL	紫色	YEL	黄色
PNK	粉红	GRN	绿色	BRN	棕色
DK GRN	深绿	ORN	橙色	TAN	深棕
LT GRN	浅绿	CLR	无色		

7）元件标注。该图中为 TCC（液力变矩器中的锁止离合器控制）开关。图中表示 TCC 开关处于接通状态，其开关信号经过 P101 和 C101，由动力控制模块（PCM）中的 C1 插头 30 号插脚进入 PCM 中。

8）线间插接器标注。用符号"⇖"表示导线与导线、导线与接线盒之间用插接器连接。右侧"C101"表示线束插接器代号，左侧"C"表示直列型插接器的 C 插头。

9）表示输出电阻器。这里用来把 TCC 和制动灯开关的信号以一定电压信号的形式输出给动力控制模块（PCM）的内部控制电路。

10）敏感标注。表示动力控制模块（PCM）是对静电敏感的部件。

11）搭铁点标注。表示动力模块内部搭铁。

12）自动变速器内部的 TCC 锁止电磁阀标注。此电磁阀控制液力变矩器内部锁止离合器的结合。它在点火开关处于点火或起动位置时，通过 23 号 10 A 的熔断器供电。

13）内部元器件标注，即带晶体管半导体器件控制的集成电路。这里为动力控制单元（PCM）内部集成的控制电路，控制电磁阀驱动电路，通过 PCM 搭铁。

14）输出电阻。PCM 提供 5 V 稳压通过内部串接电阻与自动变速器油温传感器（TFT）连接，同时将自动变速器油温传感器（NTC 型电阻）信号传给 PCM。

15）插接器端子标注。表示动力控制模块（PCM）的 C2 连接插头的 68 插脚。

16）同一插接器标注。用虚线表示 4、44、1 插脚均属于 C1 连接插接器。

17）自动变速器内部的自动变速器油温传感器。它是一个随温度增加阻值减小的 NTC（NTC 表示负温度系数，PTC 表示正温度系数）电压型电阻。

18）电路省略标注。用文字注明了连接的电路，因那些电路与本电路不一致，故而省略。图中表示导线通往发动机罩下附件熔断器接线盒的其他电路，与目前所显示的电气系统没有关系，是一种省略的画法。

19）元件标注。用文字直接注明部件的名称及所处的位置。该熔断器接线盒位于发动机罩下左侧（从车的前面看）。

20）主要部件列表图标。图中的图标用于链接"主要电气部件列表"。

21）说明与操作图标。图中的图标用于链接"特定系统的说明与操作"。

22）下页示意图图标。图中的图标用于进入子系统的下一个示意图。

23）前一页示意图图标。图中的图标用于进入子系统的前一页示意图。

24）车载诊断（OBD-Ⅱ）图标。

4. 雪铁龙车系汽车电路图的识读

我国二汽与法国雪铁龙汽车公司合资的神龙汽车公司生产了富康系列、爱丽舍、毕加索、赛纳等多种轿车，这些汽车的中文维修资料中，其电路图都沿用法国雪铁龙汽车公司的规定画法。雪铁龙车系汽车电路图的表示方法如图1-24所示。

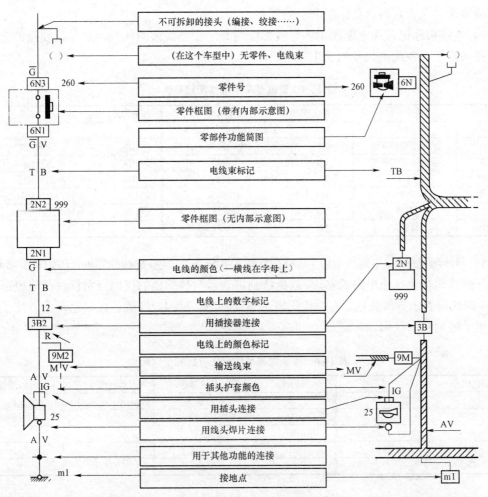

图1-24 雪铁龙车系电路图表示方法

（1）雪铁龙车系汽车电路图的特点

法国雪铁龙车系电路图也表示了电气线路的实际插接关系，其特点如下。

1）电路原理图与线路布置图标识相同。雪铁龙车系维修资料通常同时提供汽车电路原理图和汽车电气线路布置图，并在两种图上采用相同的标识，以方便对图查寻线路和电气部件的位置。

2）原理图标示导线颜色和所在的线束。在汽车电路原理图中，不仅用颜色代码标示了各插接导线的颜色，并将该插接导线所在的线束也用代码标示出来，以方便线路故障查寻和维修。

3）汽车电路图标示插接器及插头护套的颜色。为方便线路查寻，雪铁龙车系汽车线路各插接器及插头护套采用不同的颜色。在汽车电路原理图和线路布置图中都用颜色代码标示出各线路插接器和插头护套的颜色。

4）线路搭铁点位置明确。在原理图中，线路接地点用搭铁代码表示，而在汽车线路布置图中则直观地画出了搭铁点的大致位置，并标示相应的搭铁代码。

（2）雪铁龙车系汽车电路图标注说明

1）零件号。雪铁龙车系电路原理图和线路布置图中各电器元件均用数字编号，可通过图注或零件清单表查得该数字所表示的部件。

2）电线束标记。在电路图中各导线都标明其所在电线束的代号，给寻找线路的方位和走向提供方便。各线束代号如表1-5所示。

表1-5　雪铁龙车系电路图线束代号

线束代号	线束名称	线束代号	线束名称	线束代号	线束名称
AV	前部	MT	发动机（和电控喷油系）	PP	乘员侧门
CN	蓄电池负极电缆	MV	电动风扇	RD	右后部
CP	蓄电池正极电缆	PB	仪表板	RG	左后部
EF	行李厢照明灯	PC	驾驶员侧门	RL	侧转向灯
FR	尾灯	PD	右后门	UD	左制动蹄片磨损指示器
GC	空调	PG	左后门	UG	右制动蹄片磨损指示器
HB	驾驶室	PL	顶灯		

3）导线颜色标记。电路图中用字母代码标明了各导线的颜色，导线的颜色代码如表1-6所示。

导线代码标注在该电路的左边，双色线则将表示两种颜色的代码分别标注在该电路的两侧，左侧代码表示导线底色，右侧代码表示条纹颜色。有的导线颜色代码字母上方加了一横杠，用于区别线束代码。

表1-6　雪铁龙车系电路图导线颜色代码

颜色代号	导线颜色	颜色代号	导线颜色	颜色代号	导线颜色
N	黑色	J	柠檬黄	B	白色
M	栗色	V	翠绿	G	灰色
R	大红	Bl	湖蓝	Lc	透明
Ro	粉红	Mv	深紫		
Or	橙色	Vi	紫罗兰		

4）插接器标记。雪铁龙车系汽车电路中各种插接器在电路图中均用线框表示，通过标注字母和数字来表示插接器的类型或颜色、插接器的端子数和该端子的位置等。不同类型的插接器其表示方法如图1-25所示。

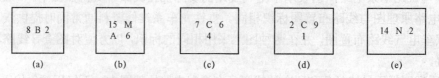

图1-25　雪铁龙车系电路插接器表示方法

(a) 单排插接器；(b) 双排插接器；(c) 前围板插接器；(d) 前围板插接器；(e) 14端子圆插接器

① 单排插接器。插接器只有一排插脚或插孔，插接器及各端子在电路图中的表示示例

如图1-25（a）所示，标注说明如下：

左边的数字表示该插接器端子数，此例"8"表示该插脚器有8个端子；中间的字母表示颜色，此例"B"表示该插接器为白色；右边的数字表示第几号端子，此例"2"表示是该插接器中的第2号端子。

② 双排插接器。插接器有两排插脚或插孔，插接器及各端子在电路图中的表示示例如图1-25（b）所示，标注说明如下：

上排数字表示端子数，此例"15"表示该插接器有15个端子；上排字母表示颜色，此例"M"表示该插接器为栗色；下排字母表示列数，此例"A"表示是该插接器中的A列；下排数字表示第几号端子，此例"6"表示是A列的第6号端子。

③ 前围板插接器。前围板插接器位于风窗玻璃左下侧的车身内，用于前部线束和仪表板线束的插接，它共有62个插孔，如图1-26所示，由八个7端子接线板和三个2端子接线板与之插接。前围板插接器及各端子在电路图中的表示示例如图1-25（c）、图1-25（d）所示。

图1-25（c）说明：上排左边数字表示端子数，此例"7"表示该插接器有7个端子；上排中间字母"C"表示是前围板插接器；上排右边数字表示组数，此例"6"表示是第6组插接器；下排数字表示第几号端子，此例"4"表示是该插接器的第4号端子。

图1-25（d）说明：上排左边数字表示端子数，此例"2"表示该插脚器有2个端子；上排中间字母"C"表示是前围板插接器；上排右边数字表示组数，此例"9"表示是第9组插接器；下排数字表示第几号端子，此例"1"表示是该插接器的第1号端子。

④ 14端子圆插接器。该插接器位于发动机罩下左侧的熔断器盒内，用于前部AV线束与发动机MT线束的插接，呈黑色，插接器及各端子在电路图的表示方法如图1-25（e）所示，说明如下：

左边的数字14表示是14端子插接器；中间的字母N表示插接器为黑色；右边的数字表示第几号端子，此例"2"表示是该插接器中的第2号端子。

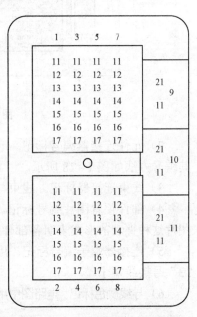

图1-26 62端子插接器排列图

5. 现代车系汽车电路图的识读

现代车系电路如图1-27所示。

（1）现代车系汽车电路图的特点

1）电路图电源在上、搭铁在下，所有元件在中间，易于读图。

2）原理图依据工作原理绘制，易于电路分析。

3）导线标注颜色、规格。

4）元件旁边标注部件名称、位置信息，查找方便。

（2）现代车系汽车电路图标注说明

1）系统名称/系统代码标记。在每一页电路图的左上角表示本页电路所属系统，右上角表示电路系统代码。

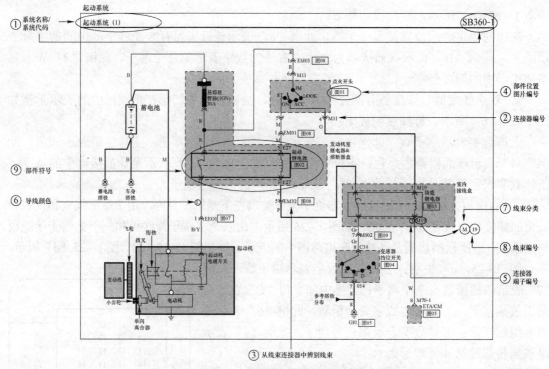

图 1-27　现代车系电路图表示方法

2）元件连接器编号标记。元件与导线相连接时采用不同的连接器，M11 为连接器编号。其编号方法如图 1-28 所示。

3）线束连接器标记。线束与线束之间采用的连接器。

4）部件位置图片编号标记。为方便维修，现代车系电路维修手册中有部件位置图，用图片这种直观的形式表明各部件的位置，如前所述。

5）连接器端子编号标记。用于表示连接器的接线端子。图 1-27 中表示 M19 连接器的"3"号接线端子。

6）导线颜色标记。电路图中用字母代码标明了各导线的颜色，导线的颜色代码如表 1-7 所示。

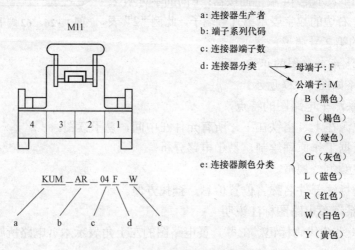

图 1-28　现代车系连接器表示方法

表1-7 现代车系电路图导线颜色代码

颜色代号	导线颜色	颜色代号	导线颜色	颜色代号	导线颜色
B	黑色	Lg	浅绿色	W	白色
Br	棕色	T	褐色	Y	灰色
G	绿色	O	橙色	Ll	浅蓝色
Gr	灰红	P	粉色		
L	蓝色	R	红色		

7）线束分类标记。根据线束位置的不同，现代车系将线束分为几类，其代码如表1-8所示。

表1-8 现代车系电路图导线颜色代码

线束代号	线束名称	位置
E	发动机、蓄电池线束	发动机、前端模块、蓄电池
M	主线束	室内、仪表盘罩下部和底板
F	底板、倒车警告线束	底板、行李厢盖
C	控制、喷油嘴延伸、点火延伸、MTM延伸线束	发动机室、室内
R	天窗线束	天窗
D	车门线束	车门

8）线束编号标记。图1-27中表示第19束主线束。

9）部件符号。现代车系电路图中，部分元件会采用符号来表示，同时这些符号框图当中会绘制出电路的原理图，以方便分析电路工作原理。

思考与练习

一、单选题

1. 点火开关、点火线圈、分电器总成、火花塞等零部件归属于（   ）。
   A. 起动系统　　　B. 点火系统　　　C. 舒适系统　　　D. 信号系统
2. 直流电动机、传动机构和控制装置等属于（   ）。
   A. 起动系统　　　B. 点火系统　　　C. 舒适系统　　　D. 信号系统
3. 电动刮水器、电动座椅、空调装置、中控门锁及电动后视镜等属于（   ）。
   A. 起动系统　　　B. 点火系统　　　C. 舒适系统　　　D. 信号系统
4. 喇叭、蜂鸣器、闪光器及各种行车信号标识灯等属于（   ）。
   A. 起动系统　　　B. 点火系统　　　C. 舒适系统　　　D. 信号系统

5. 在下列装置中不属于电子控制系统的是（　　　）。
A. 手动车窗　　　B. 制动防抱死　　　C. 电子点火　　　D. 电控燃油喷射

二、多选题

1. 汽车电气的特点有（　　　）。
A. 单线制　　　B. 直流　　　C. 低压　　　D. 负极搭铁

2. 汽车电气设备按功用不同分为（　　　）。
A. 电源　　　B. 全车线束　　　C. 用电设备　　　D. 配电装置

3. 测试灯可用来查找汽车电路（　　　）的故障。
A. 断路　　　B. 错乱　　　C. 短路　　　D. 搭铁不良

4. 用万用表可测量电路中的（　　　）。
A. 电感　　　B. 电压　　　C. 电流　　　D. 电阻

5. 测试灯由一个 12 W 的灯泡和引线组成，根据结构原理不同分为（　　　）。
A. 笔针式　　　B. 鱼钳式　　　C. 有源式　　　D. 普通式

三、判断题

（　　）1. 当用万用表电阻挡测量熔断器的两端阻值时，显示"0"时说明熔断器是坏的。
（　　）2. 汽车电气设备采用单线制可节省导线，使电路简化、清晰，便于安装与检修。
（　　）3. 信号系统是用来显示发动机和汽车行驶中有关装置的工作状况。

四、问答题

1. 简述汽车电气各组成部分的作用。
2. 简述汽车电气的特点。
3. 如何用测试灯检测电路短路、断路故障？
4. 简述开关的检查方法。

模块二 汽车蓄电池

> **学习目标：**
>
> 了解蓄电池的结构、型号与分类。
> 知道蓄电池的工作原理、工作特性。
> 掌握蓄电池的正确使用、维护和充电方法。
> 掌握蓄电池的故障诊断与排除方法。
> 能正确进行蓄电池的拆装。

课题一 蓄电池的结构

一、蓄电池的功用

1) 发动机起动时，向起动机和点火系统供电。
2) 发动机低速运转时，向用电设备和发电机励磁绕组供电。
3) 发动机中、高速运转时，将发电机剩余电能转化为化学能储存起来。
4) 发电机过载时，协助发电机向用电设备供电。
5) 蓄电池相当于一个大电容器，能吸收电路中出现的瞬时过电压，保护电子元件，保持汽车电气系统电压的稳定。

二、蓄电池的结构

蓄电池由正极板、负极板、隔板、电解液、外壳、蓄电池盖、极桩等组成，如图 2-1 所示。

1. 极板

极板是蓄电池的核心，在蓄电池充、放电过程中，电能与化学能的转换就是通过正、负极板上的活性物质与电解液中的硫酸进行电化学反应来实现的。

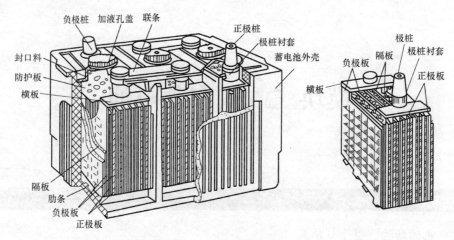

图 2-1 蓄电池的结构

蓄电池极板分正、负极板，由栅架和活性物质组成。活性物质填充在铅锑合金铸成的栅架上，正极板上的活性物质是褐色的二氧化铅（PbO_2），负极板上的活性物质是青灰色海绵状铅（Pb）。目前，国产蓄电池极板厚度在 1.6～2.4 mm。

为了增大蓄电池的容量，通常将多片正、负极板分别并联，用横板焊接。安装时，正、负极板相互嵌合，中间插入隔板，组成正、负极板组，如图 2-1 所示。同时，横板上铸有极桩，以便连接各个单格电池。

在每个单格电池中，负极板的数量总比正极板多一片。例如东风 EQ1090 汽车所用的 6-Q-105 型蓄电池，每单格中正极板为 7 片，负极板为 8 片。这是因为正极板在进行电化学反应时比负极板强烈，且正极板上的活性物质比较疏松，为防止正极板放电不均匀造成极板拱曲而使活性物质脱落，因此在制造时使正极板处于负极板之间。

2. 隔板

为避免正、负二极板彼此接触而导致短路，正、负极板间用绝缘的隔板隔开。隔板具有多孔性，以利于电解液渗透，减小蓄电池内阻。此外，其化学稳定性要好，具有耐酸和抗氧化性。

常用隔板的材料有木质、微孔橡胶、微孔塑料（聚氯乙烯、酚醛树脂）、玻璃纤维等，隔板厚度为 1 mm 左右。

木质隔板价格便宜，但耐酸性能差，已很少使用。微孔橡胶隔板性能好，寿命长，但生产工艺复杂，成本较高，故尚未推广使用。微孔塑料隔板孔径小，多孔率高，薄而软，生产效率高，成本低，因此目前被广泛使用。

隔板安装时，带槽的一面面向正极板，且沟槽必须与外壳底部垂直。因为正极板在充、放电过程中化学反应剧烈，沟槽既能使电解液上下流通，也能使气泡沿槽上升，还能使脱落的活性物质沿槽下沉。

3. 电解液

电解液的作用是与极板上的活性物质发生电化学反应，进行电能和化学能的相互转换。它是用密度为 1.84 g/cm^3 的化学纯硫酸和密度为 1.00 g/cm^3 的蒸馏水按一定比例配制而成的。

电解液的密度一般为 1.23～1.30 g/cm^3，使用时密度应根据地区、气候条件和制造厂的要求而定，见表 2-1。

表 2-1　适应不同气温的电解液密度　　　　　　　　　　g/cm³

地区气候条件	完全充足电的蓄电池在25℃时的密度		地区气候条件	完全充足电的蓄电池在25℃时的密度	
	冬　季	夏　季		冬　季	夏　季
冬季温度低于-40℃	1.30	1.26	冬季温度高于-20℃	1.26	1.23
冬季温度高于-40℃	1.28	1.24	冬季温度高于0℃	1.23	1.23
冬季温度高于-30℃	1.27	1.24			

使用中应注意,电解液的腐蚀性极强,溅到皮肤上或眼睛里会使其受伤。如果接触了蓄电池电解液要立即用苏打水冲洗,酸液溅到眼睛里应立即用凉水或医用眼睛冲洗器冲洗,然后进行处置。

4. 外壳

蓄电池外壳用于盛放电解液和极板组,大都采用强度高,韧性、耐酸、耐热性好于硬橡胶的聚丙烯塑料外壳,其制作工艺简单,生产效率高,外形美观,成本低,透明且便于观察液面高度。

一组蓄电池正、负极板产生的电动势为 2 V,为获得 6 V 或 12 V 电动势,蓄电池需要将 3 组或 6 组极板串联起来,因此在制造蓄电池外壳时,将整个壳体制成 3 个或 6 个互不相通的单格,安装 3 组或 6 组极板,形成 6 V 或 12 V 的蓄电池。

采用普通隔板的蓄电池为防止极板上的活性物质脱落后造成短路,在每个单格的底部有突起的肋条以搁置极板组,肋条间的空隙用来积存脱落下来的活性物质。采用袋式隔板的蓄电池单格底部无肋条。

5. 蓄电池盖

蓄电池盖用来封闭蓄电池,有硬质橡胶盖和聚丙烯塑料盖两种。硬质橡胶盖用于每个单格一个电池盖的蓄电池,聚丙烯塑料盖用于整体式蓄电池。整体式蓄电池盖一般都只留一对极桩孔(和与单格数相等的注液口),可拆修性较单格蓄电池盖差。蓄电池盖应与外壳配合严密,使各单格完全隔开。

6. 联条

联条用于连接蓄电池各单格,采用纯铅制作。传统联条安装在蓄电池外壳之外,不仅浪费材料、容易损坏,还导致蓄电池自放电,所以这种连接方式正被穿壁式联条所取代。采用穿壁式联条连接单格电池时,所用联条尺寸很小,并设在蓄电池内部,如图 2-2 所示。

7. 极桩

蓄电池各单格电池串联后,两端的正、负极桩穿出电池盖,用于连接外电路。

正极桩标"+"号或涂红色,负极桩标"-"号或涂蓝色、绿色等。蓄电池极桩用铅锑合金浇铸。

8. 防护板

防护板通常由一片布满小孔的 1 mm 厚橡胶板或

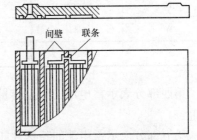

图 2-2　穿壁式联条连接单格电池示意图

塑料板制成，盖在极板组的上面，保护极板不被碰伤，并防止落入异物使极板短路。

9. 加液孔盖

为方便加注电解液，普通铅酸蓄电池设有加液孔盖。加液孔盖上有通气孔，便于排出蓄电池内因化学反应产生的 H_2 和 O_2，以免发生事故。免维护蓄电池没有加液孔盖，而是在内部安装有催化装置，不但可以避免水蒸气的溢出，还可以减少水的消耗。

10. 封口料

普通铅酸蓄电池在外壳与蓄电池盖之间的缝隙里填有易熔的封口料。其作用是密封间隙，防止电解液溢出。封口料必须耐酸、耐温、耐寒、具有黏性，软化点应高于 100 ℃，在零下 60 ℃时也不开裂。聚丙烯塑料外壳与整体式盖之间可以直接加热熔合，不必使用封口料。

三、蓄电池的型号和选用

1. 国产蓄电池的型号和规格

按照 JB/T 2599—2012《铅酸蓄电池名称、型号编制与命名方法》的规定，国产蓄电池的型号共分为 3 段 5 部分，其排列及含义如下。

Ⅰ	Ⅱ		Ⅲ	
1. 串联的单格电池数	2. 电池类型	3. 电池特征	4. 额定容量	5. 特殊性能

第一部分表示串联的单格蓄电池数，用阿拉伯数字表示，其额定电压为这个数字的 2 倍。3 表示 3 个单格，额定电压为 6 V；6 表示 6 个单格，额定电压为 12 V。

第二部分表示蓄电池的类型，用汉语拼音字母表示。Q 表示起动用蓄电池；M 表示摩托车用蓄电池。

第三部分表示蓄电池特征，用汉语拼音字母表示（无字时为干封普通极板铅酸蓄电池）。有两种特征时，顺序将两个代号并列标示，各代号含义见表 2-2。

表 2-2 铅酸蓄电池特征代号

特征代号	蓄电池特征	特征代号	蓄电池特征	特征代号	蓄电池特征
A	干荷电	J	胶体电解液	D	带液式
H	湿荷电	M	密封式	Y	液密式
W	免维护	B	半密封式	Q	气密式
S	少维护	F	防酸式	I	激活式

第四部分表示蓄电池的额定容量，我国目前规定采用 20 h 放电率的额定容量，不带容量单位。

第五部分表示蓄电池的特殊性能，用汉语拼音字母表示。G 表示高起动率；S 表示塑料槽；D 表示低温起动性好。

目前部分国产起动型蓄电池的型号和规格见表2-3。

表2-3 起动型蓄电池的型号和规格

类型	蓄电池型号	单格电池数	额定电压/V	20h率放电额定容量/(A·h)	最大外形尺寸/mm 长	宽	高	参考质量/kg 有电解液	无电解液	单格电池极板数
第一类	3-Q-75	3	6	75	197	178	250	17	14	11
	3-Q-90			90	224	178	250	20	15	13
	3-Q-105			105	251	178	250	23	18	15
	3-Q-120			120	278	178	250	25	20	17
	3-Q-135			135	305	178	250	27	22	19
	3-Q-150			150	332	178	250	29	24	21
	3-Q-195			195	413	178	250	41	34	27
第二类	6-Q-60	6	12	60	319	178	250	25	21	9
	6-Q-75			75	373	178	250	33	27	11
	6-Q-90			90	427	178	250	39	31	13
	6-Q-105			105	485	178	250	47	37	15
第三类	6-Q-120	6	12	120	517	198	250	52	41	17
	6-Q-135			135	517	216	250	58	46	19
	6-Q-150			150	517	234	250	63	50	21
	6-Q-165			165	517	252	250	67	54	23
	6-Q-195			195	517	288	250	75	61	27
第四类	6-Q-40G	6	12	40	212	172	250	75	61	—
	6-Q-60G			60	279	172	250	75	61	—
	6-Q-80G			80	346	172	250	75	61	—

2. 进口蓄电池的型号

从不同国家进口的蓄电池均根据进口国标准生产,这些标准有 LEC 国际(国际标准)、BS(VBS 系列英国标准)、DIN(PZS 系列德国标准)、JIS(日本标准)、BCI(美国标准)等。下面举几例说明进口蓄电池的型号及其含义。

(1)日本蓄电池

① NS40ZL。

1979 年,日本标准蓄电池型号的第一部分采用日本 Nippon 的首字母 N;采用日本 JIS 标准。

在第二部分中,S 表示小型化,即实际容量比标称容量(40 A·h)小,为 36 A·h。

在第三部分中,Z 表示同一尺寸下具有较好的起动放电性能;S 表示极桩端子比同容量蓄电池要粗,如 NS60SL。

在第四部分中,L 表示正极柱在左端;R 表示正极柱在右端,如 NS70R。

② 38B20L(相当于 NS40ZL)。

这是 1982 年以后采用的新代号。

38 表示蓄电池的性能参数。数字越大,表示蓄电池可以存储的电量就越多。

B 表示蓄电池的宽度和高度代号。蓄电池的宽度和高度组合是由 8 个字母中的一个表示的(A~H),字母越接近 H,表示蓄电池的宽度和高度值越大。

20 表示蓄电池的长度约为 20 cm。

L 表示正极柱的位置,从远离蓄电池极柱看过去,正极柱在右端的标 R,正极柱在左端的标 L。

③ 汤浅 NXP100-12 蓄电池。

NXP 表示汤浅 NXP 系列蓄电池。

100 表示 10 h 放电至单格电池电压至 1.8 V 的额定容量为 100 A·h。

12 表示蓄电池额定电压为 12 V。

④ 汤浅 NP100-12 蓄电池。

NP 表示汤浅 NP 系列蓄电池。

100 表示 10 h 放电至单格电池电压至 1.8 V 的额定容量为 100 A·h。

12 表示蓄电池额定电压为 12 V。

（2）德国 DIN 标准蓄电池

以 544-34 蓄电池为例，说明如下。

开头 5 表示蓄电池额定容量在 100 A·h 以下；开头 6 表示蓄电池容量在 100～200 A·h；开头 7 表示蓄电池额定容量在 200 A·h 以上。例如 544-34 蓄电池额定容量为 44 A·h；610-17MF 蓄电池额定容量为 110 A·h；700-27 蓄电池额定容量为 200 A·h。容量后两位数字表示蓄电池尺寸组号。MF 表示免维护型。

（3）美国 BCI 标准蓄电池

以 58-430（12 V 430 A 80 min）蓄电池为例，说明如下。

58 表示蓄电池尺寸组号；430 表示冷起动电流为 430 A；80 min 表示蓄电池储备容量为 80 min。

美国标准的蓄电池也可以这样表示：78-600，78 表示蓄电池尺寸组号，600 表示冷起动电流为 600 A。

课题二　蓄电池的工作原理

一、蓄电池的工作原理

蓄电池的工作原理就是化学能和电能的相互转化。放电时将化学能转换为电能供用电设备使用；充电时将电能转换为化学能储存起来。在充足电的状态下，蓄电池的正极板是二氧化铅（PbO_2），负极板是海绵状纯铅（Pb），电解液是稍浓的硫酸（H_2SO_4）水溶液；完全放电后，正、负二个极板均变为硫酸铅（$PbSO_4$），电解液变为稀的硫酸溶液。

1. 蓄电池的放电

将蓄电池与电路上的负载接通时，在电动势的作用下，电流 I_f 从正极经过负载流往负极（电子从蓄电池负极经外电路流向正极），使正极电位降低，负极电位升高，破坏了原有的平衡。放电时的化学反应过程如图 2-3 所示。

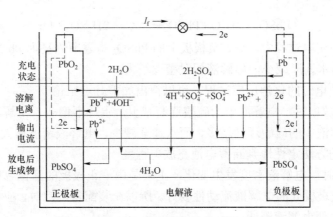

图 2-3 蓄电池的放电过程

如果电路不中断,化学反应将不断进行,使正极板上的 PbO_2 和负极板上的 Pb 都逐渐转变为 $PbSO_4$,电解液中 H_2SO_4 逐渐减少而水逐渐增多,电解液相对密度减小。

放电的化学反应式如下:

$$PbO_2 + 2H_2SO_4 + Pb \longrightarrow PbSO_4 + 2H_2O + PbSO_4$$

理论上,放电过程应进行到极板上的活性物质全部变为硫酸铅为止。而实际上是不可能的,因为电解液不能渗透到活性物质的最内层。使用中,所谓放完电的蓄电池实际上只有20%～30%的活性物质变成了硫酸铅,因此采用薄型极板,增加多孔率,提高极板活性物质的利用率是蓄电池工业的发展方向。

2. 蓄电池的充电

充电时将蓄电池的正、负极与直流电源的正、负极对应相接,当电源电压高于蓄电池的电动势时,在电源力的作用下,电流从蓄电池正极流入,负极流出(电源驱使电子从蓄电池正极经外电路流向负极)。这时,正、负极板上发生的化学反应与放电过程正好相反,充电时的化学反应过程,如图 2-4 所示。

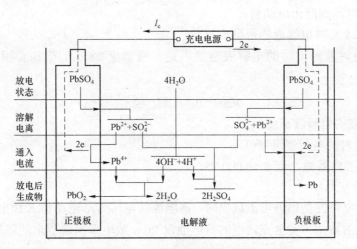

图 2-4 蓄电池的充电过程

充电的化学反应式如下:

$$PbSO_4+2H_2O+PbSO_4 \rightarrow PbO_2+2H_2SO_4+Pb$$

由此可见，在充电过程中，正、负极板上的 $PbSO_4$ 将逐渐恢复为 PbO_2 和 Pb，电解液中 H_2SO_4 逐渐增多而水逐渐减少，电解液相对密度增大。

由蓄电池充放电时的化学反应过程，可以得出如下几点结论。

① 蓄电池在放电时，电解液中的硫酸逐渐减少，水逐渐增多，电解液密度减小；蓄电池在充电时，电解液中的硫酸逐渐增多，而水逐渐减少，电解液密度增大。因此，可以通过测量电解液密度的方法定性地判断蓄电池充放电程度。

② 在充放电时，电解液密度发生变化，主要是由于正极板的活性物质发生化学反应的结果，因此要求正极板处的电解液流动性要好。所以在装配蓄电池时，应将隔板有沟槽的一面对着正极板，以便电解液流通。

③ 蓄电池放电终了时，极板上尚有 70%～80% 的活性物质没有起作用。因此，要减轻铅酸蓄电池的质量，提高供电能力，应该充分提高极板活性物质的利用率，在结构上提高极板的多孔性，减小极板的厚度。

二、蓄电池的工作特性

蓄电池的工作特性是指蓄电池的静止电动势、电动势、端电压、电解液密度随充放电时间的变化规律。

1. 蓄电池的静止电动势

蓄电池的静止电动势是指蓄电池内部工作物质的运动处于静止状态（不充电也不放电）下的电动势，静止电动势可用直流电压表或万用表直接测量。

静止电动势的大小取决于电解液的密度和温度，在电解液密度为 1.050～1.300 g/cm³ 时，静止电动势可用式（2-1）计算。

$$E_j = 0.84 + \rho_{25℃} \quad (2-1)$$

式中 E_j——蓄电池的静止电动势；

$\rho_{25℃}$——25 ℃时电解液的密度。

如果测量电解液密度时的电解液温度不是标准温度 25 ℃，则需要用式（2-2）进行换算。

$$\rho_{25℃} = \rho_t + \beta(t-25) \quad (2-2)$$

式中 ρ_t——实测的电解液密度；

t——测量时的电解液温度(℃)；

β——密度温度系数，取 $\beta=0.00075$。

2. 蓄电池的放电特性

蓄电池的放电特性是指恒电流放电时，蓄电池端电压 U_f、电动势 E 和电解液密度 $\rho_{25℃}$ 随放电时间变化的规律。完全充足电的蓄电池以 20 h 放电率恒流放电的特性曲线如图 2-5 所示。

由于是恒（定电）流放电，单位时间内消耗的硫酸量相同。所以，电解液的密度 $\rho_{25℃}$ 呈直线下降，静止电动势 E_j 也直线下降。一般电解液密度每下降 0.04 g/cm³，蓄电池放电量约为额定容量的25%。

从放电特性曲线可以看出，蓄电池单格端电压的变化规律可分为4个阶段。

第一阶段是开始放电阶段（2.11～2.0 V）。这一阶段，蓄电池端电压 U_f 从 2.11 V 迅速下降，这是由于放电之初极板孔隙内的 H_2SO_4 迅速消耗，密度迅速下降的缘故。

第二阶段是相对稳定阶段（2.0～1.85 V）。这一阶段，极板孔隙外的电解液向极板孔隙内渗透速度加快，当渗透速度与化学反应速度达到相对平衡时，极板孔隙内的电解液密度的变化速率趋于一致，端电压将随整个容器内电解液密度的降低而缓慢下降到1.85 V。

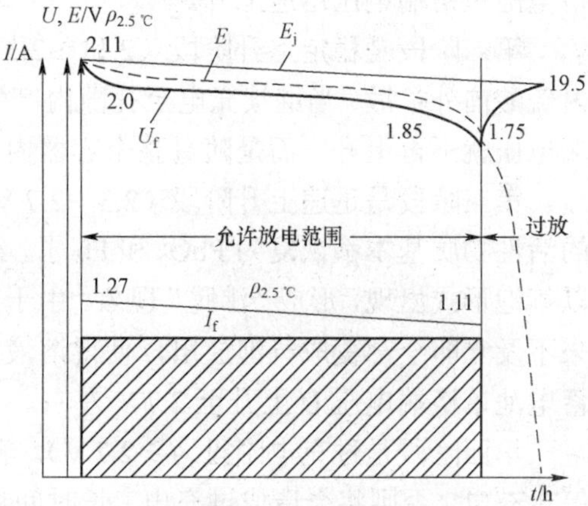

第三阶段是迅速下降阶段（1.85～1.75 V）。这时由于放电接近终了，化学反应渗入极板内层，而放电时生成的硫酸铅较原来的活性物质的体积大（是 PbO_2 的 1.86 倍，Pb 的 2.68 倍），硫酸铅聚集在极板孔隙内，缩小了孔隙的截面积，使电解液渗入困难，因而极板孔隙内消耗的硫酸难以补充，孔隙内的电解液密度便迅速下降，端电压也随之急剧下降。

图 2-5 蓄电池的放电特性

第四阶段是过度放电阶段（＜1.75 V）。蓄电池单格的端电压下降至一定值时（20 h 放电率降至 1.75 V），再继续放电即为过度放电。过度放电对蓄电池十分有害，易使极板损坏。此时如果切断电源，让蓄电池"休息"一下，由于极板孔隙中的电解液和容器中的电解液相互渗透，趋于平衡，蓄电池的端电压将会有所回升。

由此可见，蓄电池在放电终了有如下特征。

① 单格电压放电至终止电压（以 20 h 放电率放电，单格电压降至 1.75 V）。

② 电解液密度降至最小许可值（约 1.11 g/cm^3）。

蓄电池允许的放电终止电压与放电电流有关，放电电流越大，则放完电所用的时间越短，而允许的放电终止电压越低。

3. 蓄电池的充电特性

蓄电池的充电特性是指恒流充电时，蓄电池充电电压 U_c、电动势 E 及电解液密度 $\rho_{25℃}$ 等随充电时间变化的规律。蓄电池以 20 h 充电率恒电流充电时的特性曲线如图 2-6 所示。

由于采用恒（定电）流充电，单位时间内生成的硫酸量相同。所以，电解液的密度 $\rho_{25℃}$ 呈直线上升，静止电动势也随之上升。

从充电特性曲线可以看出，蓄电池单格端电压的变化规律也可分为4个阶段。

第一阶段是开始充电阶段（1.95～2.11 V）。

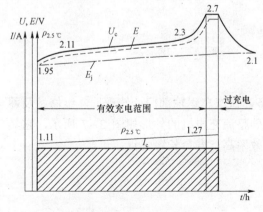

图 2-6 蓄电池的充电特性

开始接通充电电源时,极板孔隙内表层迅速生成硫酸,使孔隙中电解液的密度增大,因此,蓄电池单格端电压迅速上升。

第二阶段是稳定上升阶段(2.11~2.3 V)。蓄电池单格端电压上升到 2.11 V 以后,孔隙内硫酸向外扩散,当继续充电至孔隙内产生硫酸的速度和渗透的速度达到平衡时,蓄电池的端电压就不再上升,而是随着整个容器内电解液密度的上升而相应提高。

第三阶段是迅速上升阶段(2.3~2.7 V)。蓄电池单格电压达到 2.3~2.4 V 时,极板外层的活性物质基本都恢复为 PbO_2 和 Pb 了,继续通电,则使电解液中的水电解,产生 H_2 和 O_2,以气泡形式出现,形成"沸腾"现象。由于产生的 H_2 以离子状态 H^+ 集结在溶液中负极板处,来不及立即全部变成气泡放出,使得溶液与极板之间产生约 0.33 V 的附加电压,因而使得蓄电池单格端电压 U 上升至 2.7 V 左右。

第四阶段是过充电阶段($\geqslant$2.7 V)。蓄电池单格端电压 U 上升至 2.7 V 时应切断电源,停止充电,否则将会造成过充电。长时间过充电易加速极板活性物质的脱落,使极板过早损坏,因此必须避免。

在实际使用中,为保证将蓄电池充足电,往往在出现"沸腾"之后,再继续充电 2~3 h,注意测量端电压和电解液密度,如果不再增加,才停止充电。充电停止后由于充电电流为零,端电压迅速回落,极板孔隙内电解液和容器中的电解液密度趋于平衡,因而蓄电池端电压又降至 2.11 V 左右。

可见,蓄电池在充电终了时(充足电)有如下特征。

① 蓄电池内产生大量气泡,即出现"沸腾"现象。
② 端电压上升至最大值,且 2 h 内不再增加。
③ 电解液密度上升至最大值,且 2~3 h 内不再增加。

课题三　蓄电池的充电

对于新蓄电池、经修理的蓄电池或使用一段时间后的蓄电池,由于各种原因,其容量达不到要求,这时要对蓄电池进行充电。

一、蓄电池的充电设备

1. 硅整流充电机

目前使用较多的有 GCA 系列硅整流充电设备,供汽车运输部门、修理厂、维修站及蓄电池充电站作为蓄电池补充电能用的直流电源。硅整流充电机的外形如图 2-7 所示,它具有操作简单、体积小、质量轻、维护方便、整流效率高、寿命长等优点。

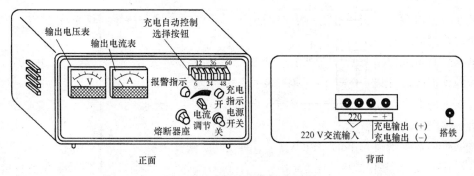

图 2-7 硅整流充电机外形图

2. 快速充电机

用常规的方法完成一次初充电需 60~70 h，完成一次补充充电需 20 h 左右，由于充电时间很长，给使用带来很大不便。快速充电机采用自动控制电路对蓄电池进行脉冲快速充电，可提高充电效率，蓄电池补充充电只需 1~2 h。

脉冲快速充电机的优点是充电时间短，空气污染小，节电省能等。因此，在蓄电池集中充电频繁或应急使用部门，其优点更显突出。

蓄电池脉冲快速充电前，应先检查电解液的密度，并根据其全充电状态时的密度值，计算蓄电池的剩余容量，以确定初充电时间，可参照表 2-4 来预测初充电时间，并将充电设备上的定时器调到相应时间上。多数快速充电机设备都装有温度传感器，将其插入蓄电池的加液孔中，当电解液温度超过 50 ℃时设备会自动停止充电。

表 2-4 快速充电时间与电解液密度的关系

电解液密度/（g·cm^{-3}）	剩余容量	补充充电时间/min
全充电密度：1.260	100%	0
高于 1.225	75%以上	用小电流充电
1.225~1.200		15
1.200~1.175	50%	30
1.175~1.15		45
低于 1.15	25%以下	60

3. 充电电源

这种设备既可用于充电，也可作为起动电源使用。ASC-1500A 充电电源如图 2-8 所示，通过连接背面两组接线柱可对不同电压的蓄电池进行充电（12 V 或 24 V），在汽车蓄电池电压不足时可作为起动电源起动发动机。充电电源具有操作简单、输出电流大、充电效率高、寿命长等优点。

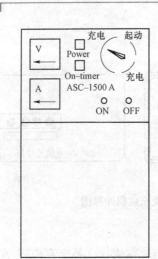

图 2-8 充电电源

二、蓄电池的充电方法

蓄电池的充电方法有常规充电法和快速充电法两种。常规充电方法有定电压充电和定电流充电两种。

1. 定电压充电

在充电过程中,加在蓄电池两端的充电电压保持恒定不变的充电方法,称为定电压充电。

汽车上的蓄电池与发电机为并联,这时对蓄电池的充电即为定电压充电。其特点是充电开始,充电电流很大,随着蓄电池电动势的不断提高,充电电流逐渐减小。充电终了,充电电流将自动减小到零,因而不需要人照管。同时由于定电压充电法充电速度快,4~5 h 内蓄电池就可获得本身容量的 90%~95%,与定电流充电法相比时间大大缩短。所以特别适合对不同容量的蓄电池进行补充充电。其主要缺点是不能调整充电电流,因而不能保证蓄电池彻底充足电;不适合初充电和去硫化充电。

采用定电压充电时,被充蓄电池常采用并联连接法,如图 2-9 所示。要求各并联支路的单格电压总数相等,但各蓄电池的型号、容量以及放电程度则可不同。

但要注意,并联蓄电池的数目必须按充电设备的最大输出电流来决定。定电压充电电源的电压调整为蓄电池的总单格数乘以 2.5(V)为宜。

2. 定电流充电

蓄电池在充电过程中,其充电电流保持恒定不变的充电方法,称为定电流充电。在该充电过程中,随着蓄电池电动势的逐步升高,应提高充电电压,以保证充电电流不变。当蓄电池单格电压升到 2.4 V(电解液开始冒气泡)时,将充电电流减小一半后保持恒定,直到蓄电池完全充足。

在充电工作间使用充电机对蓄电池进行充电时,常

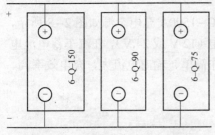

图 2-9 蓄电池并联充电连接图

采用这种定电流充电法。因为它具有较大适用性，可任意选择和调整电流，适用于各种不同条件（新蓄电池的初充电、使用中的蓄电池补充充电、去硫化充电等）下的蓄电池充电。其主要缺点是充电时间长，需经常人工调节充电电压以保证充电电流的恒定。

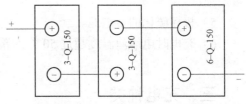

图 2-10　蓄电池串联充电连接图

定电流充电时，被充蓄电池常采用串联法，如图 2-10 所示，即把同容量的蓄电池串联起来接入充电电源。

连接后，由于充电时每个单格电池充足电需要提供 2.7～2.8 V 电压，故可按下列公式计算出串联的蓄电池单格总数和电池只数，即

$$蓄电池总单格数 = 充电机的额定电压（V）/2.7（V）$$

$$蓄电池的总数 = 蓄电池总单格数/（6\,V\,蓄电池单格总数 + 12\,V\,蓄电池单格总数）$$

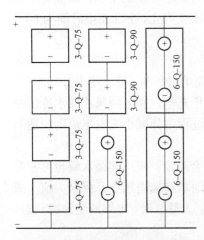

图 2-11　蓄电池混联充电连接图

如果被充电蓄电池的容量大小不等，可按图 2-11 所示的混联方法连接蓄电池，所有各串联支路的蓄电池，其容量最好相同，否则电流必须按容量最小的蓄电池来选定，而容量大的蓄电池则不容易充足或充得太慢。

3. 脉冲快速充电法

脉冲快速充电首先是利用充电初期极化现象不明显、蓄电池可以接受大电流的特点，初期采用 $(0.8\sim1)C_{20}$ 的大电流对蓄电池进行定流充电，使蓄电池在短时间内达到 60% 左右的容量。当单格电池电压达 2.4 V，电解液开始产生气泡时，则由控制电路控制，使充电转入脉冲充电阶段：先停止充电（前停充）24～40 ms，使欧姆极化消失，浓差极化也由于扩散作用而部分消失；接着再反向脉冲充电，使蓄电池反向通过脉宽为 150～1 000 μs、脉幅为 $(1.5\sim3)C_{20}$ 的充电电流，以消除电化学极化所产生的电荷积累，并进一步消除浓差极化；接着在停止充电（后停充）25 ms 后再利用正脉冲进行充电，周而复始，直到充满为止。其充电电流波形如图 2-12 所示。

脉冲快速充电具有充电时间大为缩短、空气污染小、节省电能等优点，因此一般在电池集中、充电频繁的场合或应急部门应用较广泛。但是这种充电方法由于充电速度快，析出的气体总量虽然小，但出气率高，对极板的活性物质冲刷力强，使活性物质易脱落；另外，其输出容量较低，能量转化率也较低，对蓄电池寿命不利。下列蓄电池不能进行快速脉冲充电。

1）未经使用的新蓄电池。

2）液面高度不正确的蓄电池。

3）各单格电解液密度不均匀的蓄电池，各单格电压差大于 0.2 V。

4）电解液混浊并带褐色（极板活性物质脱落）的

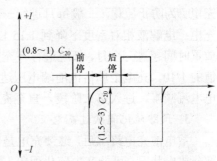

图 2-12　脉冲快速充电的电流波形

蓄电池。

5）极板硫化的蓄电池。

6）充电时电解液温度超过 50 ℃ 的蓄电池。

三、充电种类

根据充电目的的不同，蓄电池的充电作业可分为初充电、补充充电、去硫化充电等。

1. 初充电

新蓄电池或更换极板后的蓄电池在使用之前的首次充电称为初充电，其目的是为了恢复蓄电池在存放期间，极板上部分活性物质缓慢硫化和自放电而失去的电量。初充电分两个阶段进行：第一阶段的充电电流约为额定容量的 1/15，充电至电解液中放出气泡，单格电池端电压达 2.4 V 为止；第二阶段将充电电流减半，充电电流约为额定容量的 1/30，继续充电到电解液剧烈放出气泡（沸腾），相对密度和电压连续 3 h 稳定不变为止。全部充电时间为 60~70 h。

充电过程中应经常测量电解液的密度和温度。充电初期电解液密度有降低情况，不需要调整，但要随时以相同的电解液把液面高度调整到规定值。充电过程中，若温度上升到 40 ℃ 时，应将充电电流减半；如果继续上升到 45 ℃，应立即停止充电，并采用风冷或水冷的办法进行人工降温，待冷却至 35 ℃ 以下时再继续充电。充电过程中如减小充电电流则应适当延长充电时间。

初充电临近终了时，应测量电解液的相对密度，如果不合规定，应用蒸馏水或相对密度为 1.40 的电解液进行调整。调整后，应再充电 2 h，直到电池单格端电压上升到最大值（或电解液的密度上升到最大值），并在 2~3 h 内不再增加，产生大量气泡，电解液呈沸腾状态。这时蓄电池已经充满，应切断电源，以免过充。

新蓄电池充满电后，应以 20 h 放电率放电，再充电，如此进行 1~3 次充、放电循环，以检查它的容量是否达到额定容量，并促使极板上未转化的物质转变为活性物质，以提高蓄电池的容量功能。如果第二次放电时蓄电池的容量不小于额定容量的 90%，即可进行一次最后充电，便可使用。

初充电恰当与否，对蓄电池的使用性能极为重要。因此，初充电必须彻底充足。

2. 补充充电

车用蓄电池由于充电系统采用恒电压充电，很难将蓄电池彻底充满，所以需要进行补充充电。为防止硫化，一般每月进行一次补充充电。如果有下列现象发生，必须随时进行补充充电：电解液相对密度下降到 1.15 以下；冬季放电超过 25%，夏季放电超过 50%；蓄电池放置时间超过一个月，都应进行补充充电。补充充电第一阶段充电电流为蓄电池额定容量数值的 1/10，充电至单格电池端电压达到 2.4 V 左右、电解液内开始出现气泡为止，接着将充电电流减半，进入第二阶段，直至充足电为止。

3. 预防硫化间歇过充电

蓄电池充电终了后，继续充电是有害的，但考虑到蓄电池在汽车上经常处于充电不足或部分放电状况，可能产生硫化现象，为预防硫化，蓄电池每隔 3 个月进行一次预防硫化过充电。在完成补充充电的基础上，进行一次预防硫化的过充电，即有意识地把充电时间延长，让蓄电池充电更彻底些，以消除可能产生的轻微硫化。

间歇过充电的具体方法是：在正常的补充充电后，停止 1 h，再用第二阶段的电流继续充电，直到电解液大量地冒气泡时，再停止 1 h，然后再恢复第二阶段的充电。如此循环，直到接通充电电源，蓄电池在 1~2 min 内就出现大量气泡为止。

4. 去硫化充电

蓄电池发生硫化故障后，内阻将显著增大，充电时温升也较快。硫化程度较轻的可以用去硫充电法加以消除，硫化严重的铅酸蓄电池则只能报废。

去硫化充电的方法是：先倒出蓄电池内的电解液，用蒸馏水反复冲洗数次，然后灌入蒸馏水至高出极板上沿 10~15 mm，用初充电电流进行充电，并随时测量相对密度。当相对密度升到 1.15 以上时，可用蒸馏水稀释，继续充至相对密度不再上升后进行放电。如此反复多次，或充 6 h，中间停 2 h，反复进行到在 6 h 内相对密度不变为止，最后参照初充电方法充电并调整相对密度至规定值，用 20 h 放电率放电检查容量，如果容量达到额定容量的 80%，说明硫化已基本消除，即可装车使用。

课题四　蓄电池的维修

蓄电池的维修包括蓄电池的正确使用、日常维护和修理。

一、蓄电池的正确使用和维护

普通蓄电池的使用寿命一般为 1~2 年，要想延长其使用寿命，就应掌握正确的使用、维护方法，经常保持蓄电池技术状况良好，发现问题及时处理。

1. 蓄电池的正确使用

1) 大电流放电时间不宜过长，使用起动机，每次的时间不超过 5 s，相邻两次起动之间应间隔 15 s。

2) 充电电压不能过高，当充电电压升高 10%~12%时，蓄电池的寿命将会缩短 2/3 左右。

3) 尽量避免蓄电池过放电和长期处于亏电状态下工作，放完电的蓄电池应在 24 h 内充电。

4) 冬季使用蓄电池要特别注意保持其处于充足电状态，以免电解液密度降低而结冰。在不结冰的前提下，尽可能采用密度偏低的电解液。如液面过低，需添加蒸馏水时只能在充电前进行，尽可能地使水和电解液混合。冷车起动前，注意发动机和蓄电池的预热。

2. 蓄电池的维护

为了使蓄电池经常处于完好的技术状态，对正在使用的蓄电池，应做好以下维护工作。

1) 保持蓄电池外部的清洁。经常清除蓄电池上的灰尘、泥土和极桩、电线头上的氧化物。

2) 经常检查蓄电池在车上安装是否牢靠，极桩是否松动，接线是否紧固。

3）经常检查蓄电池的放电程度。如低于规定标准，要立即进行补充充电。
4）定期检查或调整各单格电池内电解液的液面高度，并疏通加液孔盖上的通气孔。
5）及时根据季节，调整电解液密度。

二、蓄电池常见故障及其排除方法

蓄电池常见故障可分外部故障和内部故障。蓄电池的外部故障有壳体或盖子出现裂纹、封口胶裂纹、极桩松动或腐蚀等；内部故障有极板硫化、活性物质脱落、极板短路、自行放电等。

1. 蓄电池常见的外部故障及其排除方法

（1）容器破裂

蓄电池容器多由硬橡胶或塑料制成，质地硬脆。造成破裂的原因有蓄电池固定螺母旋得过紧、行车剧烈振动、外物击伤和电解液结冰等。检查时可根据电池电解液液面高度以及电池外部的潮湿情况来判断容器是否有裂纹存在，容器的裂纹一般在其上近四角处。蓄电池容器裂纹轻者可修补，重者应更换。

（2）封口胶裂纹

封口胶因质量低劣或受到撞击容易出现裂纹，封口胶出现裂纹后，电解液从裂纹中渗出，与杂质或脏物混合会使蓄电池外表电极连通形成短路，引起自行放电。若封口胶只有微裂纹，可将其清洁干燥后，用喷灯喷裂纹处烤热熔封。严重者可把封口胶清除干净，重新封口。

（3）极桩螺栓和螺母腐蚀

若蓄电池的极桩螺栓和接线端已腐蚀产生污物，可用竹片将污物刮去，用抹布蘸5%的碱溶液擦去残余的污物和酸液，再用水清洗干净，然后在极桩及接线端表面涂以凡士林油层保护。严重的腐蚀应更换极桩接线螺母及螺栓。

2. 蓄电池常见的内部故障及其排除方法

（1）极板硫化

蓄电池长期处于放电状态或者充电不足状态，会在极板上逐渐生成一层白色的粗晶粒硫酸铅，正常充电时，其不能转化为 PbO_2 和 Pb，这种现象称为硫酸铅硬化，简称硫化。

这种粗晶粒的硫酸铅会堵塞极板孔隙，使电解液渗入困难，蓄电池容量降低，且硫化层导电性差，使蓄电池内阻显著增大，起动性能和充电性能下降。

蓄电池硫化主要表现在：极板上有白色的霜状物；蓄电池容量明显下降；用高率放电计检查时，单格电压明显降低；充电时单格电压迅速升高到 2.5 V 左右，但电解液密度上升不明显，且过早出现沸腾现象。

对于极板硫化轻微的蓄电池可采用去硫化充电的方法进行处理，消除极板硫化现象。对于极板硫化严重的蓄电池应报废。

（2）自行放电

充足电的蓄电池放置不用，会逐渐失去电量，这种现象称为自行放电。对于充足电的蓄电池，如果每昼夜容量下降不大于2%，就是正常的自放电，超过2%就是有故障了。

自行放电的原因主要有以下几个方面。

① 电解液不纯，杂质与极板之间以及沉附于极板上的不同杂质之间形成电位差，通过电解液产生局部放电。

② 电池溢出的电解液堆积在盖板上，使正负极桩形成通路。

③ 极板活性物质脱落，下部沉淀物过多使极板短路。

④ 蓄电池长期放置不用，硫酸下沉，下部密度比上部大，极板上下部产生电位差引起自行放电等。

对于自行放电轻微的蓄电池，应清洁其表面；或将其内部电解液倒出，进行清洗后重新加注电解液进行充电。对于自行放电严重的蓄电池应进行极板修理或报废。

（3）极板短路

极板短路是由于隔板损坏、极板拱曲变形或活性物质大量脱落堆积使极板直接接触的现象。

极板短路的外部特征是充电电压低，密度上升很慢，充电末期气泡很少，而且用高率放电计测试时，单格电池电压很低或者为零。

对于短路的蓄电池必须拆开，查明原因并进行故障排除。

（4）极板活性物质脱落

活性物质脱落主要是指正极板上的 PbO_2 脱落，这是蓄电池过早损坏的原因之一。它使蓄电池容量下降，严重时导致极板短路，在充电时电解液中会有褐色物质从电池底部浮起。

若使用不当，如充电电流过大、过充电、充电时温度过高等都会使活性物质松浮而脱落。蓄电池接起动机的时间过长，放电电流过大，使极板拱曲也会造成活性物质脱落。

对于活性物质脱落不严重的蓄电池，可清洗更换电解液后继续使用，严重时应更换极板或报废。

思考与练习

一、单选题

1. 蓄电池与发电机两者在汽车上的连接方法是（　　）。
   A. 串联连接　　B. 并联连接　　C. 各自独立　　D. 以上都不对
2. 蓄电池充足电时，正极板上的活性物质是（　　）。
   A. 硫酸　　　　B. 纯铅　　　　C. 二氧化铅　　D. 硫酸铅
3. 铅酸蓄电池的电解液密度一般为（　　）。
   A. $1.11\sim1.12\ g/cm^3$　　　　　　B. $1.15\sim1.24\ g/cm^3$
   C. $1.24\sim1.30\ g/cm^3$　　　　　　D. $1.30\sim1.34\ g/cm^3$
4. 有一蓄电池型号为 6-QA-75，其中 A 表示（　　）。
   A. 干式荷电池　B. 薄型极板　　C. 低温起动性好　D. 起动型蓄电池
5. 汽车蓄电池在放电时是（　　）。

A. 电能转变为化学能 B. 化学能转变为电能
C. 电能转变为机械能 D. 机械能转变为电能

6. 温度为 15 ℃时，单格电池的静止电动势 E_j 与电解液密度的关系可用经验公式表示为（   ）。

A. $E_j = 0.84 - \rho_{15℃}$ B. $E_j = 0.84 + \rho_{15℃}$
C. $E_j = 0.84 + \rho_{25℃}$ D. $E_j = 0.84 - \rho_{25℃}$

7. 铅酸蓄电池的密度温度系数为（   ）。

A. 0.000 75 B. 0.007 5 C. 0.075 D. 0.75

8. 蓄电池内部产生气体最多的时候是（   ）。

A. 加注电解液时 B. 放电时 C. 充电时 D. 过充电时

9. 蓄电池内部发生化学反应时，则（   ）。

A. 会产生氧气 B. 会产生氢气
C. 会同时产生氧气和氢气 D. 既不产生氧气也不产生氢气

10. 铅酸蓄电池以 20 h 放电率放电时，当放电终了，其单格电池电压应是（   ）。

A. 1.85 V B. 1.75 V C. 1.65 V D. 1.55 V

11. 蓄电池放电终了时，电解液密度的最低允许值为（   ）。

A. 1.24 g/cm³ B. 1.70 g/cm³ C. 1.75 g/cm³ D. 1.11 g/cm³

12. 在配制蓄电池用电解液时，必须将（   ）。

A. 工业硫酸徐徐倒入蒸馏水中
B. 纯净的化学硫酸徐徐倒入自来水中
C. 蒸馏水徐徐倒入纯净的化学硫酸中
D. 纯净的化学硫酸徐徐倒入蒸馏水中

13. 用高率放电计测量蓄电池各单格电池时，说明该蓄电池技术状态尚属良好的电压（能在 5 s 内保持稳定）是（   ）。

A. 1.2 V 以上 B. 1.3 V 以上 C. 1.5 V 以上 D. 1.6 V 以上

14. 蓄电池电解液的液面应高出极板（   ）。

A. 5～10 mm B. 10～15 mm C. 15～20 mm D. 20～25 mm

15. 电解液液面高度低于规定标准时，应补加（   ）。

A. 电解液 B. 稀硫酸 C. 蒸馏水 D. 自来水

16. 起动机每次连续起动的时间不能超过（   ）。

A. 2 s B. 5 s C. 10 s D. 15 s

17. 蓄电池放电时，端电压逐渐（   ）。

A. 上升 B. 平衡状态 C. 下降 D. 不变

18. 蓄电池的额定容量有关的是（   ）。

A. 单格数 B. 电解液数量
C. 单格内极板片数 D. 温度

二、多选题

1. 在下列蓄电池中，属于汽车用铅酸蓄电池的有（   ）。

A. 胶体蓄电池 B. 镍碱蓄电池

C. 免维护蓄电池　　　　　　　　　　D. 干荷蓄电池
2. 蓄电池的容量大小标志着蓄电池对外供电能力的大小，其影响因素有（　　）。
A. 放电电流　　　　　　　　　　　　B. 电解液的温度
C. 电解液的密度　　　　　　　　　　D. 极板的构造
3. 新型蓄电池联条的连接方式有（　　）。
A. 穿壁式　　　B. 跨越式　　　C. 龙门式　　　D. 外露式
4. 在发动机起动时，蓄电池给起动机提供强大的起动电流，同时给（　　）供电。
A. 防盗系统　　　　　　　　　　　　B. 点火系统
C. 燃油喷射系统　　　　　　　　　　D. 发电机

三、判断题

（　）1. 汽车发动机热起动时，起动机（起动电动机）由发电机供电。
（　）2. 隔板的主要作用是防止正、负极板短路。
（　）3. 在单格电池中正极板比负极板多一片。
（　）4. 放电电流越大，则蓄电池的容量也越大。
（　）5. 电解液密度越大，则蓄电池的容量越大。
（　）6. 传统蓄电池消耗水的途径是蒸发和水的电解。
（　）7. 配制电解液时，应将蒸馏水缓慢地倒入硫酸中去。
（　）8. 初充电的特点是充电电流较大，充电时间较短。
（　）9. 对蓄电池进行定电流充电时，蓄电池采用并联连接。
（　）10. 对蓄电池进行充电必须用交流电源。
（　）11. 根据蓄电池电解液密度的变化，可以判断其放电程度。
（　）12. 为了防止蓄电池的接线柱氧化，通常可在接线柱上涂一层油漆。
（　）13. 蓄电池电解液不足，在无蒸馏水时，可暂用自来水代替。
（　）14. 蓄电池在使用中应注意密封，防止漏气和泄漏电解液。
（　）15. 冬季起动发动机，若一次起动不了，可延长起动时间，直到起动了为止。

四、问答题

1. 汽车电源系统由几部分组成？
2. 蓄电池的作用是什么？
3. 试写出充放电过程总的化学反应式。
4. 蓄电池充电终了的标志是什么？
5. 蓄电池放电终了的标志是什么？
6. 什么是蓄电池的容量？其影响因素有哪些？
7. 蓄电池充电方法有几种？各有何特点？
8. 蓄电池使用中应注意什么问题？

模块三 充电系统

学习目标：

了解交流发电机、调节器的结构、型号、作用。
知道交流发电机、调节器的工作原理、工作特性。
知道充电系统各元件及其在汽车上的安装位置。
掌握交流发电机的拆装、维护及检测方法。
掌握晶体管调节器的检测方法。
掌握充电系统电路故障的诊断、排除方法。

课题一 交流发电机的结构及类型

一、交流发电机的功用和类型

交流发电机是汽车的主要电源之一，它与电压调节器互相配合工作，其主要任务是对除起动机以外的所有用电设备供电，并向汽车上的蓄电池充电。

交流发电机可以按总体结构、磁场绕组搭铁方式、整流器多少等进行分类。

1. 按总体结构分类

1）普通交流发电机（外装电压调节器式）：无特殊装置、无特殊功能的汽车交流发电机，称为普通交流发电机。外装电压调节器式交流发电机在载货汽车和大型客车上应用较普遍。

2）整体式交流发电机（内装电压调节器式）：内装电压调节器式交流发电机多用于轿车，如一汽奥迪、上海桑塔纳等轿车用 JFZ1813Z 型交流发电机。

3）带泵交流发电机：即带真空制动助力泵的交流发电机，如 JFB1712 型交流发电机，带泵交流发电机多用于柴油车。

4）无刷交流发电机：即没有电刷和滑环结构的交流发电机，如 JFW14X 型交流发电机。

5）永磁交流发电机：即转子磁极采用永磁材料的交流发电机。

2. 按磁场绕组搭铁方式分类

1）内搭铁式交流发电机：即磁场绕组的一端与交流发电机外壳相连接，如东风 EQ1090

车用的 JF132 型交流发电机。

2）外搭铁式交流发电机：即磁场绕组的一端经电压调节器后搭铁，如解放 CA1091 型车用的 JF152D、JF1522A 型交流发电机。目前，大多数汽车都采用外搭铁式交流发电机。

3. 按整流器多少分类

1）六管交流发电机：其整流器由 6 个硅二极管组成，这种形式应用最为广泛，如东风 EQ1090 车用的 JF132 型交流发电机，以及解放 CA1091 型车用 JF1522A、JF152D 型交流发电机等。

2）八管交流发电机：指具有两个中性点二极管的交流发电机，其整流器总成共有 8 个二极管，如天津夏利 TJ7130 型微型轿车用 JFZ1542 型交流发电机。

3）九管交流发电机：指具有 3 个磁场二极管的交流发电机，其整流器总成共有 9 个二极管，如北京 BJ1022 型轻型载重车用的 JFZ141 型交流发电机、斯太尔（STEYR）汽车用 JFZ2518A 型交流发电机。

4）十一管交流发电机：指具有中性点二极管和磁场二极管的交流发电机，其整流器总成共有 11 个二极管，如桑塔纳、奥迪用 JFZ1913Z 型交流发电机。

二、交流发电机的型号

根据国标 QC/T 73—1993《汽车电气设备产品型号编制方法》的规定，我国交流发电机的型号如下。

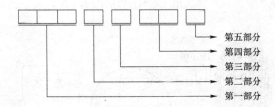

第一部分为产品代号。交流发电机的产品代号有 JF、JFZ、JFB、JFW 4 种，分别表示交流发电机、整体式交流发电机、带真空泵交流发电机和无刷交流发电机。

第二部分为电压等级代号。其用 1 位阿拉伯数字表示，1 代表 12 V；2 代表 24 V；6 代表 6 V。

第三部分为电流等级代号。其用 1 位阿拉伯数字表示，含义见表 3-1。

表 3-1 车用交流发电机的电流等级代号

电流等级代号	1	2	3	4	5	6	7	8	9
电流/A	≤19	20～29	30～39	40～49	50～59	60～69	70～79	80～89	≥90

第四部分为设计序号。按产品的先后顺序，用阿拉伯数字表示。

第五部分为变型代号。交流发电机以调整臂的位置作为变型代号。从驱动端看，Y 代表右边；Z 代表左边；没有变型代号则表示无调整臂或调整臂处于中间位置；若发电机被驱动的旋转方向为逆时针旋转方向，则最后一个字母为 N。

三、交流发电机的结构

汽车上的交流发电机大多采用三相同步交流发电机,其结构按类型的不同而异,普通式与整体式车用交流发电机在结构上大同小异,而与无刷式、永磁式有较大的差异。整体式交流发电机主要由定子、转子、集成电路调节器、电刷、整流器、前后端盖、风扇及带轮等组成(电压调节器装在交流发电机后端的防护罩内,但不是交流发电机的组成部分),如图3-1所示。

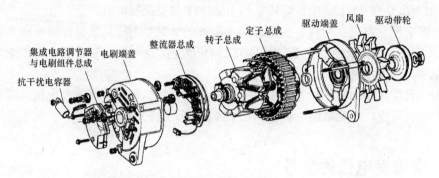

图3-1 整体式交流发电机构造

1. 定子总成

定子总成用来产生和输出三相交流电,又叫电枢,由定子铁芯和定子绕组组成,如图3-2所示。

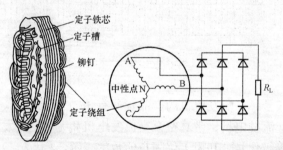

图3-2 定子总成

定子铁芯由相互绝缘的内圆带槽的圆形硅钢片叠成。定子槽内置有三相对称绕组,三相绕组大多数采用Y形(星形)连接,也有用△形连接的。

要产生对称三相交流电,A、B、C三相绕组必须在空间上相距120°;交流发电机两磁极(N与S极之间的极距)在空间上相距180°,即相距/极距=120°/180°=2/3。换言之,只要满足上述(相距/极距=2/3)要求,即可产生对称三相交流电。

一般的交流发电机,定子上嵌线的槽数为36个,磁极对数为6对(即12个),相当于每个磁极对应36/12=3个槽,即极距=3个槽。由前述原理可知,要产生三相交流电,相距(即A、B、C三相绕组的首边距离)应等于2个槽,即相距/极距=2槽/3槽=2/3。也即两个绕组(两相)之间的首端距离应为2个槽,或等于$2+3n$个槽(n为极距倍数1、2、3、…)。同一相绕组线圈的首端和末端的距离应为一个极距,即3个槽。

按图 3-3 所示的规律绕制定子绕组即可达到上述要求。图 3-4 为某一交流发电机定子绕组的展开图。

图 3-3　定子绕组绕线规律图

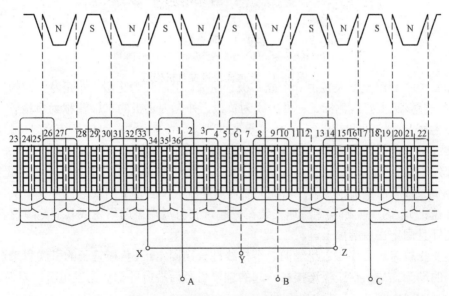

图 3-4　交流发电机定子绕组展开图

2. 转子总成

转子总成又称励磁绕组（也称磁场绕组、磁场线圈），作用是用来产生磁场。由两块爪（鸟嘴）形磁极、磁场绕组、滑环及轴等组成，如图 3-5 所示。

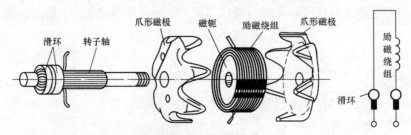

图 3-5　转子总成

3. 整流器

整流器的作用是将定子绕组输出的三相交流电，通过三相桥式整流变成直流电输出。整流器由正整流板和负整流板组成，如图 3-6 所示。

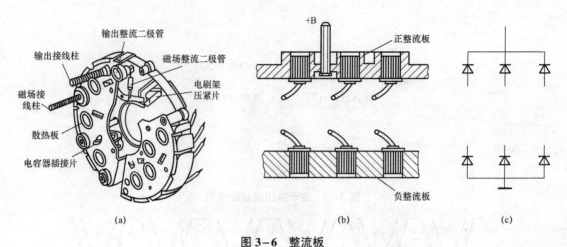

图 3-6　整流板
（a）整体式整流板；（b）分立式整流板；（c）整流板图示

交流发电机的整流器大多由 6 个硅二极管组成。引出线为正极、外壳为负极的二极管称为正极管，管壳底上有红色标记；引出线为负极、外壳为正极的二极管称为负极管，管壳底上注有黑色标记。

安装二极管的板子称为整流板（也称元件板），通常用铝合金制成以利于散热。现代汽车用交流发电机都有两块整流板，安装 3 个正二极管的整流板（装在外侧）称为正整流板，安装 3 个负二极管的整流板（装在内侧）称为负整流板（也有个别发电机将 3 个负二极管安装在后端盖上），两块板相互绝缘地安装在一起，它与后端盖用尼龙或其他绝缘材料制成的垫片隔离开且固定在后端盖上。

安装在正整流板上并与之绝缘的 3 个接线柱分别固定正、负极管子的引线和来自三相绕组某一相的端头。与正整流板连接在一起的螺栓引至后端盖外部作为发电机的电源输出端，并标记为"B"（"＋""A"或"电枢"）。

4. 前后端盖

前后端盖是交流发电机的安装基础，用来固定定子、支承转子总成并封闭内部构造，由铝合金制成，具有轻便、阻磁（减少漏磁）、散热性能好等特征。

5. 电刷与电刷架

电刷的作用是通过滑环给励磁绕组提供电流。电刷装在电刷架内，通过弹簧与滑环紧密接触，如图 3-7 所示。

发电机的类型不同，电刷架的安装位置也有所不同。有的安装在发电机的后端盖上（外装式），这种结构便于电刷的维护与更换；有的与整流器安装在一起（内装式），维护或更换电刷时，需要将发电机后端盖上的防护罩拆下。

6. 带轮和风扇

发电机由发动机通过其前端装的带轮带动。在带轮后面装有风扇，靠风扇的离心作用给发电机强制通风。前后端盖用3~4个螺栓与定子紧固在一起。

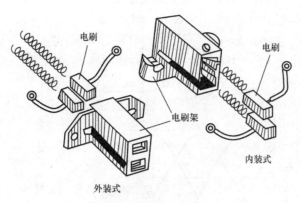

图3-7 电刷与电刷架

课题二 交流发电机的工作原理

一、交流发电机的工作原理

1. 交流电动势的产生

交流发电机电动势的产生原理如图3-8所示。

交流发电机定子的三相绕组（AX、BY、CZ）按在空间上相差120°的规律排列在发电机的定子槽内。当磁场绕组接通直流电源时即被励磁，转子的爪形磁极被磁化为数对N极和S极。其磁力线由N极出发，穿过转子与定子之间很小的气隙进入定子铁芯，最后又通过气隙回到S极。

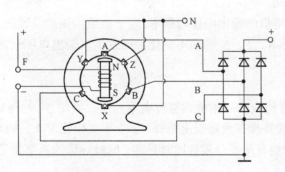

图3-8 电动势产生原理图

当转子旋转时，磁力线切割定子绕组，在三相绕组中产生频率相同、幅值相等、相位相差120°电角度的正弦电动势 e_A、e_B、e_C，如图3-9（a）所示，其波形如图3-9（b）所示。

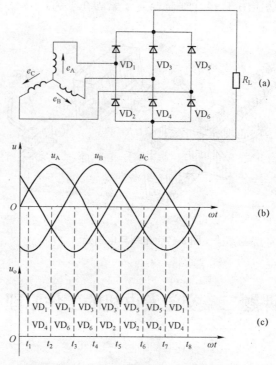

图 3-9 三相桥式整流电路的整流过程

发电机每相绕组所产生的电动势的有效值为

$$E_\Phi = 4.44 K f N \Phi = C n \Phi \tag{3-1}$$

式中 K——定子绕组系数,一般小于 1;

f——感应电动势的频率(Hz);$f = Pn/60$(P 为磁极对数,n 为转速);

N——每相绕组的匝数;

Φ——磁极的磁通(Wb);

C——$4.44 KNP/60$。

由此可见,交流发电机的输出电压与频率、定子绕组的匝数及励磁绕组的磁通量成正比,一个交流发电机制成后 K、P、N 等均不变化,则发电机输出电压只与其转速、励磁绕组的磁通量有关。

2. 整流过程

以 6 个整流二极管构成的三相桥式整流电路为例,如图 3-9(a)所示。3 个负二极管 VD_2、VD_4、VD_6 的正极并接在负极板上搭铁,3 个正二极管 VD_1、VD_3、VD_5 的负极并接在正极板上输出。每个时刻有两个二极管同时导通,同时导通的两个管子总是将发电机的电压加在负荷的两端。

当 $t=0$ 时,C 相电位最高,而 B 相电位最低,所对应的二极管 VD_5、VD_4 处于正向导通。电流从 C 相绕组出发,经 VD_5→负载 R_L→VD_4→B 相绕组构成回路。由于二极管的内阻很小,所以此时发电机的输出电压可视为 B、C 相绕组之间的线电压。

在 $t_1 \sim t_2$ 时间内,A 相电位最高,而 B 相电位最低,故对应的 VD_1、VD_4 处于正向导通。同理,交流发动机的输出电压可视为 A、B 相绕组之间的线电压。

在 $t_2 \sim t_3$ 时间内，A 相电位最高，而 C 相电位最低，故 VD_1、VD_6 处于正向导通。同理，交流发动机的输出电压可视为 A、C 相绕组之间的线电压。

以此类推，周而复始，在负载上便可获得一个比较平稳的直流脉动电压，如图 3-9（c）所示。交流发动机输出的电压的平均值为

$$U_{av} = 2.34 U_\Phi \qquad (3-2)$$

式中　U_{av}——输出直流电压的平均值（V）；
　　　U_Φ——发电机相电压的有效值（V）。

除了部分交流发电机采用 6 个整流二极管构成的三相桥式整流电路外，还有部分交流发电机采用了八管、九管，甚至是十一管构成的整流电路，其整流过程基本相似。

3. 励磁方式

为了使交流发电机在低速时具有良好的发电性能，在发电机开始发电时，采用他励方式，即由蓄电池提供励磁电流，增强磁场，使输出电压随发电机转速迅速上升。当发电机输出电压高于蓄电池电压（发电机的转速达到 1 000 r/min 左右）时，励磁电流便由发电机自身供给，这种励磁方式称为自励。由此可见，汽车交流发电机在输出电压建立前后分别采用了他励和自励两种不同的励磁方式。

交流发电机励磁电流的控制形式有两种，一种是控制励磁电流的火线，其搭铁可以通过发电机本体直接搭铁，通常我们称这种控制方式为内搭铁（或内搭铁交流发电机），如图 3-10（a）所示；另一种控制方式是控制励磁电流的搭铁，通常我们称这种控制方式为外搭铁（或外搭铁交流发电机），如图 3-10（b）所示。

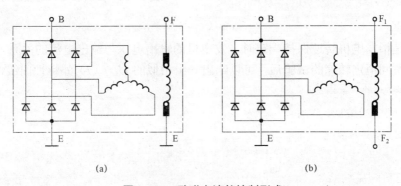

图 3-10　励磁电流的控制形式
（a）内搭铁控制形式；（b）外搭铁控制形式

二、交流发电机的工作特性

交流发电机的工作特性是指交流发电机转速（n）、输出电压（U）与输出电流（I）三者之间的关系。工作特性包括输出特性、空载特性和外特性，其中以输出特性最为重要。

1. 输出特性

输出特性也称负载特性或输出电流特性，是指交流发电机输出电压保持一定时，发电机的输出电流与转速之间的关系。

在实际工作中,通常是测试交流发电机输出电压为 14 V(标称电压 12 V;标称电压为 24 V 时,输出电压为 28 V),输出电流为额定电流时,满载转速是否符合技术要求。

输出特性 $I=f(n)$ 曲线如图 3-11 所示。

2. 空载特性

空载特性是指无负荷时,发电机输出电压与转速的变化规律。

在实际工作中,通常是测试交流发电机输出额定电压 14 V(标称电压 12 V;标称电压为 24 V 时,输出电压为 28 V)时,空载转速是否符合要求。

空载特性 $U=f(n)$ 曲线如图 3-12 所示。

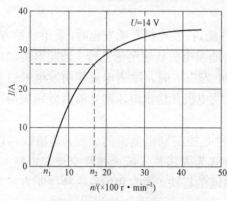

图 3-11 交流发电机的输出特性

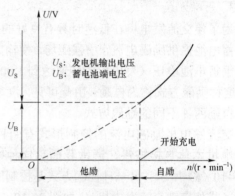

图 3-12 交流发电机的空载特性

3. 外特性

外特性是指发电机转速保持一定时,发电机的输出电压与输出电流的关系。

在进行不同恒定转速的试验后,可以绘出一组相似的 $U=f(I)$ 外特性曲线,如图 3-13 所示。

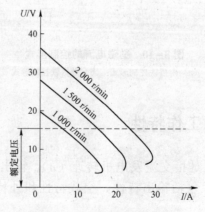

图 3-13 交流发电机的外特性

课题三 交流发电机的维修

一、交流发电机的正确使用

1）汽车交流发电机均为负极搭铁,蓄电池搭铁极性必须与发电机一致。否则蓄电池将正向加在整流二极管上使二极管烧坏。

2）发电机运转时,不能短接交流发电机的"B""E"端子(即采用搭铁试火的方法)来检查发电机是否发电,否则容易烧坏整流二极管。

3）发现发电机不发电或充电电流很小时,应及时找出原因并排除故障。如果继续运转,故障会扩大。例如,1 个二极管短路后,会导致其他两个二极管和定子绕组被烧坏。

4）当整流器的 6 个整流二极管与定子绕组连接时,禁止使用 220 V 交流电源检查发电机的绝缘情况,否则将会损坏二极管。

5）交流发电机在与调节器配用时,电压等级必须一致。否则充电系统不能正常工作。对于外搭铁型发电机和外搭铁型调节器,磁场电流是由电源正极经点火开关、励磁绕组、调节器"磁场"端子"F"流入调节器,再经调节器内部大功率晶体管(NPN 型晶体管)后,从调节器"搭铁"端子流回电源负极。对于内搭铁型发电机与内搭铁型调节器,磁场电流则是由电源正极经点火开关,从调节器"+"端子流入,先经内部大功率晶体管(PNP 型晶体管),从调节器"磁场"端子"F"流出,再经发电机磁场绕组、搭铁回到电源负极。

由此可见,内搭铁型调节器只能与内搭铁型发电机配用;外搭铁型调节器只能与外搭铁型发电机配用。

(6)汽车停驶时应断开点火开关,以免蓄电池长时间向励磁绕组放电。在汽车上,一旦接通电源,调节器的大功率管就始终处于导通状态,汽车停驶时大功率管始终导通(夜间停驶也是如此),而且此时磁场电流接近最大值,不仅会使电子调节器使用寿命大大缩短,而且还会导致蓄电池亏电。试验证明,当调节器不受开关控制而直接与充足电的蓄电池连通时,使用 5~7 d,蓄电池便不能起动发动机,调节器的使用寿命也只有 100 d 左右。

二、交流发电机的维护

汽车每行驶 3 万千米,应将交流发电机从车上拆下检修一次,主要检查电刷和轴承磨损情况。新电刷高度为 14 mm,磨损至 7~8 mm 时,应当换用新电刷;轴承如有显著松动,应换用新轴承。汽车每行驶 1.5 万千米,应当进行以下检查。

1. 检查 V 形驱动带外观

目视 V 形带有无裂纹和破损现象,如有则应换用新 V 形带。V 形带安装情况应当符合图 3-14(a)的要求,如果安装情况如图 3-14(b)所示,则应换用新 V 形带。

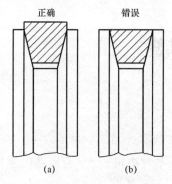

图 3-14 发电机 V 形带的安装
(a) 安装正确; (b) 安装错误

2. 检查 V 形驱动带挠度

检查时,在两个 V 形驱动带轮之间 V 形带的中央部位施加 100 N 压力,此时 V 形带的挠度应符合规定指标。新 V 形带一般为 5～7 mm,旧 V 形带(即装车随发动机转动过 5 min 或 5 min 以上的 V 形带)一般为 10～14 mm。具体指标以车型手册规定为准,挠度不符合规定的应予调整。

3. 检查导线连接

一是各导线的连接部位必须正确;二是发电机 "B" 端子必须加垫弹簧垫圈;三是对于采用线束连接器连接的发电机,其插头与插座必须用锁紧卡簧锁紧,不得有松动现象。

4. 检查有无噪声

检查时,逐渐加大发动机油门,同时监听发电机有无异常响声。如有异常响声,则需拆下发电机分解检修。

课题四　电压调节器的结构及工作原理

一、电压调节器的功用和分类

1. 电压调节器的功用

电压调节器的功用是使交流发电机的输出电压保持稳定。

交流发电机每相输出的电压为:$E_\phi = Cn\Phi$。即交流发电机输出的电压与发电机的转速和励磁绕组产生的磁场强度成正比。转速越高、磁场越强,则输出的电压越高;反之,则越低。若要使交流发电机输出稳定的电压,必须稳定其转速和磁场强度。即或在其转速升高时,减小磁场强度;或在其转速降低时,增大磁场强度。由于交流发电机由发动机带动旋转,而发动机在汽车行驶时转速变化范围很大(从 600～5 000 r/min),因此要稳定交流发电机的输出电压,电压调节器必须在发电机转速升高时,减小进入磁场绕组中的电流,减小磁场强度;在发电机转速降低时,增大进入磁场绕组中的电流,增大磁场强度。

2. 电压调节器的分类

电压调节器可分为机械式和电子式两大类。

机械式根据触点个数可分为单触点式和双触点式;根据是否与其他继电器联动可分为单联式、双联式、三联式。

电子式根据电子元件形式可分为晶体管式、集成电路式和晶闸管式;根据搭铁形式可分为内搭铁式和外搭铁式;根据安装位置分可为内置式和外置式。

3. 电压调节器的型号

电压调节器的型号编制如下。

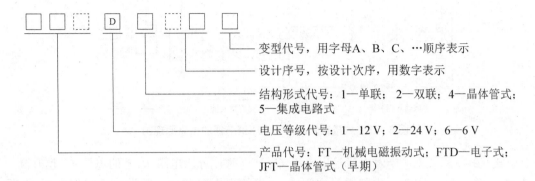

例如，FT126C 表示 12 V 的双联机械电磁振动式调节器，第六次设计，第三次变型；FTD152 表示 12 V 集成电路调节器，第二次设计。

二、电压调节器的工作原理

如前所述，由于发电机转速是随发动机转速而变化的，因此要稳定发电机输出电压只能通过改变发电机的磁场强度大小来达到目的。而磁场强度的大小是由励磁绕组中电流的大小来决定的，因此，发电机的电压调节一般是通过调节励磁电流的大小来实现的。

早期的触点式电压调节器通过改变触点闭合或断开的时间长短来改变流过励磁绕组的电流大小，从而保持发电机电压恒定。目前基本被淘汰。与触点式电压调节器相比，晶体管（电子）电压调节器具有体积小、质量轻、调节反应敏捷、无触点烧蚀、使用寿命长等优点。

各种型号的电子电压调节器内部电路各不相同，下面通过介绍晶体管电压调节器的工作原理来了解调节电压的过程，实际电路要复杂得多，但工作原理可由基本电路来理解。

1. 晶体管电压调节器的工作原理

晶体管电压调节器有内、外搭铁形式之分，分别与内、外搭铁形式的发电机配套使用。目前，国内外生产的晶体管调节器一般都是由 2~4 个晶体管，1~2 个稳压管，一些电阻、电容、二极管等组成，再由印制电路板连接成电路，然后用轻而薄的铝合金外壳将其封闭。与机械式电压调节器相比，它具有体积小、质量轻、调节反应敏捷、无触点烧蚀、使用寿命长等优点。

（1）内搭铁式晶体管电压调节器

内搭铁式晶体管电压调节器的电路原理图如图 3–15 所示。电路由 3 只电阻 R_1、R_2、R_3，两个晶体管 VT_1、VT_2，一个稳压管 VS 和一个二极管 VD 组成。

电阻 R_1 和 R_2 串联组成一个分压器，接在发电机输出端"B"与搭铁端"E"之间，直接检测发电机的输出电压 U_B，分压电阻 R_2 两端的电压 U_P 为

$$U_P = \frac{R_2}{R_1 + R_2} U_B \qquad (3-3)$$

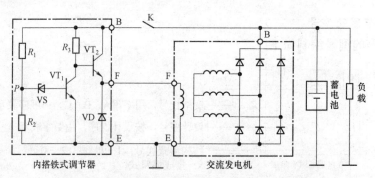

图 3-15 内搭铁式晶体管电压调节器的电路原理图

由式（3-3）可见，当发电机输出电压 U_B 升高时，分压电阻 R_2 上的电压 U_P 也升高；反之 U_B 下降，U_P 也下降。也就是说电阻 R_2 两端的电压可完全反映发电机输出电压 U_B 的变化。

电路设计思路是：当发电机输出电压 U_B 升高到调节电压上限时，分压电阻 R_2 两端的电压 U_P 加在稳压管 VS 和 VT_1 的基极上，恰好能使稳压管 VS 反向击穿，为 VT_1 提供基极电流，使 VT_1 导通；当发电机输出电压 U_B 下降到调节电压下限时，U_P 不能使稳压管 VS 反向击穿，而使 VT_1 无基极电流而截止。

1）他励。闭合点火开关 K，发动机不转动时，发电机不发电，蓄电池电压加在分压器 R_1、R_2 上，因 U_P 较低不能使稳压管 VS 反向击穿，VT_1 截止。此时，由于 R_3 的分压作用，VT_2 导通，发电机磁场电路接通（他励完成），由蓄电池供给磁场电流，电路为：蓄电池正极→点火开关 K→调节器 B 接线柱→晶体管 VT_2→调节器 F 接线柱→发电机 F 接线柱→励磁绕组→发电机 E 接线柱→搭铁→蓄电池负极。随着发动机的起动，发电机转速升高，发电机他励发电，电压上升。

2）自励。当发电机电压升高到稍高于蓄电池电压时（发电机转速大约在 900 r/min 时），发电机自励发电并开始对蓄电池充电，如果此时发电机输出电压 U_B 小于调节器调节电压上限，VT_1 继续截止，VT_2 继续导通，但此时的磁场电流由发电机供给，电路为：发电机正极→点火开关 K→调节器 B 接线柱→晶体管 VT_2→调节器 F 接线柱→发电机 F 接线柱→励磁绕组→发电机 E 接线柱→搭铁。由于磁场电路一直导通，发电机电压随转速升高迅速升高。

3）电压调节。当发电机电压升高到等于调节上限时，电压调节器开始对电压进行调节。此时电阻 R_1、R_2 上的分压 U_P 达到 VS 击穿电压，VS 导通，VT_1 导通，VT_2 截止，发电机磁场绕组电路被切断，由于磁场绕组电路被断路，磁通下降，发电机输出电压下降。发电机电压下降到等于电压调节下限时，电阻 R_1、R_2 分压减小，U_P 下降到 VS 截止电压，VS 截止，VT_1 截止，VT_2 重新导通，磁场绕组电路重新被接通，发电机电压上升。如此周而复始，发电机输出电压 U_B 被控制在一定范围内。

（2）外搭铁式晶体管电压调节器

外搭铁式晶体管电压调节器的电路原理图如图 3-16 所示。

该电路的特点是磁场绕组连接在电压调节器的"B"和"F"之间，与内搭铁式晶体管调节器显著不同，电路工作原理和结构与前述内搭铁式晶体管调节器类似，故不再赘述。

综上所述，不管是内搭铁式或是外搭铁式晶体管电压调节器，都是利用晶体管的开关特性，来控制发电机的磁场电流，使发电机的输出电压保持恒定。

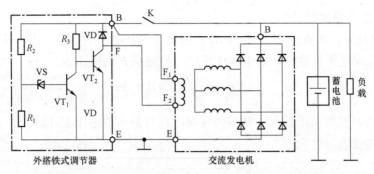

图 3-16 外搭铁式晶体管电压调节器的电路原理图

2. 集成电路电压调节器的工作原理

集成电路电压调节器又称 IC 电压调节器。其电压调节原理与分立元器件的晶体管电压调节器一样。所不同的是，在集成电路电压调节器上，所有的晶体管都集成在一块基片上，实现了调节器的小型化，并可将其装在发电机内部，减少了外部线路，缩小了整个充电系统的体积。

（1）集成电路电压调节器的电压检测方法

集成电路电压调节器常采用两种电压检测方式来控制交流发电机的输出电压。集成电路调节器通过直接检测发电机的输出电压来控制发电机输出电压，称为发电机电压检测法；如果用连接导线通过检测蓄电池的端电压来调节发电机的输出电压，称为蓄电池电压检测法。

1）发电机电压检测法。

如图 3-17 所示，加在分压器 R_1 和 R_2 上的电压是磁场二极管 VD_L 输出端 L 的电压 U_L，U_L 和发电机 B 端的电压 U_B 相等，检测点 P 的电压为

$$U_P = \frac{R_2}{R_1+R_2}U_L = \frac{R_2}{R_1+R_2}U_B$$

由于检测点 P 加到稳压管 VS_1 两端的反向电压与发电机的端电压 U_B 成正比，所以该方法称为发电机电压检测法。

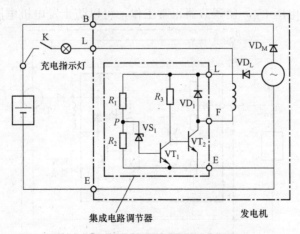

图 3-17 发电机电压检测法原理电路

2）蓄电池电压检测法。

如图 3-18 所示，加在分压器 R_1 和 R_2 上的电压为蓄电池端电压，由于通过检测点 P 加到稳压管上的反向电压与蓄电池端电压成正比，检测点 P 的电压为：

$$U_P = \frac{R_2}{R_1 + R_2} U_{蓄}$$

由于检测点 P 加到稳压管 VS_1 两端的反向电压与蓄电池电压 $U_{蓄}$ 成正比，所以该方法称为蓄电池电压检测法。

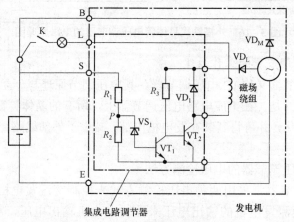

图 3-18　蓄电池电压检测法原理电路

在这两种基本线路中，前者发电机的引出线可以少一根，但是发电机 B 点到蓄电池的接线柱之间的电压降较大时，蓄电池的充电电压将会降低，使蓄电池充电不足，因此一般大功率发电机宜采用蓄电池电压检测法。

采用蓄电池电压检测法时，如 B 至蓄电池之间或 S 至蓄电池之间断线时，调节器便不能检测出发电机的端电压，发电机便会失控。为了克服这一缺点，有些内装集成电路调节器的发电机采取了一定的控制措施。图 3-19 所示为实际采用的蓄电池电压检测法的线路，在这个线路中，在调节器的分压器与发电机 B 点之间增加了一个电阻 R_4 和一个二极管 VD_2，这样，当 B 点与蓄电池正极之间或 S 点与蓄电池正极之间出现断路时，由于 R_4 的存在，仍能检测出发电机的端电压 U_B，使调节器正常工作，可以防止发电机电压过高的现象发生。

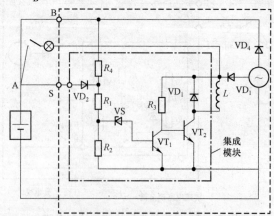

图 3-19　具有保护作用的蓄电池电压检测法原理电路

（2）集成电路电压调节器实例

目前，最常见的集成电路电压调节器有三接线柱式和四接线柱式两种，其代表产品为夏利轿车和丰田轿车所采用，下面就以这两种车为例，说明其工作原理。

1）夏利轿车发电机内装集成电路调节器。

夏利轿车发电机用内装集成电路调节器及充电系统电路如图3-20（a）所示，该发电机调节器外部接脚位置如图3-20（b）所示。混合集成电路调节器装于发电机内部，构成整体式交流发电机。发电机（搭铁通过本身机体实现）对外仅有3个接线柱，分别为"B""IG""L"。

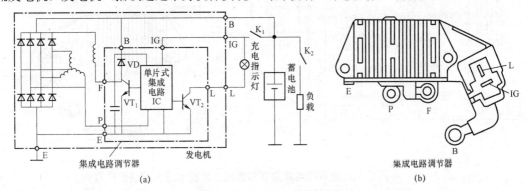

图3-20　夏利轿车充电系统电路原理和集成电路调节器外部接脚位置图
(a) 电路原理图；(b) 调节器外形及接线柱

调节器工作过程如下。

① 当点火开关接通，发电机电压低于蓄电池电压时，电池电压便经点火开关 K_1，整体式交流发电机的"IG"端加到集成块IC上，IC内部电路根据发电机相抽头P接线柱端检测出的电压信号，控制 VT_1、VT_2 导通，接通磁场电路和充电指示灯电路。

磁场电流的电路为：蓄电池正极→发电机B端子→磁场绕组→IC调节器F端子→VT_1→E端子→搭铁→蓄电池负极。

充电指示灯电路为：蓄电池正极→点火开关 K_1→充电指示灯→发电机和调节器L端子→VT_2→E端子→搭铁→蓄电池负极。此时充电指示灯点亮，指示蓄电池放电。

② 当发电机电压上升到蓄电池电压时，发电机三相绕组连接的P端电压信号使IC控制 VT_2 截止，充电指示灯熄灭，表明发电机开始自激发电，并可向蓄电池充电和向用电设备供电。

③ 当发电机电压上升至调节电压时，P端电压信号使IC控制 VT_1 截止，磁场电流被切断，发电机电压下降，当下降到调节电压以下时，IC又控制 VT_1 导通，磁场电路又接通，发电机电压又升高，当电压高至调节电压时，IC调节器重复上述工作过程。VT_1 循环导通与截止，磁场电路循环接通与切断，将发电机电压控制在某一稳定值（13.3~16.3 V）。

④ 当磁场绕组断路、磁场电路断路或发动机停转，使发电机不发电时，P端电压为零，集成块IC得到该信号后，便控制 VT_2 导通，充电指示灯电路接通，指示灯点亮，从而告知驾驶员充电系统有故障。

2）丰田轿车发电机内装集成电路调节器。

丰田轿车发电机用内装集成电路调节器及充电系统电路如图3-21（a）所示，其外部接脚位置如图3-21（b）所示。混合集成电路调节器装于发电机内部，构成整体式交流发电机。发电机（搭铁通过本身机体实现）对外有4个接线柱，分别为"B""S""IG""L"。

调节器工作过程如下。

① 点火开关接通，发动机停机时，蓄电池电压加在 IG 端子上，IC（单片式集成电路）稳压器检测到这一电压，使 VT_1 处于交替断-通状态，蓄电池经 B 端子为励磁绕组提供励磁电流，使励磁电流为 0.2 A。

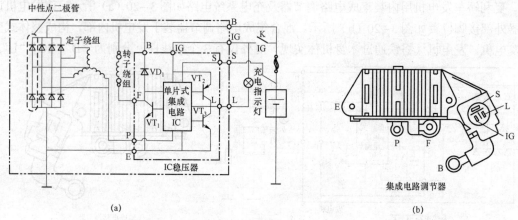

图 3-21　丰田轿车充电系统电路原理和集成电路调节器外部接脚位置图
(a) 电路原理图；(b) 调节器外形及接线柱

磁场电流的电路为：蓄电池正极→发电机 B 端子→磁场绕组→IC 调节器 F 端子→VT_1→E 端子→搭铁→蓄电池负极。

由于发电机尚未发电，P 点电压为零，IC 检测到这一情况，使 VT_3 接通，VT_2 断开，充电指示灯亮。

充电指示灯电路为：蓄电池正极→点火开关 K→充电指示灯→发电机和调节器 L 端子→VT_3→E 端子→搭铁→蓄电池负极。此时充电指示灯亮，指示蓄电池放电。

② 交流发电机发电，电压低于调节电压时，P 点电压上升，IC 将 VT_1 由交替断-通变为持续接通，为励磁绕组提供充足的励磁电流。P 点电压上升，IC 使 VT_3 断开，VT_2 接通，充电指示灯熄灭。

③ 交流发电机发电，电压达到调节电压时，IC 检测到 S 端子电压达到标准电压时，使 VT_1 断开，励磁电流被切断，发电机电压下降，S 端子电压降低至低于标准时，IC 又检测到这一变化，使 VT_1 导通，如此交替，控制 S 端电压处于标准值。这时由于 P 点电压高，IC 仍使 VT_3 断开，VT_2 接通，充电指示灯熄灭。

④ S 端子断路，发电机转动时，如 IC 检测到 S 端断路（没有输入），则使 VT_1 处于接通-断开状态，以保持输出端 B 的电压在 13.3~16.3 V。IC 检测到 S 端子电压过低时，使 VT_3 接通，VT_2 断开，充电指示灯亮。

⑤ B 端子断路时，当 B 端子断路一段时间，S 端子电压尚未降到最低点（13 V）时，IC 又检测到 P 点电压，使 VT_1 处于接通-断开状态，将 B 端子电压保持在 20 V，防止输出电压不正常升高，保护交流发电机和 IC 稳压器。当 S 端子电压降到最低点（13 V）时，IC 检测到这一情况，使 VT_3 接通，VT_2 断开，充电指示灯亮。

⑥ 转子绕组断路时，发电机会停止发电，P 点电压变为零。当停止发电，且 P 点电压为零时，IC 检测到这一状态，使 VT_3 接通，VT_2 断开，充电指示灯亮。

课题五 电源系统电路

一、电源系统电路的一般形式

目前汽车电源系统电路按电压调节器的安装位置有外装电压调节器式和内装电压调节器式两种。外装电压调节器式的电源电路有两种形式,如图3-22所示。一种是内搭铁式;一种是外搭铁式。内装电压调节器式的电源电路有3种形式,如图3-23所示,即二接线柱式(见图3-23(a))、三接线柱式(见图3-23(b))和四接线柱式(见图3-23(c))。

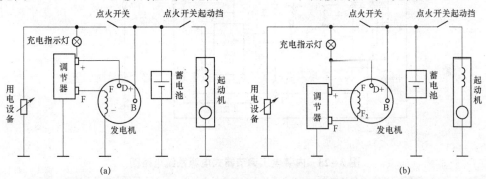

图3-22 外装电压调节器式电源系统电路图
(a)内搭铁式;(b)外搭铁式

不论电源系统电路采取何种形式,我们都可以将电路分为两部分:第一部分称为主电路;第二部分称为控制电路。

主电路是交流发电机对蓄电池进行充电的电路,其连接路线是:蓄电池正极→熔断器→电流表(有些车没有)→发电机输出端。如果这一部分电路良好,只要蓄电池与车辆主电路连接好,在发电机输出端(通常标注"+""B""A")即可测得蓄电池电压。若不能测得蓄电池电压,说明主电路有故障。

控制电路是指为交流发电机励磁绕组提供励磁电流的电路,这一部分电路由点火开关控制,如图3-23所示,通常电源经点火开关后接到发电机"D+"、"L"、"IG"、调节器"+"等端子。如果这一部分电路良好,点火开关闭合时,应能在这些端子上测得蓄电池电压。若不能测得蓄电池电压,说明控制电路有故障。

二、电源系统电路举例

1. 丰田轿车电源系统电路

图3-24为丰田威驰汽车电源系统电路图。该车采用的是整体式内装集成电路电压调节器(检测蓄电池电压)交流发电机,其与外部电路连接说明如下。

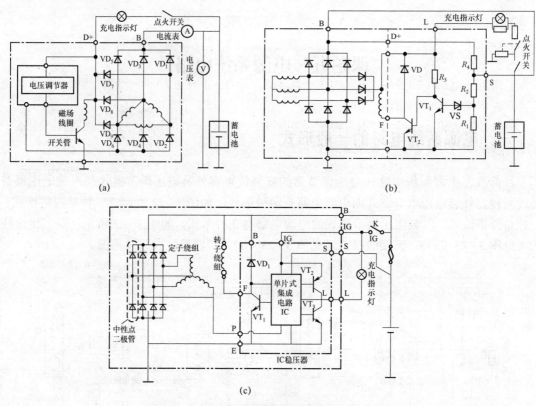

图 3-23 内装电压调节器式电源系统电路图
(a) 富康轿车电源系统电路图；(b) 蓝鸟轿车电源系统电路图；(c) 丰田轿车电源系统电路图

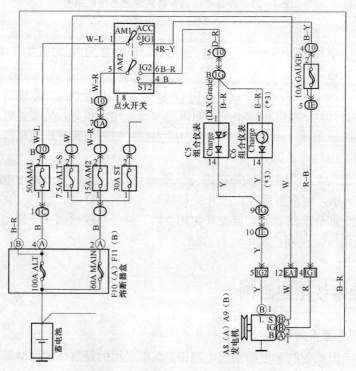

图 3-24 丰田威驰汽车电源系统电路图

主电路：发电机上的插接器 A 为交流发电机的输出端子"B"，经 100 A 的熔断器与蓄电池正极连接。

控制电路有两条：

一条是发电机上插接器"B"的 3 号端子 S，经 7.5 A 和 60 A 两个熔断器与蓄电池正极连接，为蓄电池端电压检测电路。

一条是发电机上插接器"B"的 2 号端子 IG，经 10 A 的熔断器与点火开关的 IG1 端子连接，为集成电路电压调节器提供工作电压。

还有一条是充电指示灯控制电路：发电机上插接器"B"的 1 号端子 L，经充电指示灯与点火开关的 IG2 端子连接。

2. 桑塔纳轿车电源系统电路

桑塔纳轿车采用内装集成电路电压调节器（发电机电压检测法），其电源系统电路如图 3-25 所示。

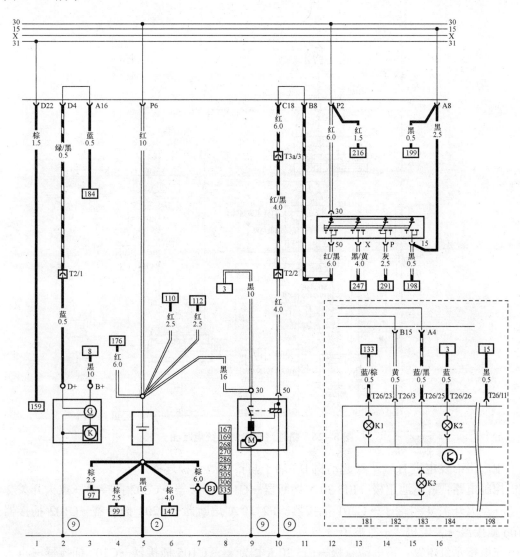

图 3-25 桑塔纳 2000 轿车电源系统电路简图

桑塔纳轿车交流发电机采用9个二极管。其中3个正二极管与3个负二极管组成一个三相桥式整流电路作为发电机输出,3个磁场二极管与3个负二极管也组成一个三相桥式整流电路,给励磁绕组提供励磁电流。

主电路:发电机上有插接器"B"用黑色导线经起动机30端子与蓄电池正极连接。

控制电路:点火开关15号端子接仪表板T26插接器11号端子、经仪表盘印制电路上的电阻R_1、R_2(图中未画出)和充电指示灯K2由仪表板T26插接器26号端子出来,再经中央配电盒A插座的16号端子及中央配电盒内部线路、D插座的4号端子、单端子插接器T2/1,接发电机D+端。这一电路在发电机未发电时对励磁绕组供电,并点亮充电指示灯。发电机发电后由于D+端输出电压与蓄电池电压相同,充电指示灯熄灭。

3. 凯越轿车电源系统电路

图3-26为凯越汽车电源系统电路图,该车采用的也是内装集成电路调节器整体式交流发电机(发电机电压检测法)。

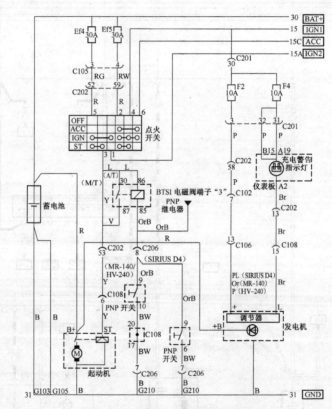

图3-26 凯越汽车电源系统电路图

主电路:发电机B端子经起动机B+端子与蓄电池正极连接。

控制电路:蓄电池正极→Ef5 30 A熔断器→C105插接器→C202插接器→点火开关2号端子→点火开关4号端子→C201插接器→F2 10 A熔断器→C202插接器→C102插接器→C106插接器→发电机"+"端子。

充电指示灯电路:蓄电池正极→Ef5 30 A熔断器→C105插接器→C202插接器→点火开

关 2 号端子→点火开关 4 号端子→C201 插接器→F4 10 A 熔断器→C201 插接器→充电警告指示灯→C202 插接器→C108 插接器→发电机 L 端子。

三、外装电压调节器电源系统的故障诊断

外装电压调节器电源电路的常见故障有不充电、充电电流过小、充电电流过大等。引起故障的原因可能是风扇传动带打滑，发电机故障，调节器故障，充电系各连接线路故障以及蓄电池、充电指示灯、点火开关等有故障。电源系统有故障时，应及时诊断并排除，绝不能勉强行驶，以免造成更大损失。

1. 不充电故障的诊断与排除

（1）故障现象

汽车发动机在中等转速时，充电指示灯不熄灭。

（2）故障所在部位及原因

故障所在部位及原因见表 3-2。

表 3-2 外装电压调节器电源系统不充电故障部位及原因

故障部位		故障原因	排除方法
风扇传动带		过松或断裂	更换
充电指示灯		损坏	更换
发电机	定子绕组	断路或搭铁	建议更换发电机总成
	励磁绕组	断路或搭铁	建议更换发电机总成
	整流器	二极管烧坏、脱焊	脱焊的可以补焊，或更换整流器总成
	滑环或电刷	滑环严重烧蚀、脏污或有裂纹，电刷过度磨损、卡滞	可通过焊接、机加工修复，或更换电刷
调节器		机械式调节器低速触点严重烧蚀或高速触点烧结，晶体管调节器损坏	更换调节器总成
外部线路		断路或接线柱松脱	接通电路、拧紧接线柱

（3）故障诊断与排除方法

故障诊断与排除可按图 3-27 所示顺序进行。

2. 充电电流过小故障的诊断与排除

（1）故障现象

若将发动机转速由低速逐渐升高至中速时，打开大灯，其灯光暗淡或按喇叭其音量小；蓄电池经常存电不足。

（2）故障部位及原因

故障所在部位及原因见表 3-3。

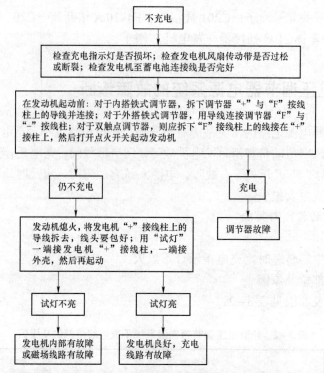

图 3-27 外装电压调节器电源系统不充电故障的诊断与排除

表 3-3 外装电压调节器电源系统充电电流过小故障部位及原因

故障部位		故障原因	排除方法
风扇传动带		张紧不够	按要求张紧
发电机	定子绕组	匝间短路	建议更换发电机总成
	励磁绕组	匝间短路	建议更换发电机总成
	整流器	个别二极管损坏	对于压装（静配合）的二极管可以个别更换，否则更换整流器总成
	滑环或电刷	滑环轻度烧蚀、脏污、电刷磨损不均、接触不良	可用细砂纸打磨滑环，更换电刷及电刷弹簧
	调节器	机械式调节器触点接触不良，或调节器调节电压过低	更换调节器总成
	外部线路	接线柱松动或接触不良	拧紧接线柱

（3）故障诊断与排除方法

故障诊断与排除可按图 3-28 所示顺序进行。

3. 充电电流过大故障的诊断与排除

（1）故障现象

蓄电池电解液消耗过快且有气味；灯泡及熔断器易烧坏；点火线圈过热，分电器触点易烧蚀。

（2）故障部位及原因

① 电压调节器调节电压过高或失控；机械式调节器低速触点烧结。

② 发电机"B"接线柱和磁场接线柱短路。

③ 蓄电池亏电太多，蓄电池内部短路。

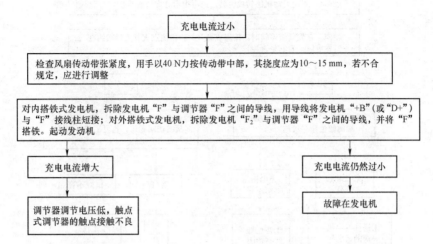

图 3-28　外装电压调节器电源系统充电电流过小故障的诊断与排除

（3）故障诊断与排除方法

故障诊断与排除可按图 3-29 所示顺序进行。

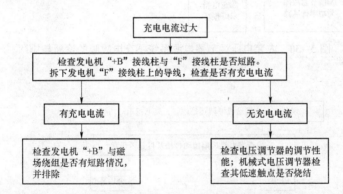

图 3-29　外装电压调节器电源系统充电电流过大故障的诊断与排除

四、内装电压调节器电源系统的故障诊断

内装电压调节器电源系统的常见故障有不充电或充电电流过小两种。以桑塔纳 2000 轿车为例，说明内装电压调节器电源系统故障的判断方法。

1. 不充电故障的诊断与排除

故障诊断与排除可按图 3-30 所示顺序进行。

2. 充电电流过小的故障诊断与排除

故障诊断与排除可按图 3-31 所示顺序进行。

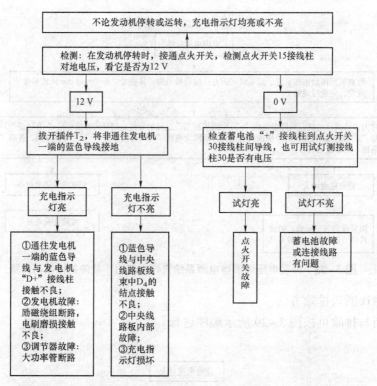

图 3-30　内装电压调节器电源系统不充电故障的诊断与排除

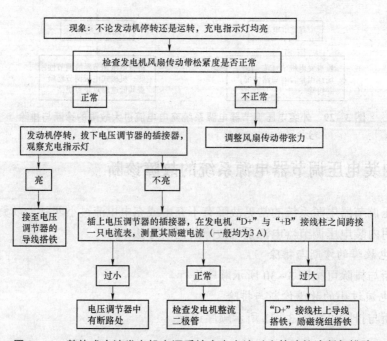

图 3-31　整体式交流发电机电源系统充电电流过小故障的诊断与排除

思考与练习

一、单选题

1. 十一管整流的交流发电机负二极管的个数是（　　）。
   A. 3　　　　　　B. 6　　　　　　C. 9

2. 交流发电机的励磁方式是（　　）。
   A. 他励　　　　B. 自励　　　　C. 他励和自励

3. 电压调节器为了达到控制交流发电机输出电压的目的，主要控制发电机的（　　）。
   A. 转速　　　　B. 励磁电流　　C. 整流二极管

4. 外搭铁式电压调节器控制的是励磁绕组的（　　）。
   A. 火线　　　　B. 搭铁　　　　C. 电流方向

5. 从交流发电机在汽车上的实际功用来说，它是汽车上的（　　）。
   A. 主要电源　　B. 次要电源　　C. 充电电源　　D. 照明电源

6. 交流发电机中产生磁场的元件是（　　）。
   A. 定子　　　　B. 转子　　　　C. 整流器　　　D. 端盖

7. 发电机后端盖装有两个炭刷架，用两个螺旋形弹簧压住炭刷，使其能可靠接触转子上的两个（　　）。
   A. 接线柱　　　B. 滑环　　　　C. 轴头　　　　D. 轴承

8. 内搭铁式交流发电机从电刷引出的两个接线柱，分别是"F"和"E"，它们均固定在后端盖上，与后端盖的绝缘情况是（　　）。
   A. "F"接线柱与后端盖绝缘，"E"接线柱与后端盖不绝缘
   B. "F"接线柱与后端盖不绝缘，"E"接线柱与后端盖绝缘
   C. "E"和"F"两接线柱与后端盖都绝缘
   D. "E"和"F"两接线柱与后端盖都不绝缘

9. 交流发电机采用的整流电路是（　　）。
   A. 单相半波　　B. 单相桥式　　C. 三相半波　　D. 三相桥式

10. 交流发电机的调节器不需要限流器的原因是（　　）。
    A. 电压调节器本身具有单向导电性
    B. 二极管具有限流作用
    C. 定子绕组的阻抗随转速的增大而增大
    D. 转子绕组的阻抗随转速的增大而增大

11. 改变交流发电机输出电压大小的部件是（　　）。
    A. 硅二极管　　B. 转子　　　　C. 定子　　　　D. 调节器

12. 汽车上交流发电机配装了调节器后，具有（　　）。
    A. 限制自身最大输出电流的性能
    B. 限制自身最大输出电压的性能
    C. 同时限制最大输出电流和最大输出电压的性能

D. 控制激磁电流保持恒定不变的性能
13. 发电机正常工作后，其充电指示灯熄灭，这时灯两端应（　　）。
A. 电压相等　　　B. 电位相等　　　C. 电位差相等　　　D. 电动势相等
14. 检测炭刷时，如发现炭刷磨损则应调换，其高度是（　　）。
A. 5～6 mm　　　B. 7～8 mm　　　C. 9～10 mm　　　D. 10～11 mm
15. 发电机转子绕组断路、短路，可用万用表检查。若是转子线圈良好，则电阻值必定符合规定；若是转子线圈有短路，则电阻值比规定值（　　）。
A. 小　　　B. 大　　　C. 略小　　　D. 略大
16. 若要检查硅二极管是否断路或短路时，则需用（　　）。
A. 兆欧表　　　B. 万用表　　　C. 百分表　　　D. 其他表

二、多选题

1. 下列零件中属于交流发电机结构的有（　　）。
A. 转子　　　B. 电刷组件　　　C. 单向离合器　　　D. 整流板
2. 充电系统不充电的故障原因有（　　）。
A. 交流发电机故障　　　　　　B. 调节器故障
C. 电路连接松动　　　　　　　D. 发电机皮带过紧
3. 交流发电机的工作特性包括（　　）。
A. 满载特性　　　B. 外特性　　　C. 输出特性　　　D. 空载特性
4. 交流发电机常见故障包括（　　）。
A. 发电电压过高　　　　　　　B. 输出电路过大
C. 不发电　　　　　　　　　　D. 发电电压不足

三、判断题

（　　）1. 汽车用交流发电机由 1 台三相同步交流发电机和 1 套硅整流器组成。
（　　）2. 交流发电机元件板上压装的二极管是正管子。
（　　）3. 交流发电机后端盖上压装的三个硅二极管是负管子。
（　　）4. 在三相桥式整流电路中，每个二极管导通的时间占整个周期的 1/20。
（　　）5. 交流发电机是利用硅二极管的单相导电特性把交流电转换为直流电的。
（　　）6. 交流发电机的励磁方法为：先他励，后自励。
（　　）7. 交流发电机的输出特性表明它具有限制输出电流的能力。
（　　）8. 充电指示灯亮就表示起动蓄电池处于放电状态。
（　　）9. 大部分汽车充电指示灯亮，表明蓄电池处于充电状态，硅整流发电机处于自励发电状态。
（　　）10. 如果将蓄电池的极性接反，后果是有可能将发电机的励磁绕组烧毁。
（　　）11. 发电机严禁采用短接接线柱试火的方法检查故障。
（　　）12. 交流发电机的中性点是没有电压的。
（　　）13. 所有电压调节器是通过改变交流发电机的励磁电流来实现电压调节的。
（　　）14. 根据集成电路式电压调节器检测电压方式的不同，交流发电机可分为蓄电池电压检测法和发电机电压检测法两种。
（　　）15. 内搭铁式电压调节器和外搭铁式电压调节器可以互换使用。

(　　)16. 外搭铁式的电压调节器控制的是励磁绕组的火线。

四、问答题

1. 简述交流发电机的组成并说明各部分的作用。
2. 简述交流发电机的工作原理。
3. 交流发电机的定子绕组有一相断路，这对发电机和蓄电池组成的充电系统有什么影响？如果一个二极管短路，又将产生什么影响？
4. 交流发电机高速运转时突然失去负载有何危害？
5. 交流发电机的中性点输出电压有何功用？
6. 交流发电机与电压调节器在使用中应注意哪些事项？
7. 九管交流发电机是怎样控制发电机充电指示灯的？
8. 电压调节器的调节原理与调节方法是什么？内、外搭铁式电压调节器的区别是什么？
9. 集成电路式电压调节器信号电压检测电路的电压取样方法有哪些？
10. 充电系统不充电的现象是什么？不充电的原因有哪些？怎样诊断与排除？

模块四 起动系统

> **学习目标：**
> 了解起动机的结构、工作原理和特性。
> 了解减速式、电枢移动式、齿轮移动式起动机的结构和工作原理。
> 知道起动机的控制过程及控制电路。
> 掌握起动机的拆装、检测和检修。
> 掌握起动系统电路故障的诊断、排除方法。

课题一 起动系统的功用及类型

一、起动系统的功用

汽车起动系统主要由电源（蓄电池）、起动机和控制电路组成。其功用是起动发动机，发动机起动之后，起动系统便立即停止工作。

根据有无起动附加继电器，其起动系统的外部电路连接方式有两种，如图4-1所示。

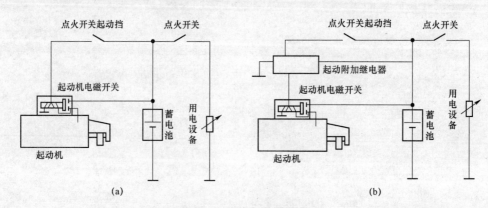

图4-1 汽车起动系统电路
（a）直接起动式；（b）间接起动式

起动系统电路连接的特点：蓄电池与起动机串联，蓄电池正极与起动机的其中一个主接线柱（或称 30 端子）直接相连，并在起动时由起动机电磁开关的接触盘将电流直接送入起动机内部，通常将其称为起动系统主电路；起动机电磁开关由点火开关直接控制，如图 4-1（a）所示，或由点火开关通过起动附加继电器控制，如图 4-1（b）所示，通常将这一部分电路称为起动系统控制电路。

二、起动机的类型

车用起动机一般由直流电动机、传动机构和操纵机构 3 部分组成。在各种起动机的 3 个组成部分中，电动机部分有励磁式和永磁式两种，如图 4-2 所示，但二者一般没有本质的差别，而起动机的传动机构和操纵机构则有很大差异，因此起动机主要是按传动机构和操纵机构的不同来分类的。

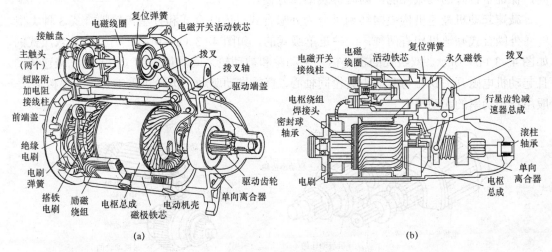

图 4-2 起动机总成
（a）励磁式起动机；（b）永磁式起动机

1. 按操纵机构分类

（1）直接操纵式起动机

它是由脚踏或手拉杠杆联动机构直接控制起动机的主电路开关来接通或切断主电路的，也称机械式起动机。这种方式虽然结构简单，但操作不便，目前已基本被淘汰。

（2）电磁操纵式起动机

它是由起动按钮或点火开关控制起动附加继电器，再由起动附加继电器控制起动机的主开关来接通或切断主电路的，也称电磁控制式起动机。这种方式可实现远距离控制，操作方便，目前被广泛采用。

2. 按传动机构的啮合方式分类

（1）惯性啮合式起动机

起动机旋转时，其啮合小齿轮靠惯性力自动啮入飞轮齿圈。起动后，小齿轮又借惯性力自动与飞轮齿圈脱离。这种啮合机构结构简单，但不能传递较大的转矩，而且可靠性较差，所以目前已很少采用。

（2）强制啮合式起动机

起动时靠人力或电磁力拉动杠杆强制小齿轮啮入飞轮齿圈。这种啮合机构结构简单，动作可靠，操作方便，目前普遍采用这种结构。

（3）电枢移动式起动机

起动时靠起动机磁极磁通产生的吸力使电枢沿轴向移动而使驱动小齿轮啮入飞轮齿圈，起动后再由回位弹簧使电枢回位，让驱动小齿轮退出飞轮齿圈。这种啮合机构多用于大功率的柴油发动机上。

（4）减速式起动机

减速式起动机的结构特点是在电枢和驱动齿轮之间装有一级减速齿轮（一般减速比为3~4），它的优点是：可采用小型高速低转矩的电动机，使起动机的体积减小、质量减轻，并便于安装；提高了起动机的起动转矩，有利于发动机的起动；减速齿轮的结构简单、效率高，保证了良好的机械性能，同时拆装维修方便。

减速起动机减速机构根据结构可分为外啮合式、内啮合式和行星齿轮啮合式3种类型。

外啮合式减速机构有两种：一种是单级式的，如图4-3（a）所示；另一种是双级式的，如图4-3（b）所示。双级式的在电枢轴主动轮和被动轮之间利用中间（惰）轮作减速传动，且起动机电磁开关铁芯与驱动小齿轮同轴心，直接推动驱动小齿轮进入啮合，无须拨叉，一般用在小功率的起动机上。

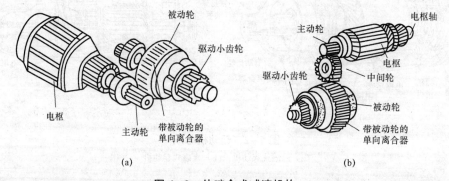

图4-3 外啮合式减速机构

(a) 单级外啮合式减速机构；(b) 双级外啮合式减速机构

内啮合式减速机构如图4-4所示，具有传动中心距小，减速比大的特点，可有较大的减速比，故适用于较大功率的起动机。

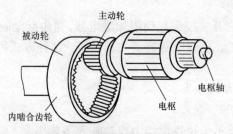

图4-4 内啮合式减速机构

行星齿轮式减速机构如图 4-5 所示,具有结构紧凑,传动比大,效率高等优点。由于输出轴与电枢轴同心、同旋向,电枢轴无径向载荷,可使整机尺寸减小。此外,由于行星齿轮啮合式减速起动机的轴向位置结构与普通起动机相同,因此配件可通用。

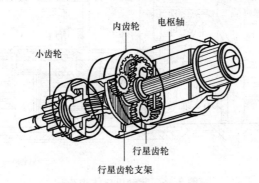

图 4-5　行星齿轮式减速机构

3. 起动机的型号

根据我国行业标准 QC/T 73—1993《汽车电气设备产品型号编制方法》的规定,起动机的型号由以下 5 部分组成。

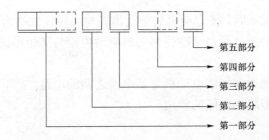

第一部分为产品代号。起动机的产品代号 QD、QDJ、QDY 分别表示起动机、减速起动机及永磁起动机。

第二部分为电压等级代号。1 代表 12 V,2 代表 24 V,3 代表 6 V。

第三部分为功率等级代号。1 代表 0~1 kW,2 代表 1~2 kW,……,9 代表 8~9 kW。

第四部分为设计序号。

第五部分为变型代号。

例如,QD27E 表示额定电压为 24 V、功率为 6~7 kW、第五次设计的起动机。

课题二　起动机的结构、工作原理

一、起动机的结构

起动机由直流电动机、传动机构和操纵机构三大部分组成。起动机总成如图 4-6 所示。

不同类型的汽车上使用的起动机尽管形式不同，但其直流电动机部分基本相似，主要的区别在于传动机构和控制装置。

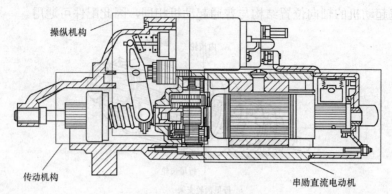

图 4-6　起动机总体构造

1. 直流电动机

用于将蓄电池输入的电能转换为机械能，产生电磁转矩。汽车起动机一般均采用直流串励式电动机。"串励"是指电枢绕组与磁场绕组串联。

2. 传动机构

其作用是在发动机起动时，使起动机的驱动齿轮与飞轮齿圈啮合，将电动机的转矩传递给发动机曲轴；在发动机起动后，又能使起动机驱动齿轮与飞轮齿圈脱离。

3. 操纵机构

操纵机构的作用是接通和切断电动机与蓄电池之间的电路；对于某些汽油发动机，还兼有在起动时短路点火线圈附加电阻的作用。

二、直流电动机

1. 直流电动机的构造

直流电动机由转子、磁极、外壳、电刷与刷架等组成。其结构如图 4-7 所示。

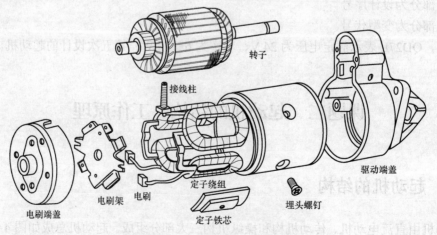

图 4-7　直流电动机结构图

（1）转子

转子又叫电枢，是直流电动机的旋转部分，用来产生电磁转矩。其主要由电枢轴、电枢铁芯、电枢绕组、换向器等组成，如图4-8所示。

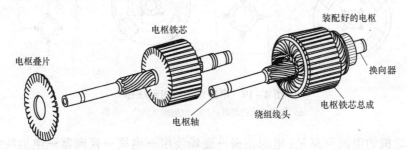

图4-8 电动机电枢结构图

电枢轴上开有螺旋花键槽，中部装有由硅钢片组成的外圈带嵌线槽的电枢铁芯，前后两端的轴颈支承在起动机前后端盖的滑动轴承中。

为了获得足够的转矩，通过电枢绕组的电流一般很大（汽油机为200~600 A，柴油机可达1 000 A），因此电枢绕组采用较粗的矩形裸铜线嵌入电枢铁芯制成。

换向器由铜质换向片和云母片叠压而成，且云母片的高度略低于铜质换向片的高度，为了避免电刷磨损的粉末落入换向片之间造成短路，起动机换向片间云母的高度一般不能过低。电枢绕组各线圈的端头均焊接在换向器片上，蓄电池的电流通过电刷、换向器传递给电枢绕组，并适时地改变电枢绕组中电流的流向。

（2）定子

定子又叫磁极，由铁芯和励磁绕组构成。其作用是产生磁场。铁芯由低碳钢制成，通过螺钉固定在起动机壳体上。磁极一般是四个，两对磁极相对交错安装，如图4-9所示。

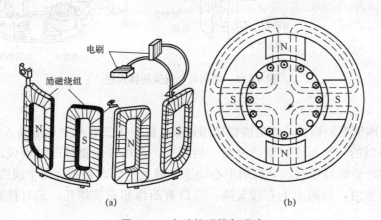

图4-9 电动机磁极与磁路
(a) 励磁绕组与正电刷；(b) 磁场回路

常见的励磁绕组一般与电枢绕组串联在电路中，故被称为串励式直流电动机。4个励磁绕组可互相串联后再与电枢绕组串联，也可两两串联后并联再与电枢绕组串联，如图4-10所示。

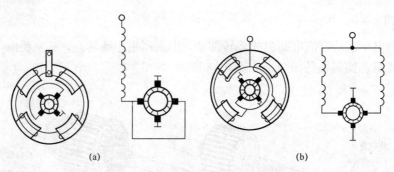

图 4-10　串励电动机内部线路
(a) 励磁绕组的串联；(b) 励磁绕组的串、并联

串励电动机的电流回路是：电源正极→磁场绕组→电刷→换向器→电枢绕组→电刷→搭铁。

（3）电刷和电刷架

电刷与电刷架的作用是将电流引入电枢，并使电枢轴上的电磁力矩保持固定方向，使电枢产生连续转动。

电刷一般用铜和石墨压制而成，有利于减小电阻及增加耐磨性。电刷装在端盖上的电刷架中，借弹簧压力紧压在换向器上。

其中与外壳直接相连构成电路搭铁，称为搭铁电刷；与励磁绕组和电枢绕组相连，与外壳绝缘，称为绝缘电刷。电刷与电刷架的结构如图 4-11 所示。

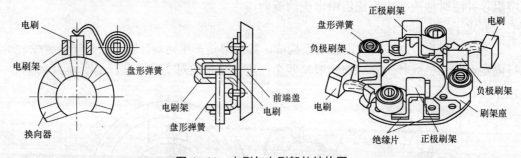

图 4-11　电刷与电刷架的结构图

（4）外壳

外壳由低碳钢卷制而成，或由铸铁铸造而成，机壳中部有一个电流输入接线柱，并在内部与励磁绕组的一端相连。端盖分前、后两个，前端盖由钢板压制而成，后端盖由灰铸铁浇制而成，呈缺口杯状。它们的中心均压装着轴承套，外围有两个或四个组装螺孔。电刷装在前端盖内，后端盖上有拨叉座，盖口有凸缘和安装螺孔，还有拧紧中间轴承板的螺钉孔等。

2. 直流电动机的工作原理

（1）直流电动机电磁转矩的产生

图 4-12 是直流电动机的工作原理图。电动机工作时，电流通过电刷和换向器流入电枢绕组。如图 4-12（a）所示，换向片 A 与正电刷接触，换向片 B 与负电刷接触，绕组中的电流方向为 $a \rightarrow b \rightarrow c \rightarrow d$，根据通电导体在磁场中受电磁力的原理（左手定则），绕组 ab 边、

cd 边均受到电磁力 F 的作用,由此产生逆时针方向的电磁转矩 M 使电枢转动;当电枢转动至换向片 A 与负电刷接触、换向片 B 与正电刷接触时,电流改由 $d \rightarrow c \rightarrow b \rightarrow a$(换向器适时地改变了电枢绕组中的电流方向),如图 4-12(b)所示,但电磁转矩的方向仍保持不变,使电枢按逆时针方向继续转动。

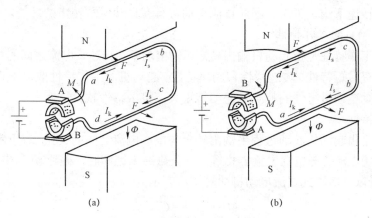

图 4-12 直流电动机工作原理
(a)电流 $a \rightarrow b \rightarrow c \rightarrow d$;(b)电流 $d \rightarrow c \rightarrow b \rightarrow a$

上例仅举了电枢绕组中的一匝线圈的工作过程,实际上,直流电动机为了产生足够大且转速稳定的电磁力矩,其电枢上绕有很多组线圈,换向器的铜片也随其相应增加。

根据安培定律,可以推导出直流电动机通电后所产生的电磁转矩 M 与磁极的磁通量 Φ 及电枢电流 I_s 之间的关系为:

$$M = C_m I_s \Phi$$

式中,C_m 为电动机的转矩常数,$C_m = \dfrac{PZ}{2\pi a}$。其中 P 为磁极对数,Z 为电枢导线总根数,a 为电枢绕组支路数。

(2)直流电动机转矩自动调节原理

直流电动机的电枢在电磁力矩 M 作用下产生转动的同时,由于绕组在转动时切割磁力线而产生感生电动势,且其方向与电枢电流 I_s 的方向相反,故称为反电动势 E_f。反电动势 E_f 与磁极的磁通量 Φ 和电枢的转速 n 成正比,即

$$E_f = C_e \Phi n$$

式中,C_e 为电动机的电机常数。由此可推出电枢回路的电压平衡方程式,即

$$U = E_f + I_s R_s + I_s R_j$$

式中 U——加在起动机上的电压;
R_s——电枢回路电阻,其中包括电枢绕组的电阻和电刷与换向器的接触电阻;
R_j——励磁绕组等效电阻。

在直流电动机刚接通电源的瞬间,电枢转速 n 为零,电枢反电动势也为零。此时,电枢绕组中的电流达到最大值,即 $I_{max} = U/(R_s + R_j)$,将相应产生最大电磁转矩 M_{max},若此时的电磁转矩大于电动机的阻力矩 M_s,电枢开始加速转动。随着电枢转速的上升,E_f 增大,I_s 下降,电磁转矩 M 也就随之下降。当 M 下降至与 M_s 相平衡($M = M_s$)时,电枢就以此转速

运转。如果直流电动机在工作过程中负载发生变化，就会出现如下的变化：

工作负载增大时，$M<M_s \to n\downarrow \to E_f\downarrow \to I_s\uparrow \to M\uparrow \to M=M_s$，达到新的平衡；

工作负载减小时，$M>M_s \to n\uparrow \to E_f\uparrow \to I_s\downarrow \to M\downarrow \to M=M_s$，达到新的平衡。

可见，当负载变化时，电动机能通过转速、电流和转矩的自动变化来满足负载的需要，使之能在新的转速下稳定工作。因此直流电动机具有自动调节转矩的功能。

3. 直流电动机的工作特性

起动机的工作特性是指起动机输出转矩、输出功率、转速、电流之间的相互关系。起动机的工作特性有转矩特性、转速特性和功率特性。起动机的工作特性取决于直流电动机的特性，而直流串励电动机特性的特点是起动转矩大，机械特性软。

（1）转矩特性

转矩特性是指起动机起动过程中输出转矩与电枢电流之间的关系。对于串励式直流电动机，由于其磁场电流 I_j 与电枢电流 I_s 相等，并且磁路未饱和时，磁通 Φ 与电枢电流成正比，即 $\Phi = C_1 I_s$。所以，串励式直流电动机的转矩可表示为

$$M = C_m I_s \Phi = C_m C_1 I_s^2$$

可见，在磁路未饱和的情况下，串励式直流电动机的电磁转矩 M 与电枢电流 I_s 的平方成正比，如图 4-13 所示。

实际工作中，是检测起动机在全制动条件下，其输出扭矩与输入电流是否符合规定要求，来考查起动机转矩特性。在起动发动机的瞬间，由于发动机的阻力矩很大，发动机处于完全制动状态下，转速为零，反电动势也为零。此时电枢电流将达到最大值，电动机产生最大转矩，从而使起动机易于起动发动机。这也是汽车上多采用直流串励电动机的主要原因。

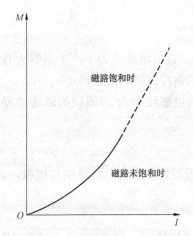

图 4-13 直流串励电动机转矩特性

（2）转速特性

转速特性是指直流电动机转速与电枢电流之间的关系。串励式直流电动机转速 n 与电枢电流 I_s 的关系式为

$$n = \frac{U - I_s \sum R - \Delta U_{ds}}{C_m \Phi}$$

式中　U——加在起动机上的端电压；

　　　I_s——电枢电流；

　　　$\sum R$——包括电枢、励磁绕组电阻；

　　　ΔU_{ds}——电刷接触电压降。

相对而言，串励式直流电动机在磁路未饱和时，由于 Φ 不为常数，当 I_s 增加，即电磁转矩增大时，由于 Φ 与 $I_s \sum R$ 同时随之增加。因此，电枢转速 n 随 I_s 的增大而下降较快，因此串励式直流电动机具有较软的机械特性，如图 4-14 所示。

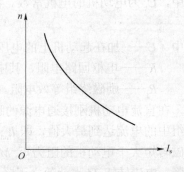

图 4-14 直流串励电动机转速特性

实际工作中，是检测起动机在空载条件下，其转速与输入电流是否符合规定要求，来考查起动机转速特性。

结合转矩特性曲线可以看出，串励式直流电动机具有轻载（输出扭矩小，输入电流小）转速高、重载（输出扭矩大，输入电流大）转速低的特点。重载转速低，可以保证电动机在起动时（重载）不会超出限定值而烧毁，使起动安全可靠。这也是车用起动机采用串励式直流电动机的又一原因。但由于其轻载或空载时转速很高，容易造成"飞散"事故，故对于功率较大的串励式直流电动机，不允许在轻载或空载下长时间运行。

（3）功率特性

起动机的输出功率由电动机电枢转矩 M 和电枢的转速 n 来确定，即

$$P = \frac{Mn}{9\,550}$$

由此可以得出起动机的功率特性曲线，如图 4-15 所示。

从特性曲线可以看出，在完全制动状态（$n=0$）和空载（$M=0$）时，起动机的功率等于零；电枢电流接近制动电流的一半时，电动机输出功率最大。由于起动机起动时间很短，起动机可以最大功率运转，因此将其最大功率作为额定功率。

起动机功率必须保证发动机能够迅速可靠地起动。若功率不够将会增加起动次数，缩短蓄电池的使用寿命，增加燃料消耗及低温下发动机零件的磨损。起动发动机所必需的功率，取决于发动机的最低起动转速和起动阻力矩，即

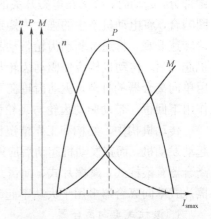

图 4-15 直流串励电动机功率特性

$$P = \frac{M_Q n_Q}{9\,550}$$

式中　M_Q——发动机的起动阻力矩（N·m）；

　　　n_Q——发动机最低起动转速（r/min）。

发动机的起动阻力矩是指在最低起动转速时发动机的阻力矩。最低起动转速是指保证发动机可靠起动的最低转速。一般汽油机最低起动转速是 50～70 r/min，柴油机是 100～200 r/min。

起动机所需功率一般为：

汽油机：$P = (0.184 \sim 0.21) L$（kW）

柴油机：$P = (0.736 \sim 1.05) L$（kW）

式中，L 为发动机的排量。

在实际应用中，影响起动机功率的因素较多，必须对起动机进行正确保养。其影响因素主要有：

1）接触电阻和导线电阻的影响。电刷与换向器接触不良、电刷弹簧弹力减弱以及导线与蓄电池接线柱连接不牢，都会使电阻增加；导线过长以及导线截面积过小会造成较大的电压降。由于起动机工作时电流特别大，这些都会使起动机功率减小。因此必须保证电刷与换

向器接触良好，导线接头牢固，并尽可能缩短蓄电池到起动机的导线、蓄电池搭铁线的长度，并选用截面积足够大的导线，以保证起动机的正常工作。

2）蓄电池容量的影响。蓄电池容量越小，其内阻越大，内阻消耗的电压降也越大，从而供给起动机的电压降低，也会使起动机功率减小。

3）温度的影响。当温度降低时，由于蓄电池电解液黏度增大，内阻增加，加上蓄电池容量和端电压也会因温度低而下降，起动机功率将会显著降低。

三、传动机构

起动机的传动机构由驱动齿轮、单向离合器、拨叉等组成，它安装在起动机转子轴的花键部分。起动时，拨叉在电磁开关的作用下使驱动齿轮沿起动机转子轴花键槽外移与飞轮齿圈啮合，将电动机产生的强大力矩通过飞轮传递给发动机曲轴，使发动机起动；起动后，飞轮转速升高，将通过驱动齿轮带动起动机转子轴高速旋转，引起电动机超速。因此，在发动机起动后，传动机构应使驱动齿轮与起动机分开，防止起动机被反向带动而超速。此时，利用单向离合器的打滑，驱动齿轮在飞轮带动下空转。起动完毕后，起动机拨叉在复位弹簧的作用下回位，带动驱动齿轮与飞轮齿圈脱开啮合。

传动机构中，结构和工作情况比较复杂的是单向离合器，它的作用是传递电动机转矩，起动发动机，而在发动机起动后应能自动打滑，保护起动机电枢不致超速飞车。常用的单向离合器有滚柱式、摩擦片式、弹簧式等几种类型。其中，滚柱式单向离合器是最常用的，摩擦片式单向离合器多用于大功率起动机。

1. 滚柱式单向离合器

滚柱式单向离合器是目前国内外汽车起动机中使用最多的一种，其结构如图4-16所示。

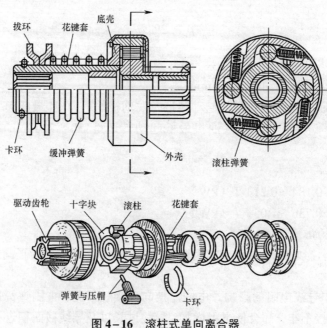

图4-16　滚柱式单向离合器

其中，驱动齿轮采用 40 号中碳钢经加工淬火而成，与外壳连成一体。外壳内装有十字块，十字块与外壳之间形成了 4 个楔形槽，槽内装有 4 套滚柱及弹簧。十字块与花键套固定连接，底壳与外壳相互折合密封。花键套筒的外面装有缓冲弹簧、拔环及卡环。单向离合器总成利用花键套与起动机轴上的花键形成动配合，可以作轴向移动和随轴转动。

当起动机电枢旋转时，转矩经套筒带动十字块（花键套筒）旋转，滚柱被挤到楔形槽的窄端，并越挤越紧，使十字块与驱动小齿轮形成一体（花键套筒与驱动小齿轮形成一体），电动机转矩便得以输出，如图 4-17（a）所示。发动机起动后，飞轮齿圈便带动驱动齿轮旋转，当转速超过电枢转速时，滚柱被推到楔形槽宽端，十字块（花键套筒）和驱动小齿轮便开始打滑，电枢便不再跟着飞轮高速旋转，起到了保护电枢的作用，如图 4-17（b）所示。

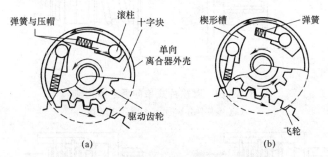

图 4-17 滚柱式单向离合器工作原理图
(a) 起动时传递电磁转矩；(b) 起动后打滑

滚柱式单向离合器工作时属线接触传力，不能传递大转矩，一般用于小功率的起动机上。由于它结构简单，目前广泛应用于汽油发动机上。

2. 摩擦片式单向离合器

摩擦片式单向离合器的驱动齿轮与外接合鼓做成一个整体，其结构如图 4-18 所示。在外接合鼓的内壁有 4 道轴向槽沟，装有钢质从动摩擦片。在传动套筒的一端表面亦有 3 条螺旋花键，与内接合鼓内的 3 条螺旋花键配合。内接合鼓的外表面也有 4 条轴向槽沟，装有钢或青铜制造的主动摩擦片。主动摩擦片和从动摩擦片彼此相间地排列组装。内接合鼓的外面装有缓冲弹簧，端部固装着拔环。

摩擦片式单向离合器的工作原理如图 4-19 所示。发动机起动时，如图 4-19（a）所示，拨叉推动拔环使内接合鼓沿 3 条螺旋花键向外移动，由于螺旋花键的作用，主动和从动摩擦片被相互压紧，产生了摩擦力。当驱动齿轮啮入飞轮齿圈后，电动机的转矩使主、从动摩擦片压得更紧，摩擦力更大，起动机的转矩通过摩擦传给飞轮齿圈，驱动飞轮齿圈（曲轴）旋转。发动机起动后，如图 4-19（b）所示，驱动齿轮被飞轮齿圈带动高速旋转，从动摩擦片到主动摩擦片的摩擦力带动内花键毂转动，使内花键毂与螺旋花键旋松，于是主动和被动摩擦片之间的摩擦力消失而打滑，防止了电枢超速"飞散"的危险。

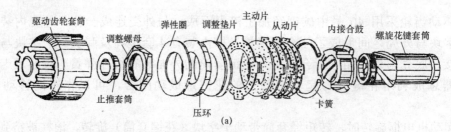

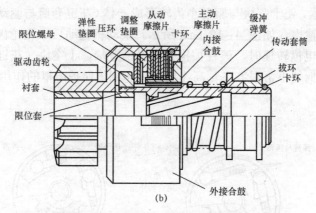

图 4-18 摩擦片式单向离合器构造
(a) 零部件分解图；(b) 部件构造图

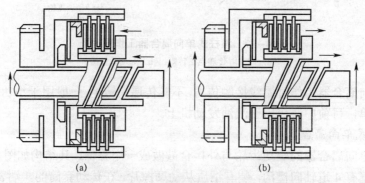

图 4-19 摩擦片式单向离合器的工作原理
(a) 起动时传递电磁转矩；(b) 起动后打滑

摩擦片式单向离合器具有传递大转矩，防止超载损坏起动机的优点，多用在大功率起动机上。但由于摩擦片容易磨损而影响起动性能，需要经常检查、调整或更换摩擦片。

四、操纵机构

操纵机构（或称为控制装置）主要由起动机电磁开关、拨叉、拨环等组成。操纵机构的作用有：一是控制起动机主电路的通断；二是在主电路接通之前使驱动齿轮与飞轮齿圈啮合。起动机电磁开关有两种控制方式：一种是由点火开关直接控制；另一种是由点火开关通过起动附加继电器控制。

1. 直接控制的电磁开关

直接控制的电磁开关电路如图 4-20 所示。这种电路的控制电路有两条（回路 1 和回路 2），主电路有 1 条（回路 3）。整个起动过程可分为如下 3 个阶段。

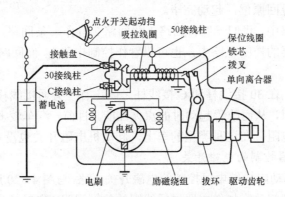

图 4-20 直接控制式电磁开关控制电路

（1）起动时

将点火开关拨到起动挡。在点火开关拨到起动挡的一瞬间，接通了两条回路，实现了两个动作。

回路 1：蓄电池正极→点火开关→50 接线柱→吸拉线圈→C 接线柱→起动机励磁绕组→电刷→电枢绕组→电刷→搭铁→蓄电池负极。

回路 1 的接通导致了动作 1：流经励磁绕组与电枢绕组中的小电流使起动机缓慢转动，以保证驱动齿轮被强制啮入飞轮齿圈时不与其发生碰齿现象而顺利啮入。

回路 2：蓄电池正极→点火开关→50 接线柱→保位线圈→搭铁→蓄电池负极。

回路 2 的接通导致了动作 2：磁场铁芯在吸拉线圈和保位线圈所产生的磁场（这时二线圈所产生的磁场方向相同）的共同作用下，向左移动，并同时通过拨叉推动起动机驱动齿轮向右移动，与飞轮齿圈啮合。

（2）起动中

由于上述回路 2 的作用，铁芯会向左移动，最终使接触盘与电磁开关上的 30 接线柱和 C 接线柱接触，即接通起动机主电路。此时，实现两个动作，即短路回路 1，接通回路 3。

动作 3：由于铁芯左移，接触盘与电磁开关上的 30 接线柱和 C 接线柱接触。

短路了回路 1：由于上述动作，吸拉线圈的两端均被加上了蓄电池的端电压而被短路，吸拉线圈磁场力消失，铁芯仅依靠回路 2 的保位线圈所产生的磁场，继续保持接触盘将 30 接线柱和 C 接线柱接通。

接通了回路 3：蓄电池正极→30 接线柱→接触盘→C 接线柱→起动机励磁绕组→电刷→电枢绕组→电刷→搭铁→蓄电池负极。

动作 4：回路 3 中流经励磁绕组和电枢绕组中的大电流使起动机产生大转矩，经起动机的传动机构驱动飞轮齿圈使曲轴旋转，起动发动机。

（3）起动后

发动机起动后，松开点火开关，50 接线柱断电，由于机械惯性，在松开点火开关的瞬间内，接触盘仍使 30 接线柱和 C 接线柱接通，瞬间构成一个新的回路：蓄电池正极→30 接线柱→接触盘→吸拉线圈→保位线圈→搭铁→蓄电池负极。此时，由于吸拉线圈与保位线圈产生相反方向的磁场（绕组中电流方向相反）而使有效磁场大大削弱，铁芯因失去磁场力而在回位弹簧的作用下迅速回位，接触盘与 30 接线柱和 C 接线柱分开，回路 3 被断开，同时驱动齿轮通过拨叉被拉回原位，起动完毕。

在上述的 3 条回路中，我们一般将回路 1 和回路 2 看作一条回路，即起动系统的开关电路（在没有起动继电器的控制电路中，也可以看作控制电路）；而回路 3 则被称为起动系统的主电路。

传统点火系统中，在 30 接线柱和 C 接线柱之间还有一旁通接线柱，是用来在起动时短路点火线圈的附加电阻，从而改善起动时的点火性能。目前，汽车较多采用电子点火，点火系统已不再设置附加电阻，在这种类型的车上，起动机电磁开关也没有旁通接线柱。

2. 起动附加继电器控制的电磁开关

图 4-21 是带有起动附加继电器控制的电磁开关电路。与图 4-20 所示的控制电路相比，多了一条点火开关控制起动附加继电器磁场线圈的控制回路。也就是说，这种电路的控制电路有 3 条，主电路有 1 条。

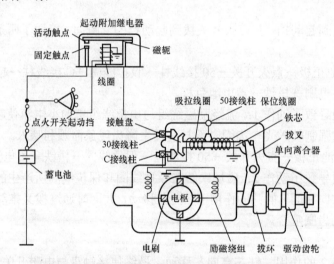

图 4-21　带起动附加继电器的起动系统控制电路

控制回路 1：蓄电池正极→点火开关起动挡→起动附加继电器线圈→搭铁→蓄电池负极。

控制回路 2：蓄电池正极→起动附加继电器固定触点→活动触点→磁轭→50 接线柱→吸拉线圈→C 接线柱→励磁绕组→电刷→电枢绕组→电刷→搭铁→蓄电池负极。

控制回路 3：蓄电池正极→起动附加继电器固定触点→活动触点→磁轭→50 接线柱→保位线圈→搭铁→蓄电池负极。

主电路：蓄电池正极→30 接线柱→接触盘→C 接线柱→励磁绕组→电刷→电枢绕组→电刷→搭铁→蓄电池负极。

将点火开关旋至起动挡起动发动机时，起动附加继电器线圈通电，吸下衔铁使触点闭合，接通了起动机电磁开关回路，起动机投入工作。发动机起动后，松开点火开关，点火开关自动转回到正常工作挡位，起动附加继电器线圈断电而触点被断开，起动机电磁开关回路也随即断开，起动机停止工作。

利用起动附加继电器来控制起动机电磁开关回路，能减小通过点火开关起动触点的电流，避免了点火开关的烧蚀，延长了点火开关的使用寿命。

课题三　起动机的使用与调整

一、起动机的正确使用

使用起动机时，应注意以下事项。

1）起动机每次起动时间不超过 5 s，再次起动时应间隔 2 min，使蓄电池得以恢复。如果连续第三次起动，应在检查与排除故障的基础上停歇 15 min 以后进行。

2）在冬季或低温情况下起动时，应采取相应的措施，例如对蓄电池保温确保蓄电池有充足的起动容量，对手摇发动机进行预润滑等。

3）发动机起动后，必须立即切断起动机控制电路，使起动机停止工作。

此外，起动机外部应经常保持清洁，各连接导线，特别是与蓄电池相连接的导线，应保证连接牢固可靠；汽车每行驶 3 000 km，应检查与清洁换向器，清除换向器表面的碳粉和脏污；汽车每行驶 5 000～6 000 km，应检查测试电刷的磨损程度以及电刷弹簧的压力（均应在规定范围之内）；每年对起动机进行一次解体保养。

二、起动机的调整

起动机的调整包括电枢轴轴向间隙的调整、驱动齿轮端面与起动机安装凸缘之间距离的调整、电磁开关接通时刻的调整。

（1）电枢轴轴向间隙的调整

如图 4-22 所示，在电枢轴的电刷端盖外侧用调整垫片调整电枢轴的轴向间隙，其间隙应为 0.1～0.3 mm，然后装上挡圈。

（2）驱动齿轮端面与起动机安装凸缘之间距离的调整

驱动齿轮端面与起动机安装凸缘之间距离的调整如图 4-23 所示，使活动铁芯回到极限位置，让拨叉靠在限位螺钉上。此时驱动齿轮端面与起动机安装凸缘之间的距离应为 32.5～34 mm。若不符合要求，应适当拧入或旋出限位螺钉进行调整。

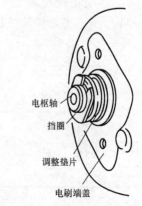

图 4-22　电枢轴轴向间隙的调整

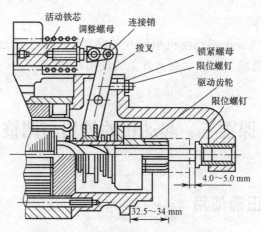

图 4-23 驱动齿轮极限位置的调整

三、电磁开关接通时刻的调整

如图 4-23 所示，将电磁开关的活动铁芯推至使其开关刚好接通的位置，并保持稳定。测量驱动齿轮与止推垫圈端面之间的间隙值，一般其间隙值为 4.0～5.0 mm，如不符合，可拆下连接销，适当拧入或旋出拨叉与活动铁芯的连接螺杆进行调整，直至合格为止。

课题四　起动系统电路

一、起动系统电路的一般形式

目前，起动系统电路有两种形式。一种是不带起动附加继电器的起动系统电路，如图 4-24 所示；另一种是带起动附加继电器的起动系统电路，如图 4-25 所示。

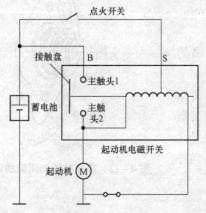

图 4-24　不带起动继电器的起动电路

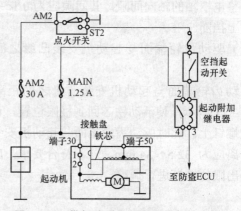

图 4-25　带起动附加继电器的起动电路

不论带或不带起动附加继电器,我们都可将起动电路分为两个部分,一部分是主电路,另一部分为控制电路。

主电路是在起动机工作时为起动机励磁绕组和电枢绕组提供电能(流)的电路。其电路连接路线是:蓄电池正极→主触头1→起动机电磁开关内部的接触盘→主触头2→起动机(励磁绕组→电枢绕组)→起动机外壳→搭铁→蓄电池负极。

控制电路的作用是控制起动机电磁开关动作,一方面使起动机主电路接通;另一方面使起动机小齿轮与发动机飞轮齿圈啮合,达到使起动机带动发动机飞轮齿圈转动的目的。不带起动附加继电器的起动控制电路是通过点火开关直接控制起动机电磁开关工作,由于起动机电磁开关在工作时电流较大,容易使点火开关损坏,所以现在的汽车已很少采用。带起动附加继电器的起动控制电路通过控制起动附加继电器内的电磁线圈,使继电器内部的常开触点闭合,从而接通起动电磁开关电路,使起动电磁开关工作。

上述两种电路在发动机起动后,如果不小心将点火开关再转动到起动位置,起动电路会被接通而造成打齿现象(这是因为发动机工作时,起动机小齿轮试图与飞轮齿圈啮合,由于转速不同而造成的)。因此,有些车辆采用了组合继电器。

二、典型起动系统电路

1. CA1091型汽车起动电路

解放CA1091型汽车起动电路如图4-26所示。

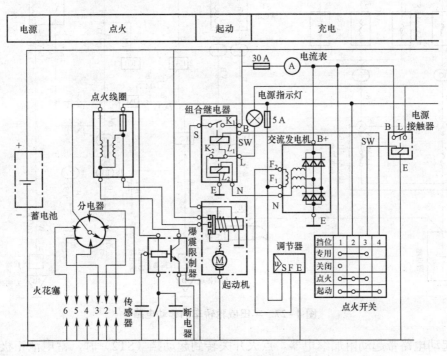

图4-26 CA1091型汽车起动电路

该起动电路最大的特点就是带有组合（起动）继电器，具有起动保护作用。即发动机在运行状态下，如果因误操作而将点火开关转到起动挡，起动机不会工作，这样避免了飞轮在高速运转时，起动机驱动齿轮的啮入（因线速度不一致，很难啮入）而造成打齿的现象。

组合继电器中的起动继电器的线圈 L_1 受另外一个继电器的常闭触点 K_2 的控制。发动机运转时，发电机中性点的电压加在组合继电器的线圈 L_2 上，吸开常闭触点 K_2，使起动继电器的线圈 L_1 处于断路状态，即使此时将点火开关转到起动挡，因 L_1 中没有电流，不会将触点 K_1 闭合，起动机无法工作，起到了保护作用。

2. 丰田轿车起动电路

丰田威驰轿车的起动电路如图 4-27 所示。

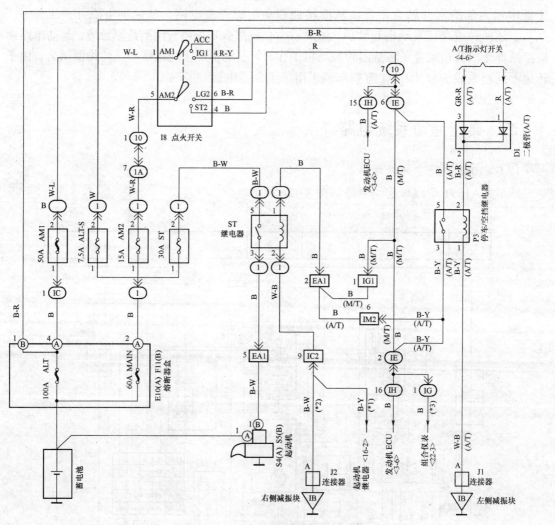

图 4-27 丰田威驰轿车的起动电路

该起动电路带起动附加继电器。点火开关转到起动挡（ST2）时，蓄电池正极经 60 A 熔断器→15 A 熔断器→点火开关→ST（起动）继电器线圈→搭铁→蓄电池负极，使 ST 继电器线圈通电，常开触点闭合，接通起动机电磁开关电路：蓄电池正极→60 A 熔断器→30 A

熔断器→ST（起动）继电器触点→起动机电磁开关（内部电路）→搭铁→蓄电池负极，使起动机动作。

如果轿车配置自动变速器，起动继电器线圈绕组还受到停车/空挡继电器的控制，即只有变速器的换挡手柄处于停车/空挡位置时，才能起动发动机。此外，当点火开关旋转到起动位置时，从点火开关的 ST2 端子还给发动机 ECU 及组合仪表提供一个信号，用作与起动有关的其他控制或指示。

3. 桑塔纳轿车起动电路

桑塔纳轿车起动电路如图 4-28 所示。

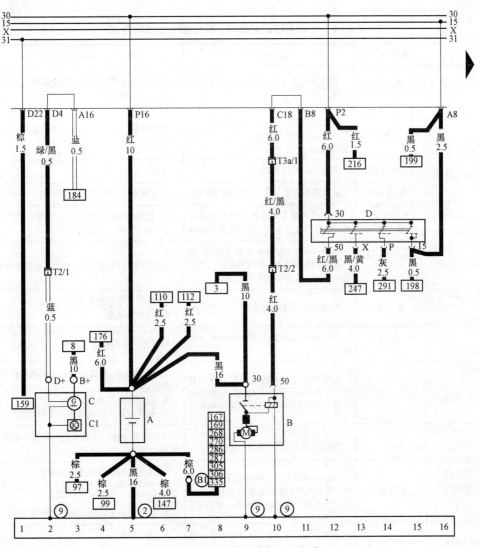

图 4-28 桑塔纳轿车起动电路

该起动电路采用直接控制式。图中起动机 B 的 30 端子与蓄电池的正极直接相连，起动机电磁开关的控制端子 50 与点火开关 50b 端子相连。点火开关的 30 端子是常电源，与蓄电池的正极相连。当点火开关旋到起动位置时，蓄电池正极经点火开关→点火开关 50b 端子→

起动机 50 端子送入起动机电磁开关（内部电路）→搭铁→蓄电池负极，直接为起动机电磁开关供电。电磁开关工作，接通起动机的主电路，起动机工作。

三、起动系统的故障诊断与排除

起动系统的常见故障主要有：起动机不工作（不转）；起动机运转无力；起动机驱动齿轮可与飞轮齿圈啮合但起动机不转；起动机空转；起动完毕后起动机不停转等。具体现象、原因、排除方法见表 4-1。

表 4-1 起动系统常见故障、故障原因及排除方法

故障现象	故障部位	故障原因	排除方法
起动机不转	蓄电池	蓄电池严重亏电；蓄电池内部短路或硫化	检查充电系统，排除不充电或充电电流过小的故障；修理或更换
	线路	蓄电池至起动机之间连接导线不良、连接松动、接线柱氧化或积污，蓄电池搭铁不良	检查导线，必要时更换；清洁接线柱及接点，并紧固
	点火开关	点火开关起动挡损坏	更换
	起动继电器	继电器触点氧化、线圈短路或断路	清洁触点、修理或更换
	停车/空挡继电器	变速器换挡手柄未处于停车挡或空挡；继电器触点氧化、线圈短路或断路	① 将变速器换挡手柄拨至停车挡或空挡；② 清洁触点、修理或更换
	起动机	电磁开关损坏，接触盘触点氧化，电刷磨损或弹簧损坏，换向器氧化与电刷接触不良，电枢或励磁绕组断路	检查并找出故障部位，修复，必要时更换
起动机运转无力，发动机不能起动	蓄电池	充电不足；蓄电池故障	① 检查充电系统并充电；② 修理或更换
	线路	蓄电池至起动机之间接线松动或接触不良	紧固并清理连接点
	起动机	电磁开关接触盘触点氧化，电刷磨损，弹簧不良，换向器氧化与电刷接触不良；电枢或励磁绕组短路或接触不良	① 清洁触点，检查弹簧张力和电刷长度，必要时更换；② 用细砂纸打磨换向器；③ 检查电枢或励磁绕组，必要时更换
起动机驱动齿轮可与飞轮齿圈啮合但起动机不转	蓄电池	蓄电池严重亏电	检查充电系统，排除不充电或充电电流过小的故障
	起动机	电磁开关接触盘、触点氧化，电刷磨损；弹簧损坏；换向器氧化与电刷接触不良；电枢、励磁绕组短路、断路	① 清洁接触盘和触点；更换电刷；② 更换弹簧；③ 清洁换向器；④ 检查电枢和励磁绕组，修理或更换
起动机空转	起动机	接触盘接触时间过早；单向离合器打滑	① 检查调整；② 更换
起动完毕后起动机不停转	起动机	电磁开关接触盘与触点烧结；传动叉弹簧损坏	① 修理接触盘及触点；② 更换传动叉弹簧
	起动继电器	触点烧结	修理或更换继电器
	点火开关	损坏	更换

思考与练习

一、单选题

1. 汽车发动机在起动时,曲轴的最初转动是（　　）。
   A. 由于有一个外力转动了发动机飞轮而引起的
   B. 借助于气缸内的可燃混合气燃烧和膨胀做功来实现的
   C. 借助于活塞与连杆的惯性运动来实现的
   D. 由起动电动机通过皮带传动直接带动的

2. 为了获得足够的转矩,通过电枢绕组的电流很大,一般汽油机的起动电流为（　　）。
   A. 20～60 A　　　B. 100～200 A　　　C. 200～600 A　　　D. 2 000～6 000 A

3. 起动机在起动瞬间,则（　　）
   A. 转速最大　　　B. 转矩最大　　　C. 反电动势最大　　　D. 功率最大

4. 起动机在全制动时的输出功率（　　）。
   A. 最大　　　B. 中等　　　C. 较大　　　D. 为零

5. 在将起动机传动叉压到极限位置时,驱动小齿轮与止推垫圈之间必须保持适当的间隙,这个间隙一般为（　　）。
   A. 2～3 mm　　　B. 3～4 mm　　　C. 4～5 mm　　　D. 5～6 mm

6. 起动机在汽车的起动过程中是（　　）。
   A. 先接通起动电源,然后让起动机驱动齿轮与发动机飞轮齿圈相啮合
   B. 先让起动机驱动齿轮与发动机飞轮齿圈相啮合,然后接通起动电源
   C. 在接通起动电源的同时,让起动机驱动齿轮与发动机飞轮齿圈相啮合
   D. 以上都不对

7. 当起动附加继电器线圈通过电流时,铁芯被磁化而吸闭触点,致使吸拉线圈和保位线圈之间的电路被（　　）。
   A. 断开　　　B. 接通　　　C. 隔离　　　D. 以上都不对

8. 起动机炭刷的高度如不符合要求,则应予以更换。一般炭刷高度不应低于标准高度的（　　）。
   A. 1/2　　　B. 2/3　　　C. 1/4　　　D. 1/5

9. 发动机起动运转无力,其主要原因在（　　）。
   A. 蓄电池与起动机
   B. 起动机与点火系统
   C. 蓄电池与供油系统
   D. 蓄电池与点火系统

二、多选题

1. 关于起动机换向器,下列描述正确的是（　　）。
   A. 相邻两个换向片之间是绝缘的
   B. 测量相邻两个换向片之间的电阻值应为无穷大

C. 测量相邻两个换向片之间的电阻值应很小
D. 测量任意两个换向片之间的电阻值都很小
2. 当起动发动机时，起动机内发出周期性的敲击声且无法转动，可能的原因是（　　）。
A. 电磁开关内保位线圈短路　　　　B. 电磁开关内保位线圈断路
C. 蓄电池亏电　　　　　　　　　　D. A 和 C 的情况都存在
3. 在起动机中，单向离合器的作用是（　　）。
A. 单向传递转矩　　　　　　　　　B. 防止起动机过载
C. 防止起动后发动机反拖起动机　　D. 以上说法都对
4. 常见的单向离合器有（　　）。
A. 双扭曲簧式　　B. 扭簧式　　C. 摩擦片式　　D. 滚柱式
5. 电磁开关试验等检查项目主要包括（　　）。
A. 铁芯复位　　B. 吸拉线圈　　C. 励磁线圈　　D. 保位线圈

三、判断题

（　　）1. 起动机励磁绕组的一端接在电源接线柱上，另一端与两个绝缘电刷相连。
（　　）2. 直流串励式电动机中"串励"的含义是四个励磁绕组相串联。
（　　）3. 起动机的电磁转矩与电流的平方成反比。
（　　）4. 起动机转速越高，流过起动机的电流越大。
（　　）5. 直流串励式电动机在重载时转速低而转矩大的特性，可保证起动安全、可靠。
（　　）6. 对功率较大的起动机可在轻载或空载下运行。
（　　）7. 直流串励式电动机的工作特性指转矩、转速、功率与电流之间的关系。
（　　）8. 驱动小齿轮与止推垫圈之间的间隙大小视不同的起动机型号而稍有出入。
（　　）9. 起动机驱动齿轮与飞轮不啮合并有撞击声，这是起动机开关闭合过晚的缘故，即驱动齿轮与飞轮还未啮合，起动机就已转动了。
（　　）10. 判断起动机电磁开关中吸拉线圈和保位线圈是否已损坏，应以通电情况下看其能否有力地吸动活动铁芯为准。
（　　）11. 在起动过程中，电磁开关内的保位线圈被短路，由吸拉线圈维持起动状态。
（　　）12. 起动机的传动装置只能单向传递转矩。
（　　）13. 单向滚柱式啮合器的外壳与十字块之间的间隙是宽窄不等的。
（　　）14. 减速起动机中的减速装置可以起到减速增扭的作用。
（　　）15. 起动机开关断开而停止工作时，继电器的触点张开，保位线圈的电路便改道，经吸拉线圈、电动机开关回到蓄电池的正极。

四、问答题

1. 起动机由哪三大部分组成？各部分的作用是什么？
2. 汽车上为何采用直流串励式电动机？
3. 改变蓄电池的搭铁极性，起动机的旋转方向是否改变？为什么？
4. 电磁开关的作用是什么？吸拉线圈和保位线圈分别起什么作用？
5. 单向离合器有何作用？简述滚柱式单向离合器的工作原理。
6. 简述带起动附加继电器的起动控制电路的工作过程。

7. 影响起动机运转无力的因素有哪些？并做出分析。
8. 在使用起动机时应注意哪些事项？
9. 起动机需要进行哪些调整？
10. 拆装起动机时应注意哪些问题？
11. 起动系统常见的故障有哪些？

模块五 点火系统

> **学习目标：**
>
> 了解点火系统的组成、功用和分类。
> 了解点火系统各组成部件结构、工作原理。
> 知道电子点火系统的工作原理。
> 知道微机控制点火系统的控制方法。
> 掌握点火系统各元件性能的检测方法。
> 掌握电子点火系统故障的诊断和排除方法。
> 掌握微机控制点火系统故障的诊断和排除方法。

课题一 概 述

一、点火系统的作用与要求

1. 点火系统的作用

点火系统的作用是将蓄电池或发电机的低压电（一般 12~14 V）变成高压电（一般 12~30 kV），并按照发动机各气缸的工作顺序，及时地在气缸压缩行程终了时用电火花点燃可燃混合气，满足可燃混合气充分地燃烧及发动机工作稳定的性能要求，使汽油发动机顺利地实现从热能到机械能的转变。

2. 对点火系统的要求

点火系统应保证发动机在各种不同工况下可靠地点燃可燃混合气。因此，对点火系统的要求如下。

（1）点火系统应具有足够高的击穿火花塞电极间隙的电压

活塞压缩行程终了时，受燃烧室内温度、压力等因素的影响，为使火花塞电极之间产生电火花，必须要有足够高的击穿电压。发动机正常工作时击穿电压一般应在 12 kV 以上；发动机在满载低速时击穿电压为 8~10 kV；起动时需 19 kV。考虑各种不利因素及点火系统元器件绝缘性能，通常点火系统的设计电压为 30 kV。

（2）电火花应具有足够的点火能量

要使可燃混合气被点燃，电火花还必须具有足够高的点火能量。发动机正常工作时，可靠点燃可燃混合气的点火能量为 50～80 mJ，起动时需 100 mJ 左右的点火能量。

（3）点火时刻与发动机工况相适应

首先，点火系统应按发动机的工作顺序进行点火，一般六缸机的点火次序为 1-5-3-6-2-4，四缸机为 1-2-4-3。其次，点火时刻应使发动机发出的功率最大、油耗最低、排污最少。为实现这一目的，点火时刻一般选择在活塞到达上止点前某一位置，称为点火提前角。

二、点火系统的类型及发展

按照点火系统控制初级电路的方式不同，汽车点火系统可以划分为传统点火系统、晶体管电子点火系统和微机控制点火系统三个阶段。汽车点火系统的分类如图 5-1 所示。

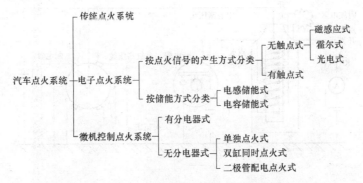

图 5-1 汽车点火系统的分类

三、点火系统的组成及工作原理

1. 传统点火系统的组成及工作原理

（1）传统点火系统的组成

传统点火系统主要由电源、点火开关、附加电阻、点火线圈、分电器（包括断电器、配电器、点火提前调节装置）、电容器、火花塞等组成，如图 5-2 所示。

传统点火系统的电路可分为低压电路和高压电路。低压电路的作用是控制点火线圈初级电路的通断，使点火线圈内磁场产生突变而使点火线圈次级绕组产生高压电。低压电路主要包括蓄电池、电流表（有些车辆没有）、点火开关、附加电阻、点火线圈初级绕组、断电器、电容器等。高压电路的作用是在点火线圈初级电路被切断时感生出高压电，击穿火花塞间隙，点燃可燃混合气；高压电路主要包括点火线圈次级绕组、中心高压线、配电器、分缸高压线、火花塞等。

（2）传统点火系统的工作原理

传统点火系统的工作原理如图 5-3 所示。

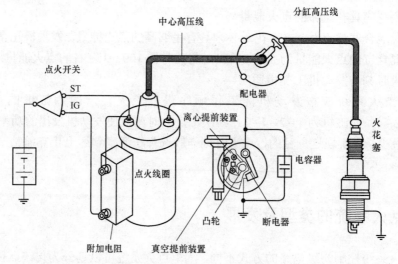

图5-2 传统点火系统的组成

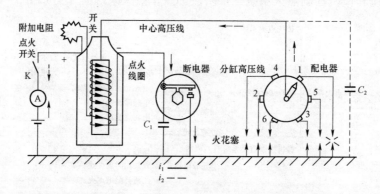

图5-3 传统点火系统的工作原理简图

发动机工作时,由发动机凸轮轴以1∶1的传动关系驱动分电器轴。分电器上的凸轮使断电器触点交替地闭合和打开。当触点闭合时,接通点火线圈初级绕组的电路;当触点打开时,切断点火线圈初级绕组的电路,使点火线圈的次级绕组中产生高压电;高压电通过配电器送至火花塞的电极产生电火花,点燃混合气。

传统点火系统虽然在汽车上应用的历史悠久,但由于采用机械式断电触点,其次级电压受发动机气缸数、转速、断电器触点间隙、火花塞积炭等因素的影响,容易出现故障,所以目前已被淘汰,取而代之的是各种类型的电子点火系统和微机控制点火系统。

2. 电子点火系统的组成及工作原理

(1)电子点火系统的组成

电子点火系统主要由电源、点火开关、点火线圈、分电器(包括断电器或信号发生器、配电器、真空式点火提前调节装置)、点火控制器(或称点火模块)、火花塞等组成,如图5-4所示。

(2)电子点火系统的工作原理

电子点火系统改变了传统点火系统采用断电触点控制点火线圈初级电流的方式,利用晶体管控制点火线圈初级电流,克服了次级高压受积炭、发动机缸数、转速等因素影响的缺点,目前广泛应用于各种类型的汽油发动机。

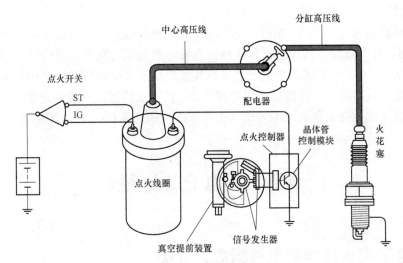

图 5-4 电子点火系统

发动机工作时，由发动机凸轮轴以 1∶1 的传动关系驱动分电器轴旋转。信号发生器被分电器轴带动旋转产生信号电压，此电压接入点火控制器后控制其中的晶体管导通或截止，使点火线圈中的初级绕组电路导通或切断，使点火线圈的次级绕组中产生高压电；高压电经配电器送至火花塞的电极产生电火花，点燃混合气。

3. 微机控制点火系统的组成及工作原理

（1）微机控制点火系统的组成

微机控制点火系统主要由电源、点火开关、传感器、发动机电子控制装置（或称 ECU、发动机 ECU）、点火线圈、点火控制器（或称点火模块）、分电器（或无分电器）、火花塞等组成，如图 5-5 所示。

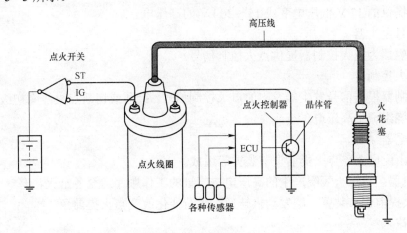

图 5-5 微机控制点火系统

微机控制点火系利用各种传感器收集发动机瞬时信息，按照特定的程序进行判断、运算后，按照最佳点火提前角控制点火线圈初级电路通断进行点火，微机控制点火系统具有点火能量大、点火电压高、能够实现点火的恒流控制、闭合角控制等多种控制功能，极大地改善了发动机的性能。

（2）微机控制点火系统的工作原理

各种传感器为发动机 ECU 提供发动机运行的各种参数（如进气温度、冷却水温度、进气量等）信号，其中凸轮位置传感器和曲轴位置传感器为发动机提供第一缸位置和发动机转速信号。发动机 ECU 根据这两个主要信号和其他参数信号计算发动机最佳点火时刻，控制点火控制器接通或切断点火线圈的初级绕组电路，使点火线圈的次级绕组中产生高压电；高压电经配电器（或直接由点火线圈）送至火花塞的电极产生电火花，点燃混合气。

课题二　电子点火系统

一、电子点火系统的电路组成、分类

1. 电子点火系统的组成

电子点火系统主要由电源、点火开关、点火线圈、分电器（包括断电器或信号发生器、配电器、真空式点火提前调节装置）、点火控制器（或称点火模块、）、火花塞等组成，如图 5-4 所示。

（1）电源

由蓄电池或发电机供给点火系统工作所需的电能。

（2）点火开关

点火开关工作在Ⅰ或Ⅱ挡时为点火线圈初级电路提供电源。

（3）点火线圈

将电源提供的 12 V 低压电变成 15~20 kV 的高压电。

（4）信号发生器

信号发生器为点火控制器提供点火控制信号。

（5）点火控制器

点火控制器根据信号发生器发出的点火控制信号，接通或切断点火线圈初级绕组，使点火线圈次级绕组产生高压电。

（6）分电器

分电器由配电器、点火提前调节装置等组成。

① 配电器：将点火线圈产生的高压电按气缸的工作顺序送至各缸火花塞。

② 点火提前调节装置：随发动机转速、负荷变化改变点火提前角。

（7）火花塞

产生电火花，点燃气缸内的可燃混合气。

2. 电子点火系统的分类

电子点火系统按有无触点，可分为有触点式和无触点式，有触点式电子点火系统目前基本被淘汰。按储能方式的不同，可分为电感储能式（以点火线圈作为储能元件）和电容储能

式(以电容作为储能元件),电感储能式电子点火系统具有结构简单、成本低、发动机低速点火性能好等优点,在普通汽油发动机上得以广泛应用,电容储能式电子点火系统仅应用在高速发动机上。按信号发生器的性质不同,又可分为磁感应式、霍尔效应式和光电式三种。

二、电子点火系统各部件结构

1. 点火线圈

点火线圈的作用是用来产生点燃气缸内可燃混合气的高压电。

点火线圈根据其外接线柱多少可分为二接线柱式或三接线柱式,如图 5-6 所示。根据其内部铁芯磁路状况可分为开磁路式点火线圈和闭磁路式点火线圈。闭磁路式点火线圈如图 5-7 所示。

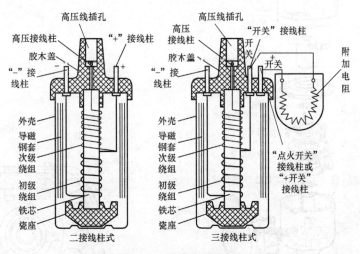

图 5-6 传统点火线圈

点火线圈由初级绕组、次级绕组和铁芯等组成。点火线圈中心采用多片硅钢片组成导磁铁芯,在铁芯外面套上绝缘的纸板套管,在纸质套管外面的内层绕有 11 000～23 000 匝直径为 0.06～0.10 mm 的次级绕组;外层绕有 230～370 匝直径为 0.5～1.0 mm 的次级绕组,以利于散热。

二接线柱式点火线圈的外部有"-""+"两个接线柱和一个中心高压线插孔,分别接断电器(或点火控制器)、点火开关"IG"接线柱或 15 接线柱、配电器盖中心高压线插孔。

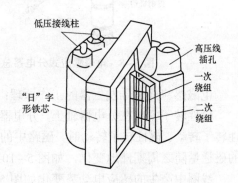

图 5-7 闭磁路式点火线圈

三接线柱式点火线圈的绝缘盖上有"-""开关""+开关"三个接线柱和一个中心高压线插孔,分别接断电器、起动机附加电阻短路接线柱、点火开关"IG"接线柱或 15 接线柱、配电器盖中心高压线插孔。附加电阻接在标有"开关"和"+开关"的两接线柱上,与点火线圈的初级绕组串联。

附加电阻的作用是用来限制点火线圈初级绕组的电流,防止点火线圈过热而损坏。附加电阻是一个正温度系数的电阻,其阻值随温度的升高而增大。

2. 信号发生器

目前,电子点火系统和微机控制点火系统采用的信号发生器主要有3种:电磁感应式、霍尔效应式和光电式。

(1) 电磁感应式信号发生器

采用电磁感应式信号发生器的分电器总成如图5-8所示,主要由磁性转子、永久磁铁、铁芯、感应线圈等组成,如图5-9所示。

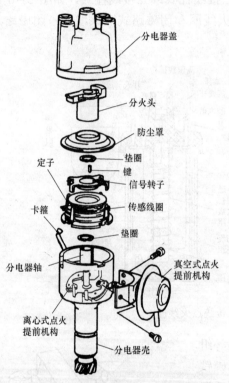
图5-8 电磁感应式分电器总成

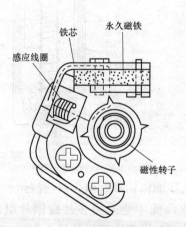
图5-9 电磁感应式信号发生器

电磁感应式信号发生器的工作原理:

磁性转子安装在分电器轴上,分电器轴由凸轮轴驱动。发动机运转时通过凸轮轴带动磁性转子转动。磁性转子转动时,磁路中的气隙就会周期性地发生变化,并使感应线圈铁芯内的磁通量随之周期性地变化,如图5-10所示。

线圈中产生的感应电动势变化如图5-11所示。磁性转子顺时针方向旋转时,转子凸齿与铁芯之间的气隙减小,磁路磁阻减小,磁通量 Φ 增多,磁通量变化率增大,感应电动势 E 为正。当转子凸齿接近铁芯边缘时,Φ 急剧增多,磁通变化率最大,E 最高(B 点)。转子转过 B 点后,虽然 Φ 仍在增多,但磁通变化率减小,E 降低。

当磁性转子转到凸齿的中心线与铁芯中心线对齐时,虽然气隙最小,Φ 最大,但磁通量不可能继续增加,磁通量的变化率为零,E 为零。

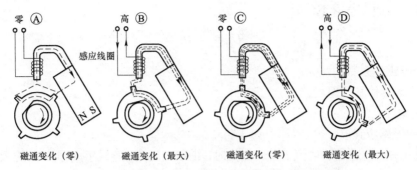

图 5-10　磁性转子转动时线圈中磁通量变化过程图

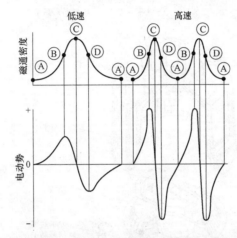

图 5-11　磁路中磁通及信号线圈中感应电动势的变化

当磁性转子顺时针方向继续旋转，凸齿离开铁芯时，凸齿与铁芯之间的气隙增大，磁路磁阻增大，磁通量 Φ 减少，磁通量变化率为负，感应电动势 E 为负。转子凸齿离开铁芯边缘时，Φ 急剧减少，磁通变化率达到负向最大值，E 也达到负向最大值。转子继续转动，虽然 Φ 仍在减少，但磁通变化率减小，E 升高。

当磁性转子转到两个凸齿的中间与铁芯中心线对齐时，虽然气隙最大，Φ 最小，但磁通量不可能继续减少，磁通量的变化率为零，E 为零。

综上所述，磁性转子每转过一个凸齿，感应线圈中就会产生一个周期的交变电动势，即电动势出现一次最大值和一次最小值，感应线圈也就相应地输出一个交变电压信号。

磁感应式传感器不需要外加电源，永久磁铁起着将机械能转变为电能的作用。发动机转速变化时，转子凸齿转动的速度也发生变化，铁芯中的磁通变化率也随之发生变化。转速越高，磁通变化率就越大，传感线圈中的感生电动势也就越高。

（2）霍尔效应式信号发生器

霍尔效应原理如图 5-12 所示。当电流 I 通过放在磁场中的半导体基片（即霍尔元件），且电流方向与磁场方向垂直时，在垂直于电流和磁场的半导体基片的横向侧面上将产生一个电压 U_H（通常称之为霍尔电压）。霍尔电压的高低与通过的电流和磁感应

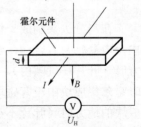

图 5-12　霍尔效应原理

强度成正比,可用下式表示:

$$U_H = \frac{R_H}{d} IB$$

式中 R_H——霍尔系数;
d——半导体基片厚度;
I——电流;
B——磁感应强度。

由上式可知,当通过的电流 I 为一定值时,霍尔电压 U_H 随磁感应强度 B 的大小而变化。

采用霍尔效应式信号发生器的分电器结构如图 5-13 所示。信号部分的组成构造如图 5-14(a)所示,其工作原理如图 5-14(b)、(c)所示。

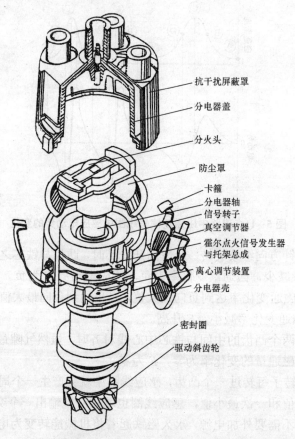

图 5-13 霍尔效应式分电器总成

在与分火头制成一体的触发叶轮的四周,均布着与发动机气缸数相同的缺口。触发叶轮由分电器轴带着转动,当触发叶轮的本体(没有缺口的地方)转到对着装有霍尔集成块的地方时(叶片在气隙内),通过霍尔集成块的磁路被触发叶轮短路,如图 5-14(b)所示,此时霍尔集成块中没有磁场通过,不会产生霍尔电压;当触发叶轮转到其缺口对着装有霍尔集成块的地方时(叶片不在气隙内),永久磁铁所产生的磁场,在导板的引导下,垂直穿过通电的霍尔集成块,如图 5-14(c)所示,于是在霍尔集成块内产生一个霍尔电压 U_H。由于

这个霍尔电压 U_H 是 mV 级的电压,信号很微弱,需要进行信号处理,这一任务由集成电路完成。这样霍尔元件产生的霍尔电压 U_H 信号,经过放大、脉冲整形,最后以整齐的矩形脉冲(方波)信号 U_g 输出,如图 5-15 所示。

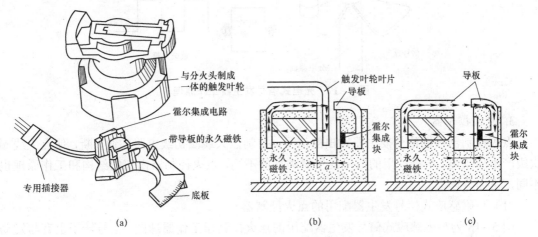

图 5-14 霍尔效应式信号发生器
(a)霍尔信号发生器的组成;(b)叶片在气隙内;(c)叶片不在气隙内

(3)光电式信号发生器

光电式信号发生器通常用在微机控制的点火系统上。采用光电式信号发生器的分电器总成如图 5-16 所示,安装有分电器轴上的遮光盘(信号盘)上,开有内、外两层缺口,内层缺口数与发动机气缸数相同,外层缺口数为 360 个。在遮光盘的上下两面分别装有发光二极管和光敏三极管,如图 5-17 所示。工作时遮光盘随分电器轴一起转动,当遮光盘遮住了发光二极管发出的光线而使光敏三极管感受不到光线时,光敏三极管截止;当遮光盘的缺口转到装有光电元件的位置时,光敏三极管感受到发光二极管发出的光照时,光敏三极管导通,产生点火信号电压,输出到点火模块。点火模块根据该信号来控制点火线圈初级电流的通断来产生次级电压。

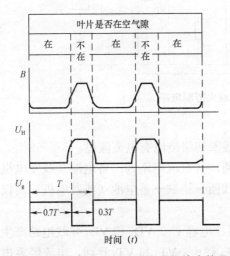

图 5-15 霍尔效应式信号发生器的输出信号

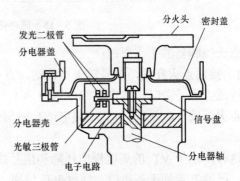

图 5-16 光电式分电器总成

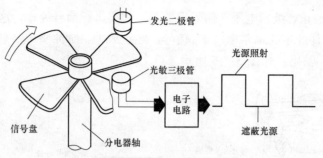

图 5-17 光电式信号发生器工作原理

3. 点火控制器

点火控制器根据信号发生器发出的信号,控制点火线圈初级电路的通、断,使点火线圈次级产生高压电。根据使用的信号发生器类型的不同,点火控制器内部的结构和工作原理也不同,下面分述之。

(1) 与磁感应式信号发生器配用的点火控制器

图 5-18 为与磁感应式信号发生器配用的点火控制器工作原理图。信号转子上有与发动机的气缸数相同凸齿。永久磁铁的磁通经信号转子凸齿、线圈铁芯构成回路。当信号转子由分电器轴带动旋转时,转子凸齿与信号线圈铁芯间的空气间隙将发生变化,磁路的磁阻随之改变,使通过线圈的磁通量发生变化,因而在线圈内感应出交变电动势。

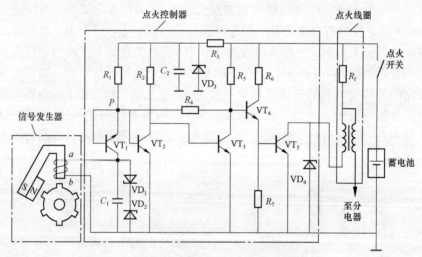

图 5-18 磁感应式点火控制电路

点火控制器的工作原理:

1) 接通点火开关,信号转子不转动,点火线圈初级绕组有电流流过。

接通点火开关时,蓄电池的电压使 VT_1 导通,其直流电路为:蓄电池(或发电机)正极→点火开关→R_3→R_1→VT_1(集电结)→信号线圈→搭铁→蓄电池(或发电机)负极构成回路。

这时,由于 VT_1 的集电极电压降和信号线圈、电容 C_1、VD_1 和 VD_2 并联电路产生的电压降,使得 P 点处于高电位,导致 VT_2 导通,VT_3 截止,VT_4 和 VT_5 导通,电流经蓄电池正极→附加电阻(R_f)→点火线圈初级绕组→VT_5→搭铁→蓄电池负极,形成回路,点火线圈初级绕组有电流流过,点火线圈储能。

2)接通点火开关,信号转子转动,发出 a 高、b 低的电压,点火线圈初级绕组有电流流过。

信号发生器转子转动,并发出 a 高、b 低的电压时,信号电压与 VT_1 的正向电压降叠加,P 点电位会升高,使 VT_2 加深导通。电路状况与上述一致,使点火线圈初级绕组流过的电流进一步增加。

3)接通点火开关,信号转子转动,发出 b 高、a 低的电压,点火线圈初级绕组电流被切断,次级绕组产生高压电。

信号发生器转子转动,发出 b 高、a 低的电压时,信号电压与 VT_1 的正向电压降叠加后,使 VT_2 的基极电位降低,VT_2 截止。VT_2 的截止使 VT_3 的基极电位上升而导通,VT_3 的导通使 VT_4 的基极电位下降而截止,晶体管 VT_5 没有正向偏置电压而截止。于是初级电流被切断,在次级绕组中产生高压电,经配电器按点火次序分配到各缸火花塞点火,点燃可燃混合气使发动机做功。

电路中三极管 VT_1 的基极和发射极相连,相当于发射极为正、集电极为负的二极管,起温度补偿作用。其原理如下:当温度升高时,VT_2 的导通电压会降低,使 VT_2 提前导通而滞后截止,从而导致点火推迟;VT_1 与 VT_2 的型号相同,具有同样的温度特性系数,故在温度升高时,VT_1 的正向导通电压也会降低,使 P 点电位 U_P 下降,正好补偿了温度升高对 VT_2 工作电位的影响,而使 VT_2 的导通和截止时间与常温时相同。

电路中其他元件的作用是:R_3、VD_3 为电源稳压电路,使 VT_2 导通时不受电源系统电压波动的影响;VD_1、VD_2 为信号稳压,削平高速时感应线圈产生的峰值电压;VD_4 的作用是防止初级电流被切断时产生的高压击穿 VT_5;C_1 是信号滤波,C_2 是电源滤波;R_4 为正向反馈电阻,起加速 VT_2 的导通和截止。

(2)与霍尔效应式信号发生器配用的点火控制器

霍尔效应式点火控制器一般多由专用点火集成块 IC 和一些外围电路组成,霍尔效应式点火控制装置的工作电路如图 5-19 所示,其点火控制器的基本工作过程如下。

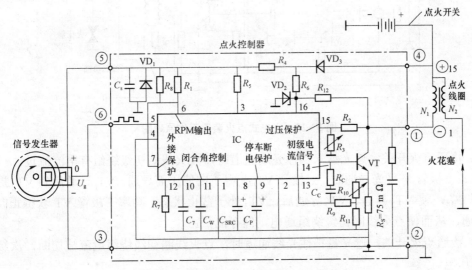

图 5-19 霍尔效应式点火装置工作原理图

1) 接通点火开关,信号转子不转动,点火线圈初级绕组有电流流过。

接通点火开关时,点火控制器 IC 集成块第 3、6、7、16 脚有蓄电池电压,此时集成块控制 VT 导通,蓄电池(或发电机)电流经其正极→点火开关→点火线圈初级绕组 N_1→点火器大功率晶体管 VT→反馈电阻 R_s→搭铁→蓄电池(或发电机)负极,构成回路。点火线圈初级绕组储能。

如果点火开关接通一段时间,未起动发动机(或停车时未及时断开点火开关),霍尔传感器就有可能使点火线圈初级绕组长时间通过大电流而发热损坏。在此电路中设置了停车断电保护电路,外接的电容 C_p 设定了停车以后三极管 VT 的导通时间(即 C_p 的充电时间),一旦 VT 的导通时间超过了电容 C_p 设定的时间,VT 会自动缓慢地截止而切断点火线圈初级绕组的电流通路。

2) 接通点火开关,信号转子转动,发出高电位,点火线圈初级绕组有电流流过。

接通点火开关,发动机转动,当霍尔效应式信号发生器输出信号 U_g 为高电位,该信号通过点火控制器插座⑥端子和③端子进入点火控制器。此时,点火控制器通过内部电路与上述情况一致,点火线圈初级绕组中有电流流过。

3) 接通点火开关,信号转子转动,发出低电位,点火线圈初级绕组电流被切断,次级绕组产生高压电。

当霍尔效应式信号发生器输出信号 U_g 下跳为低电位时,该信号通过点火控制器插座⑥端子进入点火控制器,控制大功率晶体管 VT 立即截止,切断点火线圈初级电路,次级绕组产生高压电。

(3) 与光电式信号发生器配用的点火控制器

光电式点火控制装置的工作原理如图 5-20 所示。

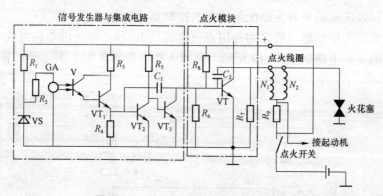

图 5-20 光电式点火装置工作原理图

1) 接通点火开关,遮光盘未挡住光线通道时,点火线圈初级绕组有电流流过。

光敏三极管 V 受光导通时,三极管 VT_1 获得正向偏压而导通。VT_1 导通后为 VT_2 提供正向偏压 U_{R4},使 VT_2 导通。VT_2 导通后,VT_3 处于截止状态。功率三极管 VT 获得正向偏压 U_{R6} 导通,从而使点火线圈初级绕组通电,储存能量。

2) 接通点火开关,遮光盘挡住光线通道时,点火线圈初级绕组电流被切断,次级绕组产生高压电。

当光敏三极管 V 失光时，由导通转为截止，VT_1 失去基极电流由导通转为截止，VT_2 也截止，VT_3 因此获得正偏由截止转为导通。VT 失去正向偏压 U_{R6} 由导通转为截止，点火线圈初级绕组电流被切断，点火线圈次级绕组产生高压电，经配电器分送至各缸火花塞。

其他元件的作用：稳压二极管 VS 用以保证发光二极管 GA 获得稳定的工作电压。电容 C_1 为正反馈电路，用以提高功率管 VT 的开关速度，减少功率损耗，防止发热。电阻 R_7 用以保护功率三极管 VT。当 VT 由导通转为截止时，在次级绕组 N_2 产生次级电压的同时，初级绕组也产生 300 V 左右的自感电动势，R_7 可为其提供回路，防止 VT 被击穿损坏。电阻 R_8 与电容 C_2 也具有 R_7 的作用，同时 C_2 还具有滤波功能。电阻 R_9 为点火线圈的附加电阻。

4. 分电器

电子点火系统中的分电器主要由配电器、点火提前调节装置（包括机械式、真空式）构成。

（1）配电器

配电器安装在分电器的顶部，由固定安装在分电器壳上的胶木制分电器盖和由分电器轴带动旋转的分火头组成，如图 5-21 所示。

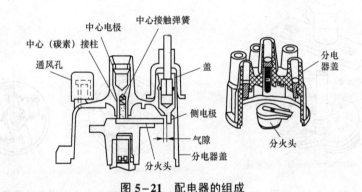

图 5-21 配电器的组成

胶木制分电器盖的中央有一高压线插孔，称为中心电极（与点火线圈中心高压线连接），其内侧装有带弹簧的炭柱，压在分火头的导电片上。分电器盖的四周均匀分布着与发动机气缸数相等的侧电极（各气缸高压线插孔），可通过分缸高压线与各气缸火花塞相连。分火头随分电器轴（断电器凸轮）一起旋转，当点火控制器切断点火线圈初级绕组电路使点火线圈次级绕组产生高压电时，分火头上的导电片总是正对某一侧电极，此时来自点火线圈次级绕组的高压电经中心电极引入到分火头上，跳过分火头与侧电极之间较小的气隙，经侧电极、分缸高压线引入到各缸火花塞上跳火，点燃气缸内的可燃混合气而使发动机做功。

（2）点火提前调节装置

点火提前调节装置的作用是根据节气门（油门）开度和发动机转速的变化，自动调整点火时刻（点火提前角），使发动机气缸内的最高压力出现在上止点后曲轴转角 10°～15° 的位置，让发动机发挥最大的热效率。

最佳点火提前角随发动机转速、混合气的浓度及混合质量、燃油品质等诸多因素的变化而变化。当发动机转速一定时，点火提前角随发动机负荷的增大应减小，随发动机负荷的减小应增大；当发动机负荷一定时，点火提前角随发动机转速的升高应增大，随发动机转速的降低应减小；当使用高辛烷值汽油时，因其抗爆性好，点火提前角应增大。

点火提前调节装置一般设有两套：一套是能根据发动机转速的变化而自动调节点火提前角的装置，称为离心式点火提前调节装置；另一套是能根据发动机负荷不同而自动调节点火提前角的装置，称为真空式点火提前调节装置。

1) 离心式点火提前调节装置。

离心式点火提前调节装置结构如图5-22所示。当发动机转速升高时，离心重块在离心力的作用下克服弹簧拉力向外甩开，其上的销钉推动安装信号发生器的离心提前调节装置横板沿原旋转方向，相对于分电器轴转动一个角度，使信号发生器提前与信号线圈接近，即点火提前角增大，如图5-23所示。当发动机转速降低时，离心重块的离心力相应减小，弹簧将离心重块拉回一些，点火提前角减小。

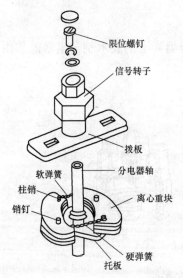

图5-22 离心式点火提前调节装置结构　图5-23 离心式点火提前装置工作原理
(a) 点火未提前时；(b) 点火提前时

随着发动机转速升高，气缸漏气量减小，可燃混合气燃烧速度加快，但可燃混合气燃烧速度的增加较发动机转速的增加要小。因此，随发动机转速升高，点火提前角的增幅应适当减小。为此，离心式点火提前调节装置中设有一粗一细两个弹簧。细弹簧在发动机转速较低时起作用，而粗弹簧在发动机转速达到一定值、离心重块上的离心力较大时才起作用。

2) 真空式点火提前调节装置。

真空式点火提前调节装置工作原理如图5-24所示。

真空式点火提前调节装置中膜片的左侧通大气，右侧通过真空软管与节气门全关时位于其前方的小孔相通。

发动机怠速运转时，节气门全关，节气门前方的真空度几乎为零。真空点火提前调节装置的膜片在弹簧力作用下向左拱曲至最大，拉杆拉动断电器底板连同触点，沿分电器轴旋转方向转动最大角度，使点火提前角最小或不提前。

发动机小负荷工作,节气门开度较小,这时小孔位于节气门后方,真空度较大,真空点火提前调节装置的膜片克服弹簧力向右拱曲,拉杆拉动断电器底板连同触点,沿分电器轴旋转方向的逆向转动一个角度,使凸轮提前顶开触点,点火提前角最大。

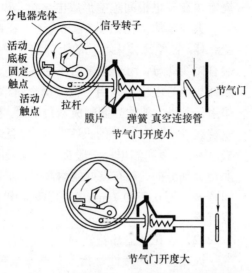

图 5-24 真空式点火提前装置工作原理图

随着发动机负荷增加,节气门开度增加,小孔处真空度逐渐减小,真空点火提前调节装置的弹簧推动膜片使点火提前角逐渐减小。

3）辛烷值调节器。

当使用的汽油标号改变时,应采用辛烷值调节器调节点火提前角。辛烷值调节器安装在分电器壳体上,其典型结构如图 5-25 所示,主要由固定板、调节板、锁止板、调整螺杆、调整螺母等组成。调整时,先拧松锁止螺钉,同方向旋转两调整螺母,即可使分电器壳体（相当于触点）相对分电器轴（相当于分电器凸轮）顺时针或逆时针转动,改变点火提前角。若壳体（触点）转动的方向与凸轮工作时转动的方向相同,则点火时刻推后（提前角减小）;若壳体（触点）转动的方向与凸轮工作时转动的方向相反,则点火时刻提前（提前角增大）。目前,许多车的调节板与分电器壳体做成一体,当需要调节辛烷值时,只需要松开螺钉,转动调节板（即转动分电器壳）即可。

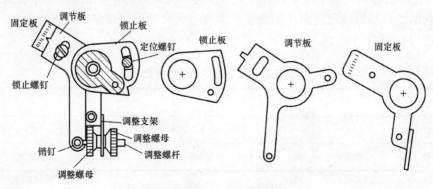

图 5-25 辛烷值调节器

5. 火花塞

（1）火花塞的构造

火花塞的作用是将点火线圈产生的高压电引入发动机的燃烧室，在其电极间隙中形成电火花，以点燃可燃混合气。

火花塞的结构如图5-26所示，在钢质壳体的内部固有陶瓷绝缘体。在绝缘体中心孔的上部装有导电金属杆，导电金属杆上端有接线螺母，用于连接高压导线，下部装有中心电极。导电金属杆与中心电极之间用导电玻璃密封，紫铜制垫圈起密封和导热作用，壳体上部的外侧制成六角平面，以便于拆装，下部的螺纹安装在发动机气缸盖的火花塞孔内，壳体下端固定有弯曲的侧电极。中心电极和侧电极一般都是分别采用不同的镍锰合金或贵金属合金制成的，具有良好的耐高温、耐腐蚀性能。火花塞的电极间隙一般为 0.6～0.7 mm。采用高能电子点火装置，其火花塞间隙可增大至 1.0～1.2 mm。

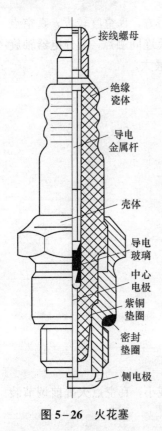

图5-26　火花塞

（2）火花塞的热特性

火花塞的热特性是指火花塞发火部位吸收热量并向发动机冷却系统散热的能力。要使火花塞能正常工作，其绝缘体裙部的温度应保持在 500～600 ℃，使落在绝缘体上的油滴立即烧掉，不致形成积炭，这个温度称为火花塞的"自净温度"。如果绝缘体裙部的温度低于自净温度，就会引起火花塞积炭；若温度过高，则混合气与炽热的绝缘体接触时，会引起炽热点火而产生早燃、爆燃等现象。因此，火花塞的热特性必须与发动机相适应，以保证火花塞在发动机内良好工作。

火花塞的热特性主要取决于绝缘体裙部的长度和与气缸盖连接螺纹的长度。绝缘体裙部长的火花塞的受热面积大，传热距离长，螺纹短，散热困难，裙部温度高，称为热型火花塞；反之，裙部短、螺纹长的火花塞，吸热面积小，传热距离短，散热容易，裙部温度低，称为冷型火花塞。热型火花塞适用于低压缩比、低转速、小功率的发动机；冷型火花塞适用于功率大、转速高和压缩比大的发动机。

对于火花塞的热特性，我国是以绝缘体裙部的长度来标定的，并分别用热值来表示，见表5-1。火花塞的热特性选用得是否合适的判断方法是：如果火花塞经常由于积炭而导致断火，表示它偏冷，热值选用过高；如果发生炽热点火（易引起爆燃或回火现象），则表示偏热，热值选用过低。

表5-1　火花塞的热特性参数

热值代号	3	4	5	6	7	8	9
裙部长度/mm	15.5	13.5	11.5	9.5	7.5	5.5	3.5
热特性	热型←	——中型——				→冷型	

根据国家专业标准 QC/T 403—2005《火花塞产品型号编制方法》的规定，火花塞型号由三部分组成：

第一部分为字母，以单或双字母表示火花塞结构类型及主要型式尺寸。
第二部分用阿拉伯数字表示火花塞的热值，见表 5-1。
第三部分用汉语拼音表示火花塞派生产品特征、结构特征、材料特性及特殊技术要求。无字母则表示是普通型火花塞。

在同一产品型号中，需要用两个字母表示时，按下列顺序排列：P—屏蔽型火花塞；R—电阻型火花塞；B—半导体型火花塞；T—绝缘体凸出型火花塞；Y—沿面跳火里火花塞；J—多电极火花塞；H—环状电极火花塞；U—电极缩入型火花塞；V—V 形电极火花塞；C—镍铜复合电极火花塞；G—贵金属火花塞；F—非标准火花塞。

例如：F5RTC 型火花塞，表示螺纹规格为 M14×1.25，旋入长度为 19 mm，壳体六角对边为 20.8 mm，热值为 5 的带电阻、镍铜复合电极、绝缘体凸出型平座火花塞。

三、电子点火系统电路举例

（1）CA1092 型汽车电子点火装置
CA1092 型汽车电子点火装置如图 5-27 所示，图 5-28 为其电路原理图。

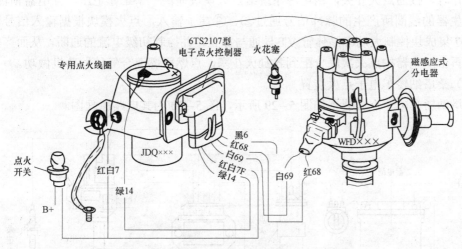

图 5-27 解放 CA1092 型汽车电子点火装置

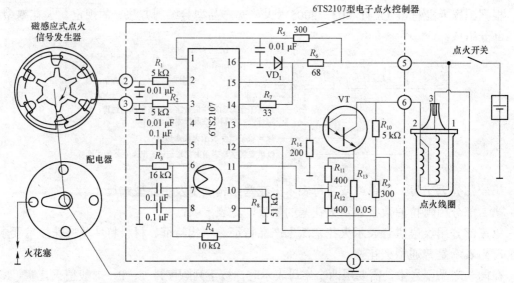

图 5-28　CA1092 型汽车电子点火装置电路原理图

CA1092 型汽车电子点火系统为磁感应式点火系统。该磁感应式电子点火装置配套的是 6TS2107 型电子点火模块，共有 6 个接线端子，其中：

1 号端子（黑）——电子点火器搭铁端子，连接分电器的点火信号发生器；

2 号端子（红）——点火信号输入端子，连接分电器的点火信号发生器；

3 号端子（白）——点火信号输入端子，连接分电器的点火信号发生器；

4 号端子——空脚；

5 号端子（红/白）——电子点火器的电源端子，与点火线圈"+"相连，受点火开关的控制；

6 号端子（绿）——电子点火器的输出端子，与点火线圈"-"相接，控制点火线圈初级电流的通断。

工作时，接通点火开关，由电源系统给点火模块提供一个工作电压，分电器轴转动时，信号发生器的线圈所产生的脉冲信号通过②、③端子输入，点火模块根据输入信号，通过 6TS2107 集成块控制大功率晶体管 VT 导通与截止，并控制初级电流的通断，从而产生次级高压，再由配电器按点火次序分配到各缸火花塞，点燃可燃混合气使发动机做功。

（2）桑塔纳轿车电子点火装置

桑塔纳轿车电子点火装置如图 5-29 所示，图 5-30 为其电路原理图。

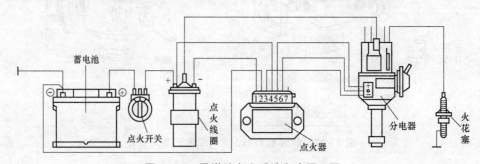

图 5-29　桑塔纳点火系统电路原理图

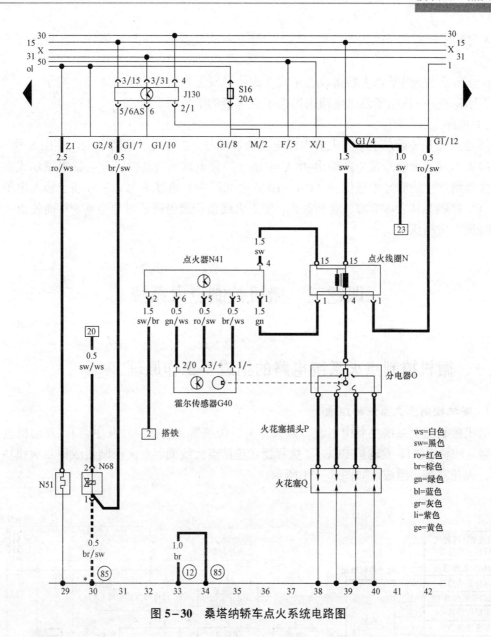

图 5-30 桑塔纳轿车点火系统电路图

1) 电路特点。

桑塔纳轿车电子点火装置采用霍尔效应式信号发生器。霍尔效应式信号发生器的电源由点火器提供，点火器通过 7 孔插接器与点火系统低压线路相连，这 7 个线路连接端子分别为：

1 号端子——电子点火器的输出端子，连接点火线圈"-"接线柱，其内部经大功率晶体管 VT 与搭铁（2 号端子）连接。

2 号端子——电子点火器的搭铁端子，当电子点火器内部晶体管 VT 导通时，点火线圈初级绕组通过 2 号端子与搭铁相通。

3 号、5 号端子——电子点火器向霍尔传感器 G40 输出的电源端子，工作时向点火信号发生器提供 10 V 左右的稳定电压；3 号端子同时也是霍尔式点火信号发生器信号电压的负极端子。

4号端子——电子点火器的电源端子,连接点火线圈的"+"接线柱,在点火开关接通时通电。

6号端子——电子点火器接收霍尔式点火信号发生器信号电压(正极)端子。

7号端子——该电子点火电路未用电子点火器的7号端子。

2)电路工作原理。

接通点火开关后,电子点火器内部电路通过4号、2号端子接通电源,并由5号、3号端子向霍尔式点火信号发生器输出10 V电压。当分电器轴转动时,分电器中霍尔式点火信号发生器所产生的脉冲电压信号(0.4~10 V之间跃变)通过6号、3号端子输入电子点火器的IC,控制晶体管VT的导通和截止,使点火线圈初级电流适时地通断,从而使点火线圈次级绕组产生高压电。

课题三 微机控制点火系统

一、微机控制点火系统电路的组成、工作原理

1. 微机控制点火系统的组成

微机控制点火系统主要由电源、点火开关、传感器(包括信号发生器)、发动机电子控制装置(或称ECU、发动机ECU)、执行器(包括点火线圈、点火控制器或称点火模块、分电器、火花塞等)组成,如图5-31所示。

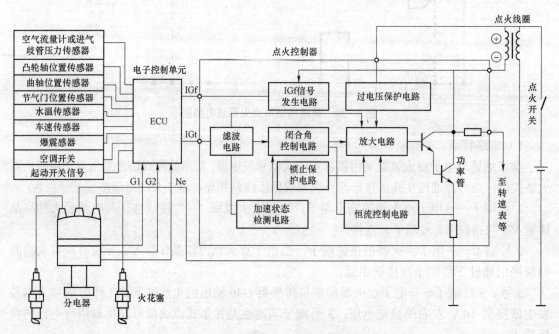

图5-31 微机控制点火系统的基本组成

微机控制点火系统中的电源、点火开关、点火线圈、点火控制器、分电器（有些车辆无分电器）、火花塞等与电子点火器相同。

传感器主要包括各种开关、信号发生器、曲轴位置传感器、空气流量计（或绝对压力传感器）、水温传感器、进气温度传感器、氧（O_2）传感器、节气门位置传感器、车速传感器、爆震传感器、空调开关等。其作用是为发动机电子控制装置提供发动机和车辆运行的各种信息、参数。

发动机电子控制装置（ECU）的作用是根据发动机各传感器输入的各种信息、参数及内存的数据，进行运算、处理、判断，然后输出指令（信号）控制有关执行器（如点火器）动作，实现对点火系统进行的精确控制。

执行器的作用是接收发动机电子控制装置发出的指令，及时、准确地点燃气缸内的可燃混合气体，使发动机运行在最佳工作状态，发出最大功率，并减少排气污染。

2. 微机控制点火系统的分类

微机控制点火系统按有无分电器分类，可分为有分电器（配电器）的微机控制点火系统和无分电器的微机控制点火系统两大类，目前有分电器的微机控制点火系统正在被淘汰，而广泛应用无分电器的微机控制点火系统；按微机控制的方式分类，可分为开环控制和闭环控制两种。

开环控制是指微机检测发动机各种工作状态信息，并根据这些信息从内部存储器中调出相应的点火提前角（这一点火提前角是综合考虑到经济性、动力性、排放等要求，并经过大量的试验优化的结果），然后输出控制信号对点火时刻进行控制。这种控制方式对控制结果不予以反馈。

闭环控制是指微机以一定的点火提前角控制发动机工作的同时，还不断地检测发动机的有关工作状态，然后将检测到的有关信息反馈给控制单元（ECU），控制单元（ECU）根据需要对点火提前角进行修正，如图5-32所示。闭环控制的反馈信号可以有多种，如爆震信号、转速信号、气缸压力信号等。目前广泛采用的是通过检测爆震传感器的爆震信号，来判断点火时刻的早晚，进而实现点火提前角的最佳控制。

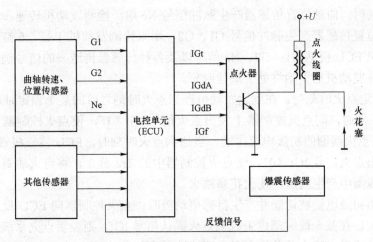

图5-32 闭环控制的微机控制点火系统

3. 微机控制点火系统工作原理

以凌志 LS400 采用的微机控制点火系统（见图 5-33）为例进行说明。

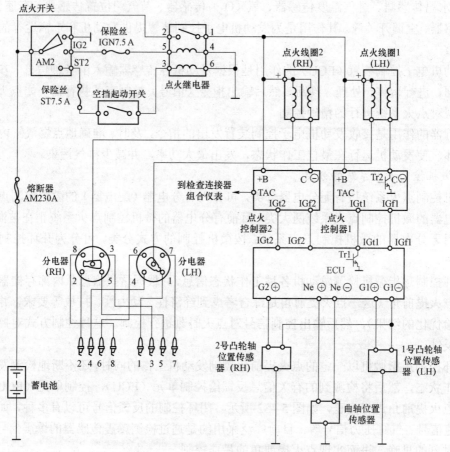

图 5-33　凌志 LS400 点火系统电路

发动机运转时，曲轴位置传感器产生脉冲信号 Ne 用于检测发动机转速和曲轴转角基准位置，凸轮轴位置传感器产生脉冲信号 G1、G2，用来检测发动机 1 缸、6 缸压缩冲程上止点位置。发动机 ECU 根据 G1、G2、Ne 信号以及各种传感器传送来的信号确定点火提前角和点火时刻，使发动机点火始终处于最佳时刻。

当 ECU 确定点火时刻时，在到达发动机理想点火时刻之前的某个预定时刻，就将 ECU 中的三极管 Tr1 导通，向点火控制器 1 发出点火信号 IGt "1"，使点火控制器 1 中的三极管 Tr2 导通，并将点火线圈的初级电流接通。当达到点火时刻时，ECU 将三极管 Tr1 截止，向点火控制器发出点火信号 IGt "0"，使点火控制器中的 Tr2 截止，将点火线圈的初级电流切断，并在次级线圈中产生高压，使火花塞跳火。

当点火线圈初级电流被切断并产生自感电动势时，点火控制器向 ECU 反馈点火确认信号 IGf。如果 ECU 在某一段时间内未收到点火确认信号 IGf，则表明点火系统有故障，ECU 将自动切断燃油喷射，防止发动机未点火而喷油过多使发动机呛死。

二、微机控制点火系统各部件结构

微机控制点火系统与电子点火系统比较,其信号发生器、点火线圈的工作原理均相同,主要在其结构上有所区别,本节主要从结构上叙述,并着重介绍原理上的不同点。

1. 信号发生器

微机控制点火系统有2个信号发生器,一个用来产生凸轮轴位置信号(G信号、判缸信号,用于判断一缸或其他气缸压缩行程上止点);一个用来产生曲轴位置信号(Ne信号、转速信号,用于计算发动机转速、点火提前角)。如果是有分电器的微机控制点火系统,则两个信号发生器通常安装在分电器中;如果是无分电器的微机控制点火系统,则凸轮轴位置传感器一般安装在凸轮轴的前端,曲轴位置传感器可以安装在曲轴前端,也可以安装在飞轮齿圈的位置。

(1)磁感应式信号发生器

日产公司微机控制点火系统采用的磁感应式信号发生器如图5-34所示,该信号发生器安装在曲轴前端的皮带轮之后。在皮带轮后端设置一个带有细齿的薄圆齿盘(用以产生信号,称为信号盘),它和曲轴皮带轮一起装在曲轴上,随曲轴一起旋转。在信号盘的外缘,沿着圆周每隔4°有1个宽度为2°的齿,共有90个齿。并且每隔120°布置1个凸缘,共3个。安装在信号盘边沿的传感器盒是产生电信号的信号发生器。信号发生器内有3个在永久磁铁上绕有感应线圈的磁头,其中磁头②产生120°信号(即G信号、凸轮轴位置信号),磁头①和磁头③共同产生曲轴1°转角信号(即Ne信号、曲轴位置信号)。磁头②对着信号盘的120°凸缘,磁头①和磁头③对着信号盘的齿圈,彼此相隔3°曲轴转角安装。

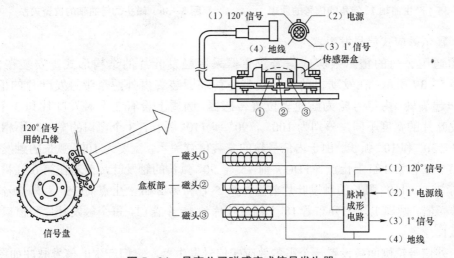

图5-34 日产公司磁感应式信号发生器

信号发生器内有信号放大和整形电路,外部有四孔连接器,孔1为120°信号输出线,孔2为信号放大与整形电路的电源线,孔3为1°信号输出线,孔4为接地线。通过该连接器将曲轴位置传感器中产生的信号输送到发动机ECU。

发动机转动时,信号盘的齿和凸缘引起通过感应线圈的磁场发生变化,从而在感应线圈里产生交变的电动势,经滤波整形后,即变成脉冲信号。发动机旋转一圈,产生3个120°

脉冲信号，磁头①和③各产生 90 个脉冲信号（交替产生）。由于磁头①和磁头③相隔 3° 曲轴转角安装，而它们又都是每隔 4° 产生一个脉冲信号，所以磁头①和磁头③所产生的脉冲信号相位差正好为 90°。将这两个脉冲信号送入信号放大与整形电路中合成后，即产生曲轴 1° 转角的信号，如图 5-35 所示。

产生 120° 信号的磁头②安装在上止点前 70° 的位置，如图 5-36 所示，故其信号亦可称为上止点前 70° 信号，即发动机在运转过程中，磁头②在各缸上止点前 70° 位置均产生一个脉冲信号。该信号产生后，发动机 ECU 即得到某一缸正处于上止点前 70°，与此同时发动机 ECU 根据其他传感器提供的信号计算出最佳点火提前角，再根据发动机曲轴位置提供的信号，准确计数在气缸运转到最佳点火提前角时点火。

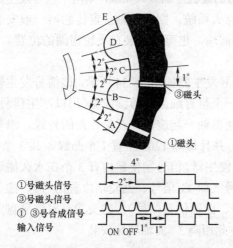

图 5-35 产生曲轴 1° 转角的信号的原理

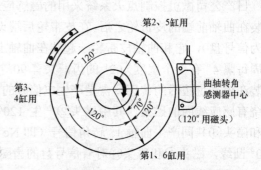

图 5-36 磁头②与曲轴的位置关系

（2）霍尔效应式信号发生器

美国通用公司的霍尔效应式信号发生器采用触发叶片的结构形式，安装在曲轴前端，如图 5-37 所示。在发动机的曲轴皮带轮前端固装着内外两个带触发叶片的信号轮，与曲轴一起旋转。内信号轮为凸轮轴位置传感器，圆周上设有 3 个触发叶片和 3 个窗口，3 个触发叶片的宽度不同，分别为 100°、90° 和 110° 弧长，3 个窗口的宽度亦不相同，分别为 20°、30° 和 10° 弧长。由于内信号轮的安装位置关系，宽度为 100° 弧长的触发叶片前沿位于第 1 缸和第 4 缸上止点（TDC）前 75°，90° 弧长的触发叶片前沿在第 6 缸和第 3 缸上止点前 75°，110° 弧长的触发叶片前沿在第 5 缸和第 2 缸上止点前 75°。外信号轮为曲轴位置传感器，圆周上均匀分布着 18 个触发叶片和 18 个窗口，每个触发叶片和窗口的宽度为 10° 弧长。

在内外信号轮侧面各设置一个霍尔效应式信号发生器，它们产生的信号脉冲如图 5-38 所示。内信号轮每旋转 1 周产生 3 个不同宽度的电压脉冲信号（称为 3X 信号），脉冲周期均为 120° 曲轴转角的时间。脉冲上升沿分别产生于第 1、4 缸，第 3、6 缸和第 2、5 缸上止点前 75°，作为发动机电子控制单元（ECU）判别某一气缸距上止点的角度和计算点火时刻的基准信号。外信号轮每旋转 1 周产生 18 个脉冲信号（称为 18X 信号），1 个脉冲周期相当于曲轴旋转 20° 转角的时间，ECU 再将 1 个脉冲周期均分为 20 等份，即可求得曲轴旋转 1° 所对应的时间，并根据这一信号，控制点火提前角的时刻。

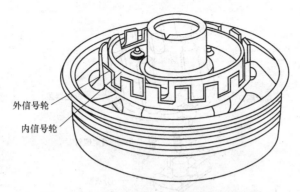

图 5-37 通用公司霍尔效应式信号发生器

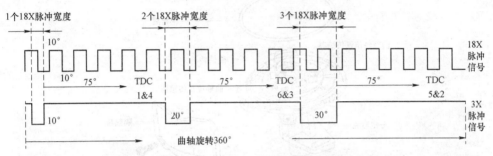

图 5-38 通用汽车公司霍尔效应式信号发生器输出信号

(3) 光电式信号发生器

微机控制点火系统采用的光电式信号发生器与晶体管点火系统相同,在此不再赘述。

2. 分电器的结构形式

目前,在微机控制点火系统中分电器的结构形式有四种。第一种是将信号发生器和配电器组装在一起的分电器;第二种是将信号发生器、点火器、配电器组装在一起的分电器;第三种是将信号发生器、点火线圈、配电器组装在一起的分电器;第四种是将信号发生器、点火器、点火线圈、配电器组装在一起的分电器。

(1) 带信号发生器、配电器的分电器

带信号发生器、配电器的分电器结构如图 5-39 所示,其主要由凸轮轴位置传感器、曲轴位置传感器、分火头、分电器盖、壳体等组成。其功能主要是为发动机控制单元提供凸轮轴位置和曲轴位置信号。

(2) 带信号发生器、点火器、配电器的分电器

带信号发生器、点火器、配电器的分电器如图 5-40 所示,其主要由凸轮轴位置传感器、曲轴位置传感器、点火器、分火头转子、分电器壳体、分电器盖等组成。这类分电器不但可以为发动机控制单元提供凸轮轴位置和曲轴位置信号,还可通过点火器控制外置点火线圈初级绕组的电流通断。

(3) 带信号发生器、点火线圈、配电器的分电器

带信号发生器、点火线圈、配电器的分电器如图 5-41 所示,其主要由凸轮轴位置传感器、曲轴位置传感器、点火线圈、转子(分火头)、分电器盖、分电器壳体总成等组成。这种点火系统采用外置点火器,分电器可为发动机控制单元提供凸轮轴和曲轴位置信号,其特点是采用内置点火线圈,取消了中心高压线,使点火系统比较紧凑。

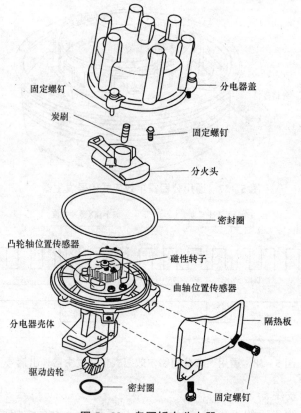

图 5-39 皇冠轿车分电器

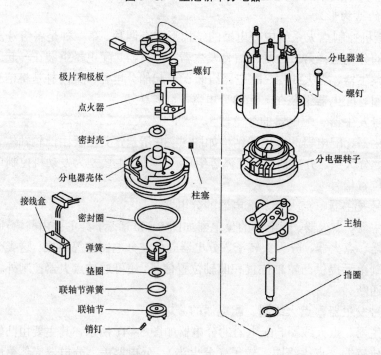

图 5-40 大宇轿车分电器

(4) 带信号发生器、点火器、点火线圈、配电器的分电器

带信号发生器、点火器、点火线圈、配电器的分电器如图 5-42 所示，其主要由凸轮轴位置传感器、曲轴位置传感器、点火器、点火线圈、分火头、分电器盖、壳体等组成。这种点火系统将点火系统部件全部组装在一起，使点火系统更加紧凑。

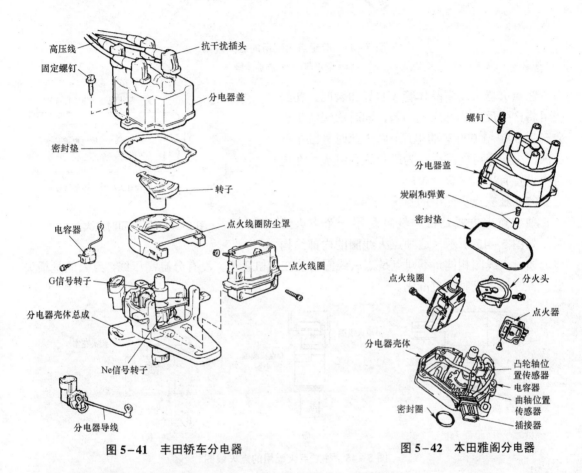

图 5-41 丰田轿车分电器　　　　图 5-42 本田雅阁分电器

3. 点火线圈

微机控制点火系统若采用配电器，则点火线圈的结构形式与传统点火系统相近，仅安装方式不同，在此不再赘述。若不采用配电器，则点火线圈有 3 种结构形式：一是分组点火配用的点火线圈；二是独立点火配用的点火线圈；三是二极管点火配用的点火线圈。

(1) 分组点火配用的点火线圈

分组点火配用的点火线圈采用小型闭磁路点火线圈，如图 5-43 所示。它由初级线圈、次级线圈、铁芯、高压二极管、外壳、低压接线柱、高压接线柱等组成。每组点火线圈供应两缸同时点火，如图 5-44 所示。当初级绕组电流被切断时，两个气缸中都有跳火现象发生，在能量分配上，压缩行程的气缸压力较高，所需跳火电压高，而排气行程气缸压力接近大气压，所需电压低，因此能保证压缩行程气缸有足够的点火能量。

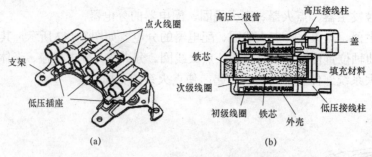

图 5-43 分组点火配用的点火线圈
(a) 外形图；(b) 内部结构

在点火器大功率晶体管 VT 导通瞬间，初级绕组将产生反向的感应电动势，同时次级绕组也会产生 600～1 000 V 的电压，由于此时气缸中气压低，火花塞可能跳火，为避免这种跳火，在电路中设置有高压二极管 VD。

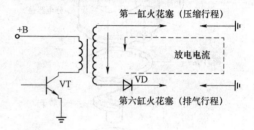

图 5-44 两缸同时点火

（2）独立点火配用的点火线圈

独立点火方式是每一气缸配用一个点火线圈，如图 5-45 所示。这种点火线圈的内部结构与上述点火线圈相同，不同点是点火线圈安装在气缸盖上，没有分缸高压线，点火能量损失小，各缸的点火时刻更准确。

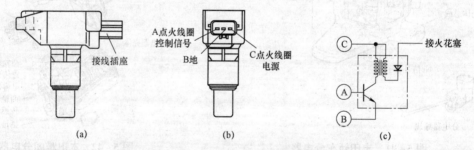

图 5-45 独立点火配用的点火线圈
(a) 点火线圈侧视图；(b) 点火线圈前视图；(c) 点火线圈内部电路

（3）二极管点火配用的点火线圈

二极管配电方式如图 5-46 所示，是利用二极管的单向导通特性，对点火线圈产生的高压电进行分配的同时点火的方式。与二极管配电方式相配的点火线圈有两个初级绕组、一个次级绕组，相当于是共用一个次级绕组的两个点火线圈的组件。次级绕组的两端通过四个高压二极管与火花塞组成回路，其中配对点火的两个活塞必须同时到达上止点，即一个处于压缩行程上止点时，另一个处于排气行程上止点。微机控制单元根据曲轴位置等传感器输入的信息，经计算、处理，输出点火控制信号，通过点火控制器中的两个大功率三极管，按点火顺序控制两个初级绕组的电路交替接通和断开。当1、4缸点火触发信号输入点火控制器时，大功率三极管 VT_1、初级绕组 A 断电，次级绕组产生实线箭头所示方向的高压电动势，此时 1、4 缸高压二极管正向导通而使火花塞跳火。当 2、3

缸点火触发信号输入点火控制器时，大功率三极管 VT_2 截止，初级绕组 B 断电，次级绕组产生虚线箭头所示方向的高压电动势，此时 2、3 缸高压二极管导通，故 2、3 缸火花塞跳火。二极管配电方式的主要特点是一个点火线圈组件为四个火花塞提供高压电，因此特别适宜于四缸或八缸发动机。

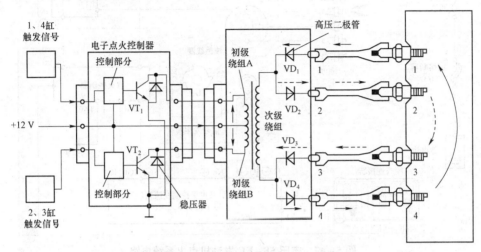

图 5-46　二极管配电点火系统原理图

三、微机控制点火系统的点火控制方式

1. 有分电器的点火控制

有分电器的点火控制如图 5-47 所示，为丰田 5S-FE 发动机微机控制点火系统。该系统将点火线圈、点火控制器、信号发生器等部件设计在分电器内，减少了外部线路的连接，从而降低了故障率。其工作过程如下：

发动机工作时，发动机电子控制单元（ECU）根据接收到的各传感器信号，通过运算确定该工况下最佳点火提前角和点火线圈初级电路闭合角，并以此向点火控制器发出点火控制信号（IGt）。点火控制器根据 ECU 的指令，控制点火线圈初级电路的导通和截止。当电路导通时，有电流从点火线圈中的初级电路通过，点火线圈将点火能量以磁场的形式储存起来。当初级电路中的电流被切断时，在其次级线圈将产生很高的感应电动势（15~20 kV），再经配电器分配到工作气缸的火花塞。

点火器在接受 ECU 指令工作的同时，还反馈一个点火反馈信号（IGf）给 ECU，ECU 根据 IGf 信号来确认点火器的工作情况。如果 ECU 连续 6 次未收到 IGf 信号，则 ECU 认为点火器工作不正常或不工作，于是 ECU 将停止喷油，以防止溢油。

微机控制点火系统在进行点火提前角控制时主要依据凸轮轴位置传感器产生的 G 信号和曲轴位置传感器产生的 Ne 信号作为主控制信号。

① G（凸轮轴位置信号）信号。G 信号指活塞运行到压缩行程上止点位置的判别信号（判缸信号），它是根据凸轮轴位置传感器产生的信号经过整形和转换而获得的脉冲信号。G 信号在微机控制的点火系统中主要用来确定点火时刻控制基准和气缸的判别（第一缸或第一

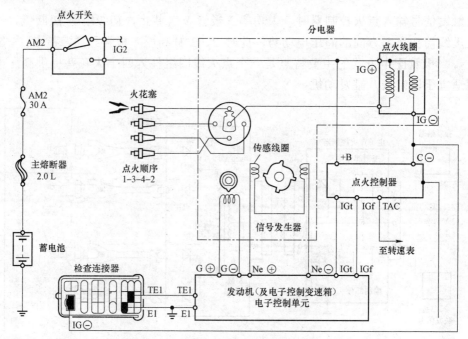

图 5-47　丰田 5S-FE 发动机点火系统电路

缸的对应缸的压缩上止点时刻)。G 信号发生时，一般不是活塞运行到压缩上止点的时刻，而是在各缸活塞的压缩上止点前某一时刻相对于曲轴的转角，这一转角值因车型而异。

② Ne（曲轴位置信号）信号。Ne 信号指发动机曲轴转角信号，它是根据曲轴位置传感器产生的信号经过整形和转换而获得的脉冲信号。在微机控制点火系统中，Ne 信号主要用来计量点火提前角和通电时间。如果采用有 24 个转子齿的电磁感应式曲轴位置传感器时，曲轴每转 720°只能向 ECU 输送 24 个 Ne 信号，也就是说曲轴每转 30°，才能给 ECU 输送 1 个转速信号。这一信号对精确控制点火提前角和通电时间微机控制点火系统而言，是不能满足要求的。故这样的 Ne 信号一般都经过 ECU 进行整形和转换，形成周期为 1°的 Ne 信号。

发动机工作时，ECU 根据 Ne 信号，可准确地计算出曲轴每转 1°所用时间，根据 G 信号，可以计算出各缸所处在工作循环的任一时刻（精确到 1°）。从而实现最佳点火提前角的精确控制。

2. 无分电器的点火控制

无分电器的点火控制根据点火线圈的数量和高压电分配方式的不同，可分为独立点火方式、分组点火方式和二极管配电点火方式三种类型。

(1) 独立点火方式

独立点火方式的点火控制如图 5-48 所示。其特点是各缸均有一个点火线圈，即点火线圈的数量与气缸数相等。

由于每缸都有各自独立的点火线圈，所以即使发动机的转速很高，点火线圈也有较长的通电时间（闭合角大），可提供足够高的点火能量。与有分电器的点火控制系统相比，在发动机转速和点火能量相同的情况下，单位时间内通过点火线圈初级电路的电流要小得多，点火线圈不易发热，且点火线圈的体积又可以非常小巧，一般直接将点火线圈压装在火花塞上。

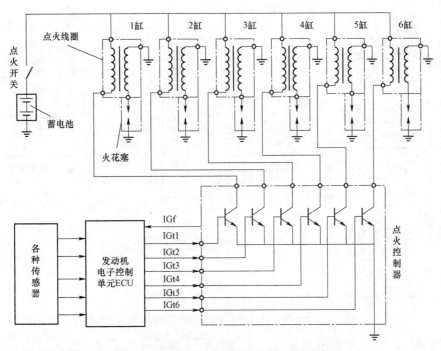

图 5-48 独立点火方式的点火控制系统

独立点火方式的点火控制系统工作时,发动机电子控制单元 ECU 根据各种传感器的信号综合计算,最后确定各缸点火提前角的精确时刻,向点火控制器发出指令 IGt1、IGt2、…、IGt6,由点火控制器直接控制各缸点火线圈初级电路的搭铁,并产生次级高压直接传给火花塞。与此同时,点火控制器向 ECU 反馈 IGf 信号。

(2) 分组点火方式

分组点火方式的点火控制系统如图 5-49 所示。在设计上将两个活塞同时到达上止点位置的气缸(一个为压缩行程的上止点,另一个为排气行程的上止点)分为一组,共用一个点火线圈。系统中点火线圈的总数量等于气缸数的一半。

以六缸发动机为例,1、6 缸,2、5 缸及 3、4 缸的活塞分别同时到达上止点,习惯上我们将这两个同时达到上止点位置的气缸称为对应缸。设计时将六个缸按对应缸关系分为三组,每一组共用一个点火线圈,同一组中两个缸的火花塞与共用的点火线圈次级线圈串联。当点火线圈初级电路断电时,一个气缸接近压缩行程的上止点,火花塞跳火可点燃该缸的混合气,称为有效点火;而另一气缸接近排气行程的上止点,火花塞跳火不起作用,称为无效点火。由于处于排气行程气缸内的压力很低,加之废气中导电离子较多,其火花塞很容易被高压电击穿,消耗的能量就非常少,所以不会对压缩行程气缸点火产生影响。

从图 5-49 中可以看出,与独立点火方式的点火控制系统(参见图 5-48)相比,发动机电子控制单元 ECU 只给点火控制器提供了一个 IGt 信号,但多了 IGdA 和 IGdB 辅助判缸信号。这是因为 IGt 信号只指令点火控制器执行点火,但到底该哪一组共用的点火线圈点火,还需 IGdA 和 IGdB 辅助判断,其判断真值表如表 5-2 所示。IGt、IGdA、IGdB 三种信号共同控制点火器的工作过程如图 5-50 所示。

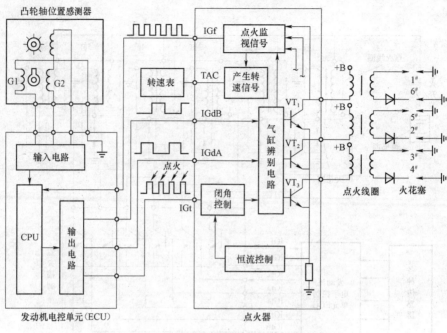

图 5-49 分组点火方式的点火控制系统

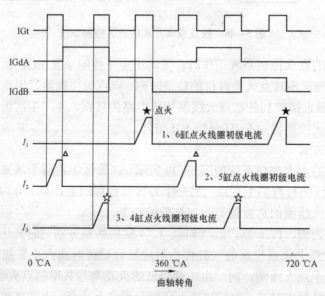

图 5-50 分组点火方式的点火控制过程

表 5-2 IGdA、IGdB 辅助判缸情况

控制结果	信号	IGdA 信号状态	IGdB 信号状态
1、6 缸点火		0	1
2、5 缸点火		0	0
3、4 缸点火		1	0

| 136 |

当 IGt 信号为高电位时,根据表 5-2 的控制情况,使相应缸点火的初级电路接通,当 IGt 信号为低电位时,切断被接通的初级电路,在相应点火线圈的次级绕组产生高压,点燃可燃混合气使发动机做功。例如,在图 5-50 中,当第一个 IGt 信号为高电位时,此时的 IGdA 和 IGdB 均为 "0",根据表 5-2 的控制情况,此时 2、5 缸点火线圈的初级电路被接通,当第一个 IGt 信号变为低电位时,2、5 缸点火线圈的初级电路被切断,在 2、5 缸的次级绕组产生高压,经火花塞跳火,使发动机做功。

与独立点火方式相比,采用分组点火方式的点火控制系统,其结构和控制电路较简单,所以应用也比较多。但由于保留了点火线圈与火花塞之间的高压线,能量损失略大。此外,串联在高压回路的二极管,可用来防止点火线圈初级电路导通的瞬间所产生的二次电压(为 1 000~2 000 V)加在火花塞上后发生的误点火。

(3)二极管配电点火方式

二极管配电的点火控制系统如图 5-51 所示,主要是针对 4 缸或 4 的整数倍气缸发动机而设计的点火系统。其特点是:四个气缸共用一个点火线圈,点火线圈为内装两个初级绕组 N_1 和 N_2、由次级绕组 N_3 两端输出的特制点火线圈,利用四个二极管的单向导电性交替完成对 1、4 缸和 2、3 缸配电过程。二极管配电点火方式的微机控制点火系统对点火线圈要求较高,且受发动机气缸数的限制,故应用不是十分广泛。

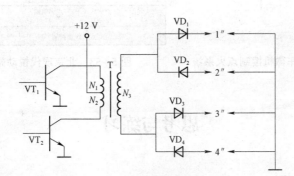

图 5-51 二极管配电点火方式

四、微机控制点火系统电路举例

1. 桑塔纳轿车微机控制点火系统

桑塔纳轿车微机控制点火系统如图 5-52 所示。该点火系统控制模式为分组点火。发动机控制单元 ECM 接收霍尔信号发生器信号,经过运算后向 1 号或 2 号点火线圈发出点火信号,1 号或 2 号点火线圈分别为 14 缸和 32 缸火花塞提供点火高压。

2. 北京现代悦动轿车微机控制点火系统

北京现代悦动轿车微机控制点火系统电路如图 5-53 所示。该点火系统控制模式为独立点火。发动机控制单元 ECM 接收传感器信号,经过运算后向每一缸分别发出点火信号。

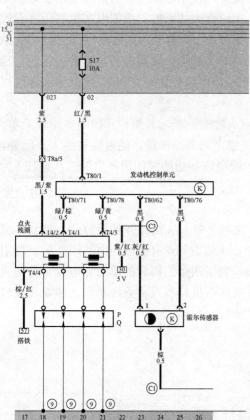
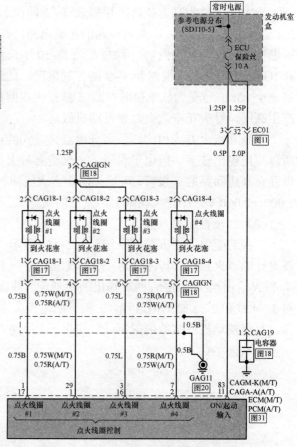

图 5-52 桑塔纳轿车微机控制点火系统　　图 5-53 北京现代悦动微机控制点火系统

思考与练习

一、单选题

1. 当发动机负荷增大时，点火提前角应（　　）。
   A. 增大　　　　B. 变小　　　　C. 不变　　　　D. 不能确定
2. 当发动机起动不着火时，下列说法错误的是（　　）。
   A. 可能是蓄电池容量低　　　　B. 可能是无高压电
   C. 可能是不来油　　　　　　　D. 可能是发电机有故障
3. 当发动机转速提高时，点火提前角应（　　）。
   A. 变大　　　　B. 变小　　　　C. 不变　　　　D. 不能确定
4. 对于"发动机对点火系统的要求"来说，下列说法错误的是（　　）。
   A. 当发动机的工况发生变化时，点火提前角要随之变化
   B. 火花塞跳火时，要有足够的能量
   C. 按气缸工作顺序点火

D. 点火系统产生的高压电要达到 100~200 V

5. 点火提前角应该随着发动机工况的变化而改变，甲认为：点火提前角应随着发动机转速的提高而减小，乙认为：点火提前角应随着发动机负荷的增大而增大。你认为（　　）。

　　A. 甲对　　　　　B. 乙对　　　　　C. 甲乙都对　　　D. 甲乙都不对

6. 发动机功率小、压缩比小、转速低时一般应选用（　　）。

　　A. 热型火花塞　　B. 中型火花塞　　C. 冷型火花塞　　D. 都可以

7. 发动机功率大、压缩比大、转速高时应选用（　　）。

　　A. 热型火花塞　　B. 中型火花塞　　C. 冷型火花塞　　D. 都可以

8. 国产汽车火花塞的间隙值一般为（　　）。

　　A. 0.3~0.4 mm　　　　　　　　　　B. 0.4~0.6 mm
　　C. 0.6~0.8 mm　　　　　　　　　　D. 0.9~1.1 mm

9. 在对电子点火系统的信号发生器进行检查时，对于磁感应式的信号发生器，甲认为应有三个接头，其中一个是电源接头；乙认为应有两个接头，其中无电源接头。你认为（　　）。

　　A. 甲对　　　　　B. 乙对　　　　　C. 甲乙都对　　　D. 甲乙都不对

10. 在检查点火控制器好坏时，甲认为可在点火控制器的信号输入端输入模拟的点火信号，检查点火控制器的大功率三极管的通断情况来确定点火控制器的好坏；乙认为只要总高压线无火，就说明点火控制器已经损坏。你认为（　　）。

　　A. 甲对　　　　　B. 乙对　　　　　C. 甲乙都对　　　D. 甲乙都不对

11. 在微机控制点火系统中，发动机工作时的点火提前角，甲认为是由初始点火提前角和修正点火提前角两部分组成的；乙认为是由初始点火提前角、基本点火提前角和修正点火提前角三部分组成的。你认为（　　）。

　　A. 甲对　　　　　B. 乙对　　　　　C. 甲乙都对　　　D. 甲乙都不对

12. 发动机不能起动，故障由点火系统引发，在检查故障时，将总高压线拔下试火，结果发现无火。甲认为故障可能出现在高压电路；乙认为故障可能是由于点火正时不正确。你认为（　　）。

　　A. 甲对　　　　　B. 乙对　　　　　C. 甲乙都对　　　D. 甲乙都不对

13. 甲说冷型火花塞绝缘体裙部短；乙说热型火花塞绝缘体裙部短。谁对？（　　）

　　A. 甲对　　　　　B. 乙对　　　　　C. 甲乙都对　　　D. 甲乙都不对

14. 电子点火的火花塞间隙值一般为（　　）。

　　A. 0.3~0.4 mm　　　　　　　　　　B. 0.4~0.6 mm
　　C. 0.6~0.8 mm　　　　　　　　　　D. 0.9~1.0 mm

15. 当改用标号比较低的汽油时，甲认为应将点火提前角适当调大；乙认为应将点火提前角适当调小。你认为（　　）。

　　A. 甲对　　　　　B. 乙对　　　　　C. 甲乙都对　　　D. 甲乙都不对

16. ECU 对点火提前角实行反馈控制的信号是（　　）。

　　A. 水温传感器　　　　　　　　　　B. 曲轴位置传感器
　　C. 爆燃传感器　　　　　　　　　　D. 车速传感器

17. 电子点火系统的次级电压较高的主要原因是（　　）。
   A. 火花塞间隙大　　　　　　　　　B. 点火线圈性能好
   C. 高压线不易漏电　　　　　　　　D. 初级电流大
18. 当汽车加速无力时，若是点火正时的问题，可能的原因是（　　）。
   A. 点火过早　　　　　　　　　　　B. 点火过迟
   C. 无法确定　　　　　　　　　　　D. 与点火正时无关
19. 当某个气缸不工作时，下列说法错误的是（　　）。
   A. 个别气缸火花塞不跳火　　　　　B. 个别气缸高压线漏电
   C. 点火正时不准　　　　　　　　　D. 分电器旁电极漏电
20. 一般来说，缺少下列哪个信号，电子点火系统将不能工作？（　　）
   A. 转速　　　　B. 水温　　　　C. 上止点　　　　D. 进气量
21. 影响次级电压的因素不正确的是（　　）。
   A. 发动机气缸数　　　　　　　　　B. 火花塞积炭
   C. 电容值大小　　　　　　　　　　D. 汽车行驶速度
22. 电子控制点火系统中控制点火线圈的是（　　）。
   A. 发动机 ECU　　B. 点火控制器　　C. 分电器　　D. 转速信号
23. 点火闭合角主要是通过（　　）加以控制的。
   A. 通电电流　　B. 通电时间　　C. 通电电压　　D. 通电速度
24. 混合气在气缸内燃烧，当最高压力出现在（　　）左右时，发动机输出功率最大。
   A. 上止点前 12°　　　　　　　　　B. 上止点后 12°
   C. 上止点前 5°　　　　　　　　　 D. 上止点后 5°
25. 发动机每完成一个工作循环，曲轴转（　　）周，分电器轴及触发叶轮转（　　）周，霍尔元件被交替地隔离（　　）次，因而随之产生（　　）次霍尔电压。
   A. 2, 1, 4, 4　　　　　　　　　　B. 2, 1, 3, 4
   C. 2, 2, 3, 4　　　　　　　　　　D. 2, 1, 1, 4

二、多选题

1. 无分电器式电子点火系统中，点火提前角由（　　）来确定。
   A. 发动机 ECU　　　　　　　　　　B. 参考传感器信号
   C. 真空提前装置　　　　　　　　　D. 离心提前装置
2. 发动机工作时，ECU 根据发动机（　　）信号确定最佳闭合角。
   A. 转速信号　　　　　　　　　　　B. 电源电压
   C. 冷却液温度　　　　　　　　　　D. 以上都不对
3. 点火提前角的主要影响因素有（　　）。
   A. 转速　　　　　　　　　　　　　B. 负荷
   C. 冷却液温度　　　　　　　　　　D. 燃油品质
4. 电磁感应信号发生器主要由（　　）组成。
   A. 感应线圈　　　　　　　　　　　B. 永久磁铁
   C. 信号转子　　　　　　　　　　　D. 分电器轴

5. 微机控制点火系统中实际点火提前角由（　　）组成。
   A. 最佳点火提前角　　　　　　B. 初始点火提前角
   C. 基本点火提前角　　　　　　D. 修正点火提前角

6. 影响点火线圈次级电压的因素有（　　）。
   A. 点火线圈的温度　　　　　　B. 电容器的容量
   C. 断电器触点间隙　　　　　　D. 发动机转速与气缸数
   E. 发动机的功率　　　　　　　F. 火花塞积炭

7. 点火系统的功能有（　　）。
   A. 点火时间正时　　　　　　　B. 最佳的空燃比
   C. 足够点火电压　　　　　　　D. 足够点火能量
   E. 最佳的点火提前角　　　　　F. 最佳的混合气燃烧

8. 电子点火系统主要由点火开关、（　　）组成。
   A. 发动机　　　　　　　　　　B. 电源
   C. 点火线圈　　　　　　　　　D. 断电器
   E. 火花塞　　　　　　　　　　F. 点火控制器

9. 点火系统按信号发生器的原理分类有（　　）。
   A. 磁电式　　　　　　　　　　B. 霍尔效应式
   C. 电容式　　　　　　　　　　D. 电感式
   E. 光电式　　　　　　　　　　F. 电磁振荡式

10. 微机控制点火系统的组成是（　　）。
    A. 各种传感器　　　　　　　　B. ECU
    C. 点火控制器　　　　　　　　D. 点火线圈
    E. 断电器　　　　　　　　　　F. 火花塞

11. 甲说大功率、高转速、高压缩比的发动机应选用冷型火花塞。乙说中低速低压缩比、小功率的发动机应选用热型火花塞。谁的说法正确？（　　）
    A. 甲的说法正确　　　　　　　B. 乙的说法正确
    C. 甲乙都正确　　　　　　　　D. 甲乙都不正确

12. 点火过早会使发动机（　　）。
    A. 功率下降　　B. 功率提高　　C. 省油　　D. 产生爆震

13. 点火装置主要控制内容包括（　　）。
    A. 点火提前角　　　　　　　　B. 火花持续时间
    C. 初级线圈通电时间　　　　　D. 以上都不对

14. 霍尔式无触点电感储能电子点火系统主要由电源（　　）及高压阻尼线等组成。
    A. 火花塞　　　　　　　　　　B. 晶闸管
    C. 霍尔式无触点分电器　　　　D. 点火控制器
    E. 点火线圈

三、判断题

（　　）1. 火花塞间隙越大，所需的击穿电压越高。

(　　) 2. 发动机的最佳点火时间是活塞到达压缩行程的上止点时。
(　　) 3. 转速高或负荷小时，点火提前角应小些。
(　　) 4. 次级电压的高低与初级电流的大小有关，而与初级电流的变化快慢无关。
(　　) 5. 发动机转速越高，次级电压越高。
(　　) 6. 发动机转速过高或过低，都将导致点火线圈次级电压降低。
(　　) 7. 发动机的气缸数越多，则次级电压越大。
(　　) 8. 负荷大或节气门开大时，点火提前角减小；负荷小或节气门关小时，点火提前角则增大。
(　　) 9. 使用辛烷值较高的汽油时，应将点火时间略为推迟；反之，则应提前。
(　　) 10. 发动机冷车起动后的暖机过程中，随冷却水温的提高，点火提前角也应适当加大。
(　　) 11. 点火提前角必须随发动机的转速和负荷变化而变化。
(　　) 12. 点火提前角过大，会使爆燃倾向减小。
(　　) 13. 轻微的爆燃可使发动机功率上升，油耗下降。
(　　) 14. 发动机起动时，按 BCU 内存储的初始点火提前角对点火提前角进行控制。
(　　) 15. 增大点火提前角是消除爆燃的最有效措施。
(　　) 16. 最理想的点火时机应该是将点火正时控制在爆震即将发生而还未发生的时刻。
(　　) 17. 冷却液温度过高后必须修正点火提前角。
(　　) 18. 在发动机控制系统中，点火系统也可以采用闭环控制方法。
(　　) 19. 一般来说，缺少转速信号，电子点火系统将不能点火。
(　　) 20. 通电时间和闭合角是完全不同的两个概念，不可混为一谈。
(　　) 21. 起动时点火提前角是固定的。
(　　) 22. 排气上止点的气缸点火后不产生功率，电火花浪费在气缸中。
(　　) 23. 发动机发出最大扭矩的点火时刻是在发动机即将产生爆震的点火时刻的附近。
(　　) 24. 如果发动机实际点火提前角不合适，发动机很难正常运转。
(　　) 25. 最佳点火提前角可以大大提高发动机的动力性、油经济性和排放性。
(　　) 26. 点火提前角过大过小都会造成冷却水温升高。
(　　) 27. 无触点点火系统在使用中无须进行调整保养。
(　　) 28. 爆震传感器的作用是通过 ECU 控制点火提前角处于气缸内混合气刚要发生爆燃而未发生爆燃的临界状态。
(　　) 29. 电脑在进行点火提前角自动控制时，需要三个基本输入信号：发动机负荷信号、转速信号、曲轴位置信号。
(　　) 30. 在微机控制点火系统中，小负荷时提供较大的点火提前角。
(　　) 31. 点火线圈有两接线柱和三接线柱之分，两者的主要区别在于有无附加电阻。

四、问答题

1. 点火系统的作用是什么？对其有何要求？
2. 发动机转速对点火提前角有什么影响？
3. 发动机负荷对点火提前角有什么影响？
4. 什么是点火提前角？其过大或过小有何危害？
5. 简述磁感应式信号发生器的工作原理。
6. 简述霍尔效应式信号发生器的工作原理。
7. 简述电子点火系统的组成及各部分的功能。
8. 微机控制点火系统有何优点？
9. 修正点火提前角考虑了哪些因素？这些因素对发动机的点火提前角有何影响？
10. 微机控制点火系统如何实现最佳点火提前角的精确控制？

模块六　照明/信号系统

学习目标：

了解照明/信号系统的组成、作用及类型。
了解照明/信号系统的工作原理。
知道分析照明/信号系统电路。
掌握照明/信号系统的检测与调整方法。
掌握照明/信号系统电路故障的诊断、排除方法。

课题一　照 明 系 统

一、汽车照明系统的组成

汽车照明系统由电源、照明灯具、控制装置等组成。按照不同的功用又可分为车内照明和车外照明两部分。主要包括前照灯、雾灯、牌照灯、倒车灯、仪表灯、顶灯等。

前照灯：俗称大灯，装在汽车头部的两侧，用于夜间或光线昏暗路面上汽车行驶时的照明，有两灯制和四灯制之分。

雾灯：安装在车头和车尾，位置比前照灯稍低。装于车头的雾灯称为前雾灯，车尾的雾灯称为后雾灯。光色为黄色或橙色（黄色光波较长，透雾性能好）。用于在有雾、下雪、暴雨或尘埃等恶劣条件下改善道路照明情况。

牌照灯：用于照亮尾部车牌。当尾灯亮时，牌照灯也亮。

倒车灯：安装于车辆尾部，给驾驶员提供额外照明，使其能在夜间倒车时看清车辆的后面，也警告后面车辆，本车驾驶员想要倒车或正在倒车。当点火开关接通变速器换至倒车挡时，倒车灯亮。

目前，多数将前照灯、雾灯、示廓灯等组合起来，称为组合前灯；将尾灯、后转向信号灯、制动灯、倒车灯等组合起来称为组合后灯。

仪表灯：用于夜间照亮仪表盘，使驾驶员能迅速容易地看清仪表。尾灯亮时，仪表灯也同时亮。有些车辆还加装了灯光控制变阻器，使驾驶员能调整仪表灯的亮度。

顶灯：用于车内乘客照明，但必须不致使驾驶员眩目。通常客车车内灯都位于驾驶室中部，使车内灯光分布均匀。

二、汽车照明系统的作用与要求

汽车照明系统的作用主要是夜间道路照明、车厢内部照明、车辆宽度标示、仪表与夜间检修等。

GB 7258—2004《机动车运行安全技术条件》对照明、信号装置和其他电气设备提出了如下要求。

1. 基本要求

1）机动车的灯具应安装牢靠、完好有效，不应由于机动车振动而松脱、损坏、失去作用或改变光照方向；所有灯光的开关应安装牢固、开关自如，不应由于机动车振动而自行开关。开关的位置应便于驾驶人操纵。

2）机动车不应安装或粘贴遮挡外部照明和信号装置透光面的护网、防护罩等装置（设计和制造上带有护网、防护罩且配光性能符合要求的灯具除外）。除转向信号灯、危险警告信号灯、紧急制动信号灯、校车标志灯，扫路车、护栏清洗车、洗扫车、吸尘车等专项作业车在作业状态下的指示灯具，以及消防车、救护车、工程救险车和警车安装使用的标志灯具外，其他外部灯具不应闪烁。

3）用户不应对外部照明和信号装置进行改装，也不应加装强制性标准以外的外部照明和信号装置，如货车和挂车向前行驶时向后方照射的灯具。

2. 照明和信号装置的数量、位置、光色和最小几何可见度要求

1）汽车（三轮汽车和装用单缸柴油机的低速货车除外）及挂车的外部照明和信号装置的数量、位置、光色、最小几何可见度应符合 GB 4785—2019《汽车及挂车外部照明和光信号装置的安装规定》的规定。

2）两轮摩托车和轻便摩托车的照明和信号装置及其安装应符合 GB 18100—2000《两轮摩托车及轻便摩托车照明和光信号装置的安装规定》的规定。

3）三轮机动车、装用单缸柴油机的低速货车及拖拉机运输机组应设置前照灯、前位灯、后位灯、制动灯、后牌照灯、后反射器和前、后转向信号灯，正三轮摩托车还应设置后雾灯。照明和信号装置的光色应符合 GB 4785—2019 有关规定，其数量、位置、最小几何可见度等参照 GB 4785—2019 执行。

4）其他机动车的外部照明和信号装置的数量、位置、光色、最小几何可见度等参照 GB 4785—2019 执行。

5）机动车必须装置后反射器。挂车及车长大于 6 m 的机动车应安装侧反射器和侧标志灯。反射器应与机动车牢固连接，且应能保证夜间在其正后方 150 m 处用汽车前照灯照射时，在照射位置就能确认其反射光。

6）空载高大于 3.00 m 或宽度大于 2.10 m 的机动车均应安装示廓灯。

7）总质量不小于 12 000 kg 的货车和总质量大于 3 500 kg 的挂车应在后部设置车身反光标识，后部的车身反光标识应能体现机动车后部宽度。车长不小于 10 m 的货车和总质量大

于 3 500 kg 的挂车都应在侧面设置车身反光标识，车身反光标识的长度不应小于车长的 50%。

8）车身反光标识的粘贴技术规范及车身反光标识材料应符合 GA 406—2002《车身反光标识》的规定。

9）牵引杆挂车应在挂车前部的左右各装一只前白后红的标志灯，其高度应比牵引杆挂车的前栏板高出 300～400 mm，距车厢外侧应小于 150 mm。

10）附加的灯具、反射器或附属装置不允许影响本标准规定安装的灯具和信号装置的性能且不应对其他的道路使用者造成不利影响。

3. 照明和信号装置的一般要求

1）机动车（手扶拖拉机运输机组除外）的前位灯、后位灯、示廓灯（若安装）、侧标志灯（若安装）、挂车标志灯（若安装）、牌照灯和仪表灯应能同时启闭，当前照灯关闭和发动机熄火时仍应能点亮。汽车和挂车的电路连接应保证前位灯、后位灯、示廓灯（若安装）、侧标志灯（若安装）和牌照灯只能同时打开或关闭，但当前位、后位灯、侧标志灯作为驻车灯使用（复合或混合）时，则上述情况不适用。

2）机动车的前后转向信号灯、危险警告信号及制动灯白天在距其 100 m 处应能观察到其工作状况，侧转向信号灯白天在距 30 m 处应能观察到其工作状况；前后位置灯、示廓灯、挂车标志灯夜间好天气时在距其 300 m 处应能观察到其工作状况；后牌照灯夜间好天气时在距其 20 m 处应能看清牌照号码。制动灯的发光强度应明显大于后位灯。

3）对称设置、功能相同的灯具的光色和亮度不应有明显差异。

4）机动车照明和信号装置的任一条线路出现故障，不允许干扰其他线路的正常工作。

5）驾驶区的仪表板应采用不反光的面板或护板，车内照明装置及其在风窗玻璃、视镜、仪表盘等处的反射光线不应使驾驶员眩目。

6）仪表板上应设置仪表灯。仪表灯点亮时，应能照清仪表板上所有的仪表且不应眩目。

7）汽车（三轮汽车和装用单缸柴油机的低速货车除外）仪表板上应设置与行驶方向相适应的转向指示信号灯和蓝色远光指示信号灯。

8）汽车（三轮汽车除外）和轮式拖拉机运输机组均应具有危险警告信号装置，其操纵装置不应受灯光总开关的控制。对于牵引挂车的汽车，危险警告信号控制开关也应能打开挂车上的所有转向信号灯，即使在发动机不工作的情况下，仍应能发出危险警告信号。危险警告信号和转向信号灯的闪光频率应为 1.5 Hz±0.5 Hz，启动时间不应大于 1.5 s。

9）客车应设置车厢灯和门灯。车长大于 6 m 的客车应至少有两条车厢照明电路，仅用于进出口处的照明电路可作为其中之一。当一条电路失效时，另一条仍应能正常工作，以保证车内照明。车厢灯和门灯不应影响驾驶员的视线和其他机动车的正常行驶。

4. 前照灯的要求

1）在正常使用条件下，机动车前照灯光束照射位置应保持稳定。

2）装有前照灯的机动车应有远、近光变换装置，并且当远光变为近光时，所有远光应能同时熄灭。同一辆机动车上的前照灯不允许左、右的远、近光灯交叉开亮。

3）前照灯的远、近光灯上下并列设置时，近光灯应位于上侧，其他情况下近光灯应位于外侧。

4）所有前照灯的近光都不允许眩目。

5）汽车（三轮汽车除外）、摩托车及轻便摩托车装用的前照灯应分别符合 GB 4599—1994《汽车前照灯配光性能》、GB 5948—1998《摩托车灯白炽光源前照灯配光性能》及 GB 19152—2003《轻便摩托车前照灯配光性能》的规定。

6）远光光束发光强度。机动车每只前照灯的远光光束发光强度应达到表 6–1 的要求。测试时，其电源系统应处于充电状态。

表 6–1　前照灯远光光束发光强度最小值要求　　　　　　　　　　　　　cd

机动车类型		检查项目					
		新注册车			在用车		
		一灯制	两灯制	四灯制①	一灯制	二灯制	四灯制②
三轮汽车		8 000	6 000	—	6 000	5 000	—
最高设计车速小于 70 km/h 的汽车		—	10 000	8 000	—	8 000	6 000
其他汽车		—	18 000	15 000	—	15 000	12 000
摩托车		10 000	8 000	—	8 000	6 000	—
轻便摩托车		4 000	—	—	3 000	—	—
拖拉机运输机组	标定功率>18 kW	—	8 000	—	—	6 000	—
	标定功率≤18 kW	6 000	6 000	—	5 000	5 000	—

① 四灯制是指前照灯具有四个远光光束；采用四灯制的机动车其中两只对称的灯达到两灯制的要求时视为合格。
② 允许手扶拖拉机运输机组只装用一只前照灯。

7）光束照射位置要求。

① 在空载车状态下，汽车、摩托车前照灯近光光束照射在距离 10 m 的屏幕上，近光光束明暗截止线转角或中点的垂直方向位置，对近光光束透光面中心（基准中心，下同）高度小于等于 1 000 mm 的机动车，应不高于近光光束透光面中心所在水平面以下 50 mm 的直线且不低于近光光束透光面中心所在水平面以下 300 mm 的直线；对近光光束透光面中心高度大于 1 000 mm 的机动车，应不高于近光光束透光面中心所在水平面以下 100 mm 的直线且不低于近光光束透光面中心所在水平面以下 350 mm 的直线。除装用一只前照灯的三轮汽车和摩托车外，前照灯近光光束明暗截止线转角或中点的水平方向位置，与近光光束透光面中心所在处位置面相比，向左偏移应小于等于 170 mm，向右偏移应小于等于 350 mm。

② 在空载车状态下，轮式拖拉机运输机组前照灯近光光束照射在距离 10 m 的屏幕上，近光光束中点的垂直位置应小于等于 $0.7H$（H 为前照灯近光光束透光面中心的高度），水平位置向右偏移应小于等于 350 mm 且不应向左偏移。

③ 在空载车状态下，对于能单独调整远光光束的汽车、摩托车前照灯，前照灯远光光束照射在距离 10 m 的屏幕上，其发光强度最大点的垂直方向位置，应不高于远光光束透光面中心所在水平面（高度值为 H）以上 100 mm 的直线且不低于远光光束透光面中心所在水平面以下 $0.2H$ 的直线。除装用一只前照灯的三轮汽车和摩托车外，前照灯远光发光强度最大点的水平位置，与远光光束透光面中心所在垂直面相比，左灯向左偏移应小于等于 170 mm 且向右偏移应小于等于 350 mm，右灯向左和向右偏移均应小于等于 350 mm。

三、前照灯控制电路及各部件结构

1. 前照灯控制电路

前照灯控制电路主要由灯光开关、变光开关、前照灯继电器及前照灯组成,如图6-1所示。

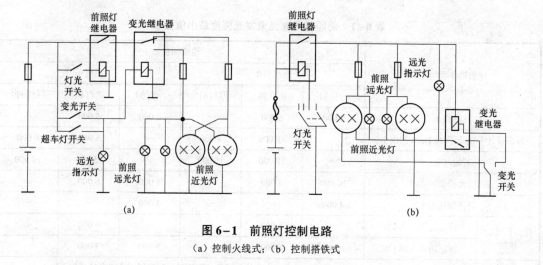

图6-1 前照灯控制电路
(a)控制火线式;(b)控制搭铁式

2. 前照灯各组成部分结构及原理

(1) 前照灯的结构及类型

前照灯主要由灯泡、反射镜和配光镜三部分组成。灯泡有充气灯泡、卤钨灯泡和新型高压放电氙灯等几种类型,如图6-2所示。

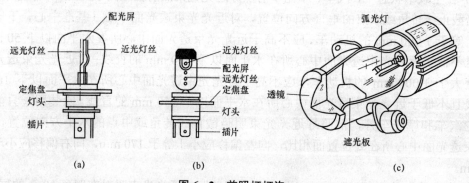

图6-2 前照灯灯泡
(a)充气灯泡;(b)卤钨灯泡;(c)高压放电氙灯

1) 灯泡。目前汽车前照灯采用的灯泡有普通白炽灯泡、卤钨灯泡和氙气灯泡等几种类型,如图6-2所示。

随着汽车技术的不断发展,普通白炽灯泡已被淘汰,现在汽车的前照灯多以卤钨灯泡和氙气灯泡为主。卤钨灯泡就是在灯泡内掺杂少量的卤族元素(如碘、溴),从灯丝蒸发出来的钨与碘原子相遇反应,生成碘化钨化合物,而碘化钨化合物一接触炽热的灯丝(温度超过1 450 ℃),又会分解还原为钨和碘,钨会重新回到灯丝中去,碘则重新进入气体中,如此循环不已,灯丝几乎不会烧断,灯泡也不会发黑,所以它要比传统的白炽灯泡寿命更长,亮度更高，目前已得到广泛的应用。

高压放电氙气灯泡，其原理是在抗紫外线水晶石英玻璃管内，以多种化学气体填充，其中大部分为氙气（Xenon）与碘化物等惰性气体，然后再通过增压器将车上 12 V 的直流电瞬时增压至 23 000 V 的电压，激发石英管内的氙气电离，使电子发生能级跃迁而开始发光，电极间蒸发少量水银蒸气，光源立即引起水银蒸气弧光放电，待温度上升后再转入卤化物弧光灯工作，这就是所谓的气体放电。而由氙气所产生的白色超强电弧光可提高光线色温值，接近白昼的太阳光芒，氙气灯泡工作时所需的电流值仅为 3.5 A，亮度是传统卤钨灯泡的 3 倍，使用寿命比传统卤钨灯泡长 10 倍。氙气灯极大地提高了驾驶的安全性与舒适性，还有助于缓解驾驶员夜间行驶的紧张与疲劳。从应用前景看，随着成本降低，氙气灯将会成为市场的主流。

目前，随着电子技术的发展，有些车辆开始采用 LED 灯泡作为汽车大灯灯泡。发光二极管（LED）是一种能够将电能转化为可见光的半导体，它改变了白炽灯钨丝发光与节能灯三基色粉发光的原理，而采用电场发光。LED 具有与安全相关的优势，特别是在停车灯及方向指示灯方面：LED 与传统灯丝和灯泡相比，反应更快速，在汽车行驶过程中，LED 灯可以使随后的车辆更早得到警示信号。LED 更进一步的优势在于照明区域的均衡性。正因为使用了 LED，功能区才能在第一时间实现完全照明，而不需要中间的有色透镜。LED 大灯的光效在 100～130 lm/W 之间，光效高，能耗仅仅是原车卤素灯泡的 60%，但亮度是原车卤素灯泡的 4～6 倍以上，是汽车大灯光源发展方向。

2）反射镜。反射镜用来聚集光线并将其反射出去，表面呈抛物型并镀银、铝或铬，再抛光。灯泡安装好后，其远光灯丝正好落在抛物面的焦点上，灯光经反射镜聚合，光度增强几百倍。近光灯丝安装在抛物面的焦点上方或前方，灯光经反射镜后，照亮车前 50 m 路面。

3）配光镜（又称配光屏、散光玻璃）。它由透镜和棱镜组合而成，外形一般为圆形或方形。其作用是使光线折射向较宽的路面。

前照灯的类型分为可拆式、半可拆式、全封闭式三种。可拆式由于密封性差，易进入灰尘，影响反射镜的反射能力，从而降低照明亮度，故已被淘汰。半可拆式的散光玻璃与反射镜用扣齿紧固结合为一整体，构成泡体，灯泡从泡体后端拆装，维修方便，是目前汽车上前照灯应用最为广泛的一种，如图 6-3 所示。全封闭式前照灯的散光玻璃与反射镜用玻璃制成整体，灯丝直接焊在反射镜的底座上，泡体内充入惰性气体。全封闭式前照灯可完全避免反射镜被污染，但灯丝损坏时，需整体更换，维修成本高。如图 6-4 所示为全封闭式前照灯。

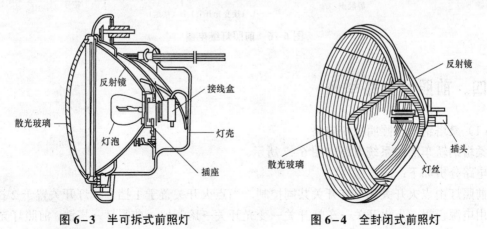

图 6-3　半可拆式前照灯　　　　图 6-4　全封闭式前照灯

汽车前照灯防眩目措施有如下几种方法：

① 用远、近光变换。近光灯光线经反射镜后，只照亮本车前约50 m范围路面，夜晚会车时，使用近光灯有一定的防眩目作用。

② 用配光屏。在近光灯丝下方安配光屏，遮住反射镜下半部分光线，避免近光灯束向斜上方照射。若采用非对称式配光，则在近光灯丝下方安配光屏时，配光屏偏转一个角度，使近光的光形分布不对称，达到防止眩目的目的。前照灯由车灯开关控制，远光与近光的变换由变光开关控制，若作为超车信号时，由超车灯开关控制。

（2）灯光开关

灯光开关目前采用得较多的是一体式组合开关，可用于控制前照灯、雾灯、小灯等。有拉杆式、旋转式和组合式等多种形式。

图6-5所示为一种一汽丰田威乐轿车使用的组合开关，转动开关端部，便可依次接通位灯（小灯及尾灯）和前照灯。将开关向下压，前照灯光由近光变为远光；将开关向上扳，前照灯由近光变为远光，松手后自动变回近光，此位置用来作为夜间行车时的超车信号；转动中间开关，可控制雾灯工作；前后扳动开关，可使左右转向灯工作。

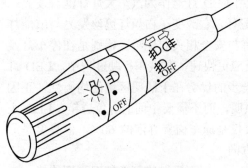

图6-5 威乐轿车组合开关

3. 前照灯继电器

前照灯在工作时电流较大，特别是四灯制的汽车，如CA1091汽车，远光灯开启时电流为15 A左右，若用车灯开关直接控制前照灯，车灯开关易烧坏，因此在前照灯电路中设有灯光继电器。它由一对触点和一个磁化线圈组成，外形有四个引脚，为常开式继电器，如图6-6所示。

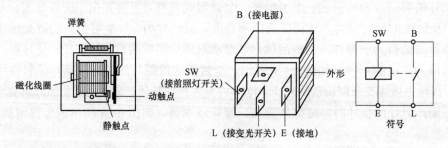

图6-6 前照灯继电器

四、前照灯电路举例

（1）桑塔纳轿车照明系统电路

桑塔纳轿车照明系统电路如图6-7所示。

电路分析如下：

前照灯由点火开关和车灯开关共同控制，当点火开关置于1挡、车灯开关置于2挡时，电流由电源正极→点火开关→车灯开关→变光开关→熔断器→前照灯→搭铁，前照灯亮。前照灯的远近光通过变光开关控制。此外，远光灯还可以由超车开关直接点动控制，在夜间超车时当作超车信号灯用。

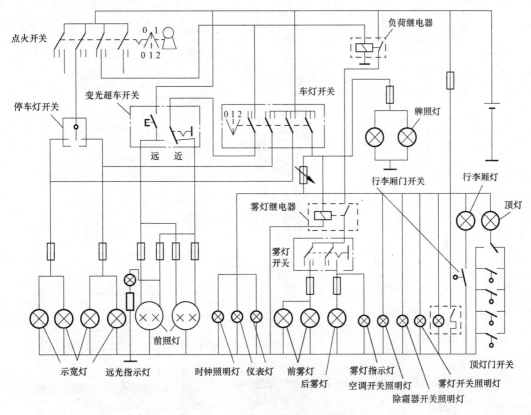

图 6-7　桑塔纳轿车照明系统电路

雾灯由点火开关、雾灯继电器、雾灯开关控制，雾灯继电器线圈由车灯开关控制，雾灯继电器触点由负荷继电器控制，负荷继电器由点火开关控制。若要使用雾灯，点火开关必须置于 1 挡让负荷继电器线圈电路接通，使雾灯继电器触点闭合；车灯开关必须置于 1 挡或 2 挡使雾灯继电器线圈电路接通，这时，雾灯开关就可以控制雾灯了。雾灯开关置于 1 挡时接通前雾灯的电路，置于 2 挡时同时接通前雾灯、后雾灯和雾灯指示灯的电路。

牌照灯由车灯开关直接控制，不受点火开关控制，在车灯开关置于 1 挡或 2 挡时均点亮。

仪表板、时钟、点烟器、雾灯开关、后风窗除霜器开关、空调开关等的照明灯均由车灯开关直接控制。当车灯开关在 1 挡或 2 挡时，上述照明灯均被接通，其亮度可通过仪表灯调光电阻进行调节。

顶灯由顶灯开关和门控开关共同控制，当顶灯开关接通时（手动），顶灯亮。当顶灯开关断开时，顶灯由 4 个门控开关控制，只要有一个门关闭不严，这个门控开关就接通，顶灯就亮。

行李厢灯由行李厢灯门控开关控制，当行李厢门打开时，门控开关闭合，行李厢灯亮。

（2）CA1091 汽车照明系统电路

CA1091 汽车照明系统电路如图 6-8 所示。

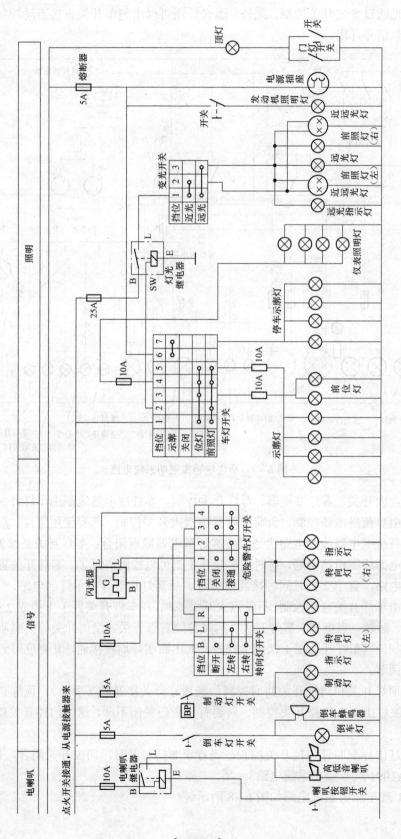

图 6-8 CA1091 汽车照明系统电路

电路分析如下：

前照灯由点火开关、车灯开关、灯光继电器控制。点火开关位于一挡电源被送到灯光继电器 B 接线柱灯光开关前照灯挡位时，灯光继电器线圈电路接通，触点闭合，电流经电源正极→电源接触器触点→灯光继电器→变光开关→近光灯或远光灯→搭铁，点亮前照灯。该车前照灯采用四灯制，接通远光时，四只前照灯远光灯全部点亮，同时仪表板上的远光指示灯点亮；接通近光时，外侧两只近光灯点亮。

CA1091 汽车的车灯开关有 4 个挡位，即示廓、关闭、位灯和前照灯；7 个接线端，1 端子接电源，2 端子接灯光继电器线圈 SW，3 端子接前位灯，4 端子接仪表照明灯，5 端子接示廓灯，6 端子接电源，7 端子接停车示廓灯。变光开关有近光和远光两个挡位，3 个接线端，1 端子接灯光继电器触点 L 端，2 端子接近光灯，3 端子接远光灯。

当接通点火开关后，车灯开关 1 号线通电，开关在关闭挡时，1 号线与其他线均不通，无灯被点亮；当开关置于位灯挡时，1 号线与 3、4、5 号线接通，则前位灯、仪表照明灯、示廓灯点亮；当灯光开关置于前照灯挡位时，1 号线与 2、4、5 号线接通，切断了前位灯电路，仪表灯、示廓灯仍继续接通，同时灯光继电器线圈通电，使灯光继电器触点闭合，前照灯点亮，此时可通过变光开关变换远、近光照明；6 号电源线不受点火开关控制，当车灯开关位于示廓挡时（夜间熄火停车时使用），6 号线与 7 号线接通，可使功率很小的停车示廓灯点亮。

（3）威驰轿车照明系统电路

威驰轿车前照明系统电路如图 6-9 所示。

威驰轿车的前照灯由灯光控制开关、变光开关控制。灯光控制开关位于 Hcad 位置、变光开关位于 Low 位置时，电流经蓄电池正极→F10 熔断器→10 A 的 LH 和 RH 熔断器→左、右前照灯的近光灯丝→变光开关→灯光控制开关→搭铁，点亮前照灯近光。与此同时电流经组合仪表点亮组合发光二极管，为仪表照明。

灯光控制开关位于 Head 位置、变光开关位于 High 位置时，电流经蓄电池正极→F10 熔断器→10 A 的 LH 和 RH 熔断器→左、右前照灯的远光灯丝→变光开关→灯光控制开关→搭铁，点亮前照灯远光。

五、雾灯

雾灯采用波光较长的黄色、橙色或红色，其穿透能力强，用来在雨雾天气行车时道路的照明和发出警示。雾灯有前雾灯和后雾灯两种。前雾灯装于汽车前部比前照灯稍低的位置，左右各一个。后雾灯装于汽车尾部，有些车辆只一个后雾灯，如桑塔纳轿车（左后方规格 12 V/21 W）。

桑塔纳轿车雾灯电路如图 6-10 所示，由灯光开关 E1、雾灯继电器 J5、雾灯开关 E23 等组成。其控制原理是：灯光开关位于 I 挡或 II 挡时，由灯光开关 E1 来的电流经雾灯继电器 J5 线圈搭铁（31 线），使雾灯继电器触点闭合，蓄电池电压被送到雾灯开关 E23 的 4 号接线柱。雾灯开关位于 I 挡或 II 挡时，电流经 X 线→雾灯继电器触点→雾灯开关→左右前雾灯→搭铁，点亮前雾灯。雾灯开关位于 I、II 挡时，电流经 X 线→雾灯继电器触点→雾灯开关→后雾灯→搭铁，点亮后雾灯。

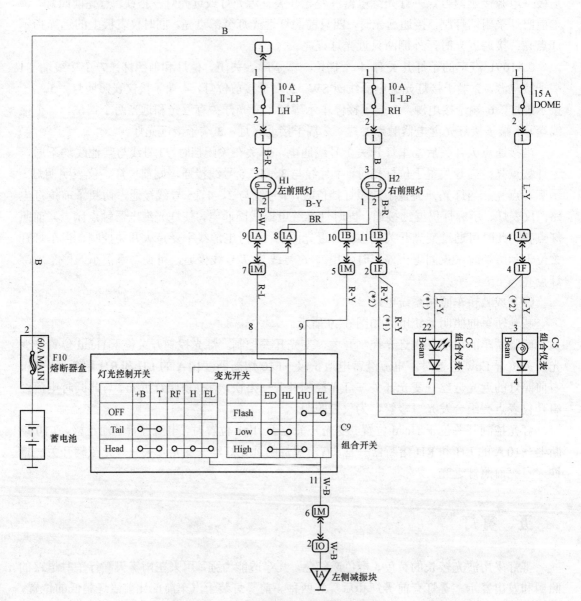

图6-9 威驰轿车前照明系统电路

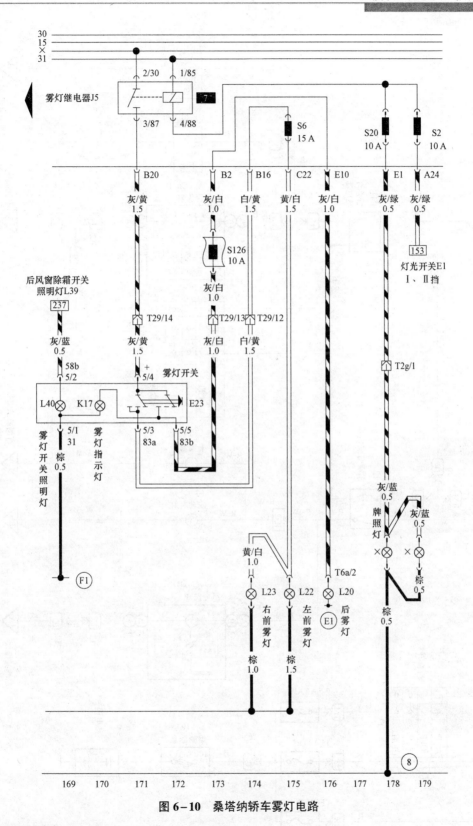

图6-10 桑塔纳轿车雾灯电路

威驰轿车雾灯系统电路如图6-11所示。

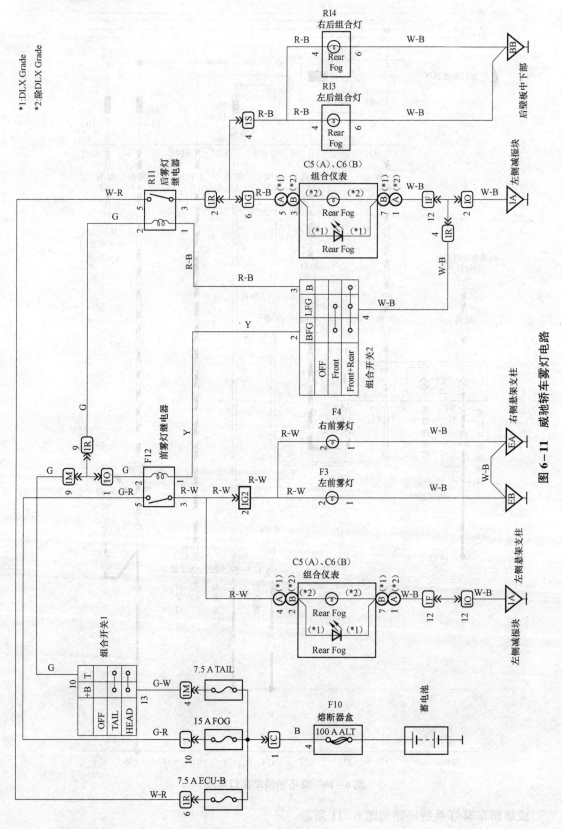

图6-11 威驰轿车雾灯电路

威驰轿车雾灯电路由组合开关1和组合开关2共同控制。组合开关1位于TAIL或HEAD位置，组合开关2位于Front位置时，前雾灯继电器线圈电路接通，触点闭合。电流经蓄电池正极→F10熔断器盒→15 A FOG熔断器→前雾灯继电器触点→雾灯指示灯和左、右前雾灯→搭铁，点亮前雾灯；组合开关2位于Front+Rear位置时，在接通前雾灯继电器线圈电路的同时接通了后雾灯继电器线圈电路，使后雾灯继电器触点闭合，在点亮前雾灯的同时，电流经蓄电池正极→F10熔断器盒→7.5 A ECU-B熔断器→后雾灯继电器触点→雾灯指示灯和左、右后组合灯→搭铁，点亮后组合灯中的雾灯。

课题二　信　号　系　统

一、信号系统的类型与作用

汽车信号系统通过声、光信号向环境（如人、车辆）发出警告、示意信号，以引起有关人员注意，确保车辆行驶的安全。信号系统包括灯光信号和声音信号两部分。

1. 灯光信号

1）转向信号灯。装于汽车前后或侧面，用于在汽车转弯时发出明暗交替的闪光信号。

2）示廓灯与尾灯。这两种都是低强度灯，用于标示汽车夜间行驶或停车时的宽度轮廓。位于前方的灯称为示廓灯（示宽灯、位灯），位于后方的灯称为尾灯。

3）危险报警灯。当车辆出现故障停在路面上时，按下危险报警开关，全部转向灯同时闪亮，向周围的行人和车辆示警。危险报警灯与转向信号灯共用。

4）制动灯。装于汽车尾部，用于当汽车制动或减速停车时，向车后发出灯光信号，以警示随后车辆及行人。

2. 声音信号

1）电喇叭。按下喇叭按钮时，通过发出声响，警告行人和车辆，以保证行车安全。

2）倒车蜂鸣器。倒车时，发出蜂鸣声或语音声，提示车后的行人或车辆注意。

二、信号系统的要求

1. 灯光信号的要求

灯光信号装置的有关要求详见本模块相关内容，在此不赘述。

2. 声音信号的要求

1）机动车（手扶拖拉机运输机组除外）应设置具有连续发声功能的喇叭，其工作应可靠。

2）机动车喇叭声级在距车前 2 m、离地高 1.2 m 处测量时，其值对发动机最大净功率为 7 kW 以下的摩托车及轻便摩托车为 80~112 dB（A），对其他机动车为 90~115 dB（A）。

三、信号系统控制电路及工作原理

信号系统控制电路工作时,点火开关必须闭合,从而使电源接触器触点闭合,将蓄电池电压送至各用电设备。

1. CA1091 汽车信号系统控制电路

CA1091 汽车信号装置电路如图 6-12 所示。该车信号电路由转向、倒车、制动、喇叭四种信号组成。

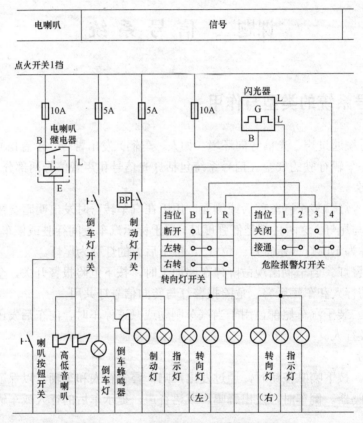

图 6-12　CA1091 汽车信号装置电路

(1) 转向信号电路

由转向灯开关、闪光器、转向灯三部分组成。当转向时,拨动转向灯开关(向左或向右),电流经蓄电池"+"极→30A 熔断器→电流表→电源接触器触点→10A 熔断器→闪光器 B→闪光继电器 L→转向灯开关→转向灯→搭铁,转向灯在闪光器控制下闪亮。转向灯开关装在转向盘下部的转向柱上,由驾驶员操纵,具有自动回位机构,当转向盘回位时,将转向灯开关自动地回到原始的断开位置。

(2) 倒车信号电路

由安装在变速器盖上的倒车灯开关、倒车灯和倒车报警器等组成。当挂上倒挡时,倒车灯开关闭合,倒车灯和倒车报警器电路被接通。电流经蓄电池"+"极→30A 熔断器→电流

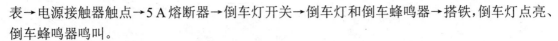

表→电源接触器触点→5 A 熔断器→倒车灯开关→倒车灯和倒车蜂鸣器→搭铁,倒车灯点亮、倒车蜂鸣器鸣叫。

(3) 制动信号电路

由制动信号灯、制动灯开关两部分组成。当汽车制动时,安装在制动阀上的两个制动灯开关(双回路电气制动系统)闭合,使制动灯电路接通,点亮制动灯。

(4) 喇叭信号电路

由喇叭按钮开关、喇叭继电器和喇叭等组成。当按下喇叭按钮时,电流经蓄电池"+"极→30 A 熔断器→电流表→电源接触器触点→10 A 熔断器→喇叭继电器线圈→喇叭按钮→搭铁,使喇叭继电器触点闭合,喇叭被通电而发声。该车喇叭为盆式双音(高、低音)喇叭。

2. 花冠轿车信号系统控制电路

(1) 转向灯信号电路

花冠轿车转向灯信号电路如图 6-13 所示。由转向信号闪光器、转向信号开关、转向灯等组成。

点火开关接通时,IGI 继电器线圈通电,使触点闭合,蓄电池电压被送到转向信号闪光器 IG 接线柱。当转向信号开关从 TB 位置拨至 TL 位置或 TR 位置时,将转向信号闪光器内部线圈电路接通,使从蓄电池来的电流经+B→转向信号闪光器 LL 接线柱或 LR 接线柱→左前左后或右前右后转向信号灯→搭铁,使转向灯闪亮。

(2) 制动灯和喇叭电路

花冠轿车制动灯和喇叭信号电路如图 6-14 所示。

花冠轿车制动灯电路由制动灯开关、制动灯等组成。踩下制动踏板时,制动灯开关接通。电流经蓄电池"+"极→FL MAIN 2.0L 熔断器→100A ALT 熔断器→15A STOP 熔断器→制动灯开关→左右制动灯、高压制动灯→搭铁,制动灯点亮。

花冠轿车喇叭电路由喇叭继电器、喇叭开关、喇叭等组成。按下喇叭按钮时,电流经蓄电池"+"极→FL MAIN 2.0L 熔断器→100A HORN 熔断器→喇叭继电器线圈→搭铁,使喇叭继电器触点闭合。电流经蓄电池"+"极→FL MAIN 2.0L 熔断器→100A HORN 熔断器→喇叭继电器触点→高、低音喇叭→搭铁,喇叭鸣响。

3. 富康轿车信号系统控制电路

富康轿车信号系统控制电路如图 6-15 所示。

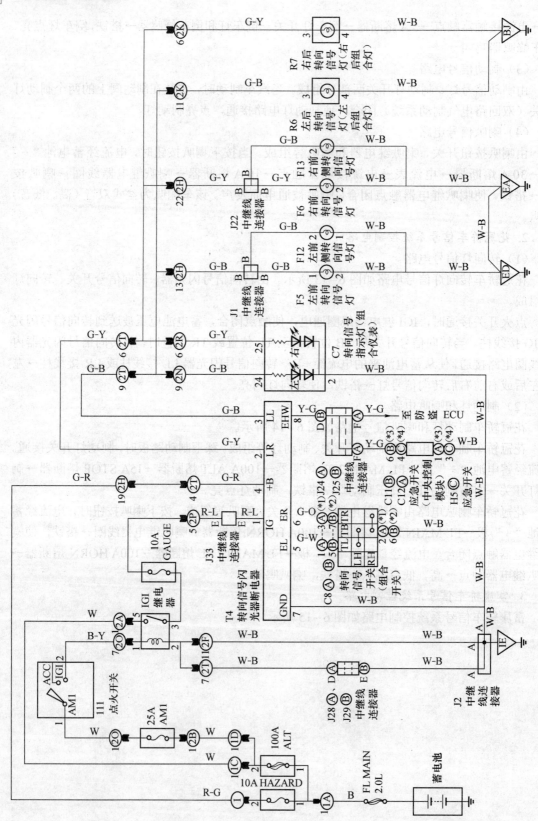

图 6-13 花冠轿车转向灯信号电路

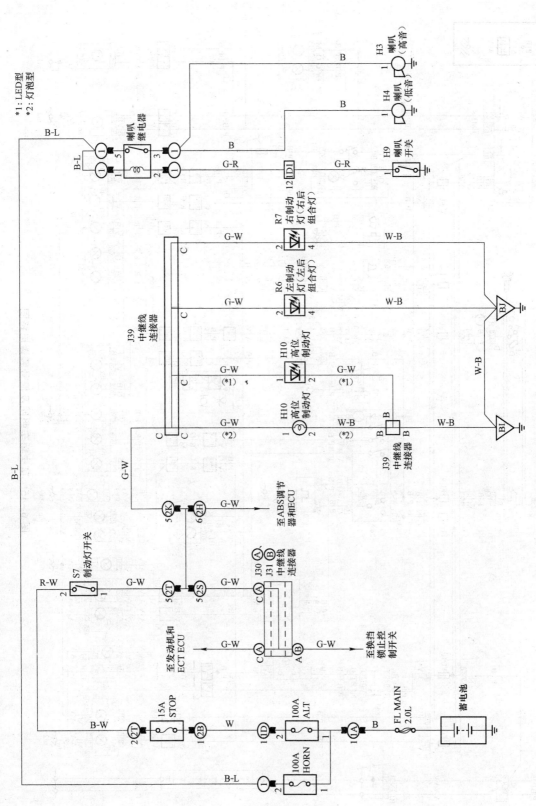

图6-14 花冠轿车制动灯和喇叭信号电路

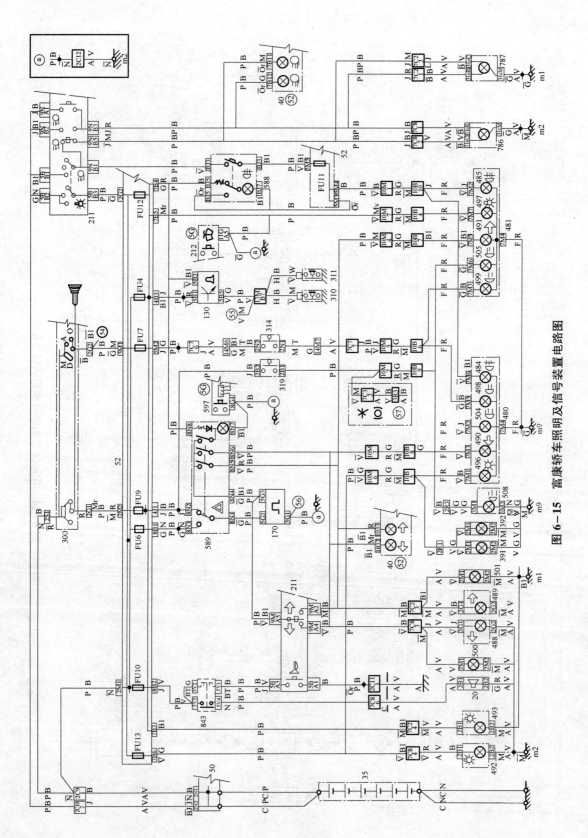

图6-15 富康轿车照明及信号装置电路图

(1) 转向灯信号电路

转向灯共有六个，分别装在前、后、左、右四个角及车中部两侧。转向灯由点火开关（300）、左开关中的转向灯开关（211）控制。例如：向左转向时，点火开关接通至Ⅰ挡，转向灯开关拨至左位置，左转向灯闪烁。电路为：蓄电池"+"极→电源盒50（2N1）→插接器（2C9）1号端子→插接器（2S1）→点火开关Ⅰ挡→2G1→2M2→熔断器FU9→4J1→8N2→危险信号灯开关常闭触点（589）→8N1→5G2→闪光器（170）→5G5→9MA5→转向灯开关（211）→9MA4→前左转向灯、左中转向灯、左转向指示灯、左后转向灯→搭铁，点亮左转向灯。

(2) 危险信号灯电路

危险信号灯不经过点火开关，直接由危险信号灯开关控制，开关闭合时，利用转向灯的闪光继电器使六个转向灯、转向指示灯和危险信号指示灯同时闪烁。电路为：蓄电池"+"极→电源盒50（2N1）→插接器（2C9）1号端子→插接器（2M1）→熔断器FU6→8B1→8N3→危险信号灯开关常闭触点（589）→8N1→5G2→闪光器（170）→5G5→8N5和8N6→前左右转向灯、左右中转向灯、左右转向指示灯、左右后转向灯→搭铁，点亮所有转向灯。

(3) 制动灯电路

制动灯有三个，同时发光，同时熄灭。制动灯由点火开关、制动灯开关（319）控制，电路为：蓄电池"+"极→电源盒50（2N1）→插接器（2C9）1号端子→插接器（2S1）→点火开关Ⅰ挡→熔断器FU9→4J1→2B2→制动灯开关（319）→2B1→制动灯（504、505）、制动指示灯（508）→搭铁，点亮制动灯。

(4) 喇叭电路

喇叭由左开关（211）中的喇叭按钮，通过喇叭继电器B43控制。

控制电路为：蓄电池"+"极→电源盒50（2N1）→2C9→2N1→熔断器FU10→8B2→5V2→喇叭继电器线圈→5V1→5BA3→喇叭按钮→5BA1→2C111→搭铁。

喇叭电路为：蓄电池"+"极→电源盒（50）（2N1）→2C9→2M1→熔断器FU10→8B2→5V3→喇叭继电器触点→5V5→7C86→2B1→喇叭→2B2→搭铁，喇叭鸣叫。

四、灯光信号系统控制部件结构及工作原理

灯光信号系统控制部件主要是闪光器。常见闪光器有电热式、电容式、电子式三类，其中电热式有直热翼片式和旁热翼片式两种；电子式有晶体管式和集成电路式两类。电热式闪光器结构简单，成本低，但闪光频率不够稳定，使用寿命短，已被淘汰。而电容式闪光器闪光频率稳定，电子式闪光器具有性能稳定、可靠等优点，故被广泛应用。

1. 电容式闪光器

电容式闪光器结构原理图如图6-16所示。

汽车转向时，接通转向灯开关，电流经蓄电池"+"极→点火开关→接线柱B→线圈1→触点→接线柱L→转向灯开关→转向信号灯及指示灯→搭铁，构成回路。

流经线圈1的电流产生的吸力大于弹簧片的作用力，将触点迅速打开，由于流过转向信

号灯灯丝电流时间很短，故灯泡处于暗的状态（未来得及亮）。触点打开后，蓄电池开始向电容器充电，回路为：蓄电池"+"极→点火开关→接线柱 B→线圈 1→线圈 2→电容器→转向灯开关→转向信号灯及指示灯（左或右）→搭铁。由于线圈丝电阻较大，充电电流较小，仍不足以使转向灯亮。同时，两线圈产生的电磁吸力方向相同，使触点维持打开，随着电容器两端电压升高，充电电流逐渐减小，电磁吸力也减小，在弹簧片作用下，触点闭合。随后，电源通过线圈 1、触点、转向灯开关向转向信号灯供电，电容器经线圈 2、触点放电。由于此时两线圈产生的磁力方向相反，产生的合成磁力不足以使触点打开，此时转向灯亮。随着电容两端电压下降，流经线圈 2 的电流减少，产生的磁力减弱，线圈 1 产生的电磁吸力又将触点打开，转向信号灯变暗。如此反复，使转向灯以一定的频率闪烁。

2. 电子式闪光器

电子式闪光器如图 6-17 所示。

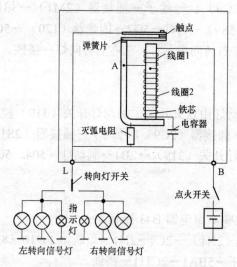

图 6-16 电容式闪光器工作原理图

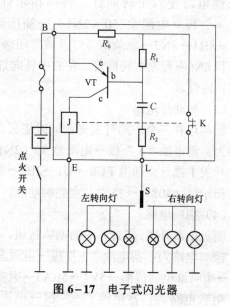

图 6-17 电子式闪光器

汽车转向时，接通转向灯开关 S 时，电流经蓄电池"+"极→点火开关→闪光器 B 接线柱→R_0→继电器的常闭触点 K→闪光器 L 接线柱→转向灯开关 S→转向信号灯及转向指示灯→搭铁。由于 R_0 的电阻较小，放电电流较大，转向信号灯灯光较亮。同时因电阻 R_0 和 R_1 的分压使三极管 VT 的基极由于正向偏置而导通，继电器线圈通电，使常闭触点 K 张开，转向信号灯迅速变暗。

触点打开后，容电器 C 被充电，充电电流从蓄电池"+"极→点火开关→R_0→R_1→C→R_2→转向灯开关→转向信号灯及转向指示灯→搭铁。此时，因为 R_0、R_1 的电压降使 VT 管仍导通，故触点继续张开，由于充电电流很小，故转向灯仍很暗。电容器继续充电，随着充电电流逐渐减小，R_0、R_1 上的电压降随之下降，当其小于 VT 管导通所需的正向偏置电压时，VT 管截止，继电器停止工作，触点闭合，转向信号灯又重新变亮。

触点闭合后，电容器 C 通过 R_1、继电器的触点 K、R_2 放电，由于放电时 R_2 上的电压降使得 VT 管的基极电位较高，导致 VT 管基极电压反向偏置无法导通，仍维持触点闭合状态。随着放电电流逐渐减小，VT 管的基极电位不断下降，直到达到 VT 管导通所需的正向偏置电压时，VT 管导通，继电器又通电，转向灯再次变暗。

随着电容器 C 的充电、放电，VT 管不断地导通、截止，如此循环，周而复始，使转向灯闪烁。

3. 集成电路闪光器

桑塔纳轿车闪光器电路的核心器件是一块汽车电子闪光器专用集成电路 U243B，标称电压为 12 V，实际工作电压范围为 9～18 V，采用双列 8 脚直插塑料封装，其引脚及内部电路和工作原理如图 6-18 所示。

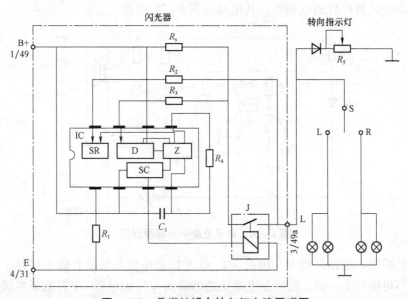

图 6-18　桑塔纳轿车转向灯电路原理图

内部电路主要由输入检测器 SR、电压检测器 D、振荡器 Z 及功率输出级 SC 四部分组成。若这种闪光器一只转向信号灯烧坏，则流过取样电阻 R_s 的电流减小，其电压降降低，经电压检测器 D 识别后，控制振荡器电压比较器的参考电压，从而改变振荡（即闪光）频率，此时转向指示灯的闪光频率将加快一倍，以提醒驾驶员及时检修更换灯泡。

五、声音信号系统控制部件结构及工作原理

汽车上采用的声音信号主要是喇叭，喇叭有气喇叭和电喇叭。一般中小型汽车上都采用电喇叭，它具有结构简单、使用维修方便、体积小、声音悦耳等优点。电喇叭有普通电喇叭和电子电喇叭两种。普通电喇叭有螺旋形和盆形两种，目前大多数小型汽车上均采用盆形的普通电喇叭。下面以盆形电喇叭为例，介绍普通电喇叭工作原理。

1. 电喇叭结构与工作原理

（1）盆形电喇叭

盆形电喇叭结构和连接电路如图 6-19 所示。当按下喇叭按钮时，喇叭线圈的供电电路为：

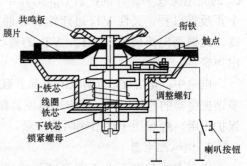

图 6-19　盆形电喇叭电路原理图

蓄电池"+"极→喇叭线圈→触点→喇叭按钮→搭铁。喇叭线圈通电后产生电磁吸力，吸动上铁芯及衔铁下移，带动膜片向下变形。同时，衔铁下移将触点打开，线圈断电，电磁力消失，上铁芯及衔铁在膜片弹力的带动下复位，触点再次闭合，线圈电路再次接通，如此重复，使膜片与共鸣板产生共鸣发声。

（2）电子电喇叭

由于普通电喇叭存在触点易烧蚀、氧化，故障率较高等缺陷。现生产轿车中已开始用无触点的电子电喇叭替代普通电喇叭。其电路如图6-20所示。

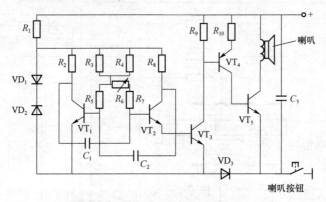

图6-20 电子电喇叭电路原理图

按下喇叭按钮，电路即通电，由于VT_1和VT_2的电路参数总有微小差异，两个三极管的导通程度不可能完全一致。假设在电路接通的瞬间VT_1先导通，VT_1的集电极电位U_{C1}首先下降，于是，多谐振荡电路通过C_1、C_2正反馈电路有如下的正反馈过程：

$$U_{C1}\downarrow \to U_{B2}\downarrow \to i_{B2}\downarrow \to i_{C2}\downarrow \to U_{C2}\uparrow \to U_{B1}\uparrow \to i_{B1}\uparrow \to i_{C1}\uparrow$$

这一反馈过程使VT_1迅速饱和导通而VT_2则迅速截止，VT_3也截止，电路进入暂稳态。这一过程，由于VT_3截止，VT_4和VT_5导通，喇叭有电流流过，产生声音。

暂稳态期间，C_1充电使U_{B2}升高，当U_{B2}达到VT_2的导通电压时，VT_2开始导通，VT_3也随之导通。这时，又产生如下正反馈过程：

$$U_{B2}\uparrow \to i_{B2}\uparrow \to i_{C2}\uparrow \to U_{C2}\downarrow \to U_{B1}\downarrow \to i_{B1}\downarrow \to i_{C1}\downarrow \to U_{C1}\uparrow$$

这一反馈过程又使VT_2迅速饱和导通而VT_1则迅速截止，VT_3导通，电路进入新的暂稳态。这一过程，由于VT_3导通，VT_4和VT_5截止，喇叭中无电流流过，声音消失。这时，C_2的充电又使U_{B1}升高，当U_{B1}上升至VT_1的导通电压时，VT_1又导通，电路又产生前一个正反馈过程，又使VT_1迅速饱和导通而VT_2、VT_3则迅速截止，如此周而复始，形成振荡。此振荡电流信号经VT_4、VT_5的直流放大，控制喇叭线圈电流的通断，从而使喇叭发出声音。

电路中，电容C_3与喇叭的电源并联，可防止其他电路中瞬变电压的干扰。VD_2、R_1为多谐振荡器的稳压电路，其作用是使其振荡频率稳定。VD_1用作温度补偿，VD_3起电源反接保护作用。R_6可用于调节喇叭的音量。

2. 喇叭继电器

汽车上常装有两个不同音频的喇叭，耗用的电流较大（15～20 A），若直接用喇叭按钮进行控制，喇叭按钮容易烧坏，故常采用喇叭继电器控制，其结构与接线方法如图6-21所示。

喇叭继电器由一个磁化线圈和一对常开的触点构成。当按下喇叭按钮时，喇叭继电器线圈通电产生电磁力，触点闭合，大电流通过触点臂、触点流入喇叭线圈，喇叭发音。由于喇叭继电器线圈的电阻较大，因此通过按钮的电流很小，故可起到保护按钮的作用

六、信号系统中的其他装置

1. 制动信号

制动信号装置主要由制动信号灯开关和制动信号灯组成。制动信号灯开关常见的有气压式和液压式两种。

（1）气压式制动信号灯开关

气压式制动信号灯开关，通常安装在制动系统管路中或制动阀上，控制制动信号灯的火线，结构如图6-22所示。制动时，气压推动膜片向上拱曲，压缩弹簧，使触点接通制动信号灯电路，制动信号灯亮。当抬起制动踏板时，气压下降，膜片复原，触点断开，切断电路，制动灯熄灭。

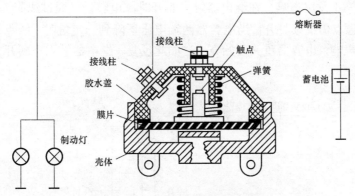

图6-22 气压式制动信号灯电路

（2）液压式制动信号灯开关

液压式制动信号灯开关通常安装在制动总泵的前端，其结构如图6-23所示。

当踏下制动踏板时，制动系统中液压增大，从进油口进入制动灯开关的油液使膜片拱曲，接触片与两个接线柱接触，接通制动信号灯电路，制动灯亮。当松开制动踏板时，液压降低，膜片挺直，在弹簧作用下，接触片回位，信号灯熄灭。

2. 倒车信号

倒车信号装置主要由倒车信号灯、倒车信号灯开关和报警器等组成。倒车信号灯开关结构如图6-24所示。

钢球平时被变速器倒挡拨叉轴顶起，当变速杆拨至倒车挡时，倒挡拨叉上的凹槽恰好对准钢球，钢球在弹簧作用下带动膜片和接触片下移，接触片与触点接触，倒车灯点亮。

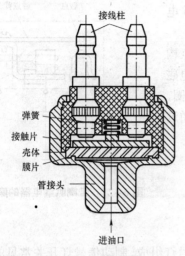
图 6-23 液压式制动信号灯开关

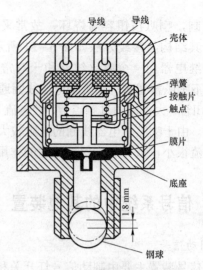
图 6-24 倒车信号灯开关

倒车信号装置的电路如图 6-25 所示。当变速杆拨至倒车挡时，蓄电池 +12 V→熔断器→倒车信号灯开关→继电器触点→倒车蜂鸣器→搭铁，蜂鸣器发出声响。电流通过线圈 L_1，同时通过线圈 L_2 对电容器进行充电，由于流入线圈 L_1 和 L_2 的电流大小相等，方向相反，电磁吸力互相抵消，故继电器触点继续闭合。随着电容器两端的电压逐渐上升，L_2 产生的电磁吸力减小，而线圈 L_1 产生的电磁吸力不变，当吸力差大于触点的弹簧拉力时，触点被吸开，倒车蜂鸣器停止发出声响。在继电器触点断开时，电容器又通过线圈 L_2 和 L_1 放电，使线圈产生磁力，触点仍继续打开。当电容器两端电压下降到一定值时，触点重又闭合，倒车蜂鸣器通电发出声响，电容器重又开始充电。如此反复，继电器触点不断开闭，倒车蜂鸣器发出断续的声响。

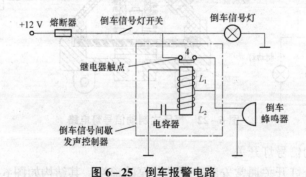
图 6-25 倒车报警电路

思考与练习

一、单选题

1. 前照灯灯泡功率一般为（　　）。
   A. 20～40 W　　B. 40～60 W　　C. 60～80 W　　D. 80～100 W

2. 电喇叭配用喇叭继电器的目的是（　　）。
   A. 为了喇叭能通过较大的电流　　B. 为了使喇叭的声音更响
   C. 为了提高喇叭触点的开闭频率　D. 为了保护按钮触点
3. 转向信号灯的闪光频率应控制在（　　）。
   A. 60～100 r/min　　　　　　　B. 60～120 r/min
   C. 85～100 r/min　　　　　　　D. 85～120 r/min
4. 照明系统中所有灯都不亮，其常见原因是（　　）。
   A. 所有灯已坏　　　　　　　　B. 灯总开关损坏
   C. 变光开关损坏　　　　　　　D. 灯光继电器损坏
5. 灯光继电器常见故障是（　　）。
   A. 触点烧蚀　　　　　　　　　B. 触点间隙不当
   C. 触点松动　　　　　　　　　D. 触点氧化
6. 为了防止夜间会车眩目，将前照灯远光灯切换为近光灯，近光灯灯丝位于（　　）。
   A. 反射镜焦点处　　　　　　　B. 反射镜焦点上方或前方
   C. 反射镜焦点下方　　　　　　D. 反射镜焦点以外任一位置
7. 当车辆遇到危险时，可将危险警告灯开关打开，使（　　）同时闪烁。
   A. 示位灯和雾灯　B. 左右前照灯　C. 全部转向灯　D. 雾灯和前照灯
8. 下列不属于转向灯系统的是（　　）。
   A. 转向信号灯　　B. 转向指示灯　C. 闪光器　　　D. 变光开关
9. 电喇叭的音量调整是通过触点压力来实现的，触电（　　），音量越高。
   A. 压力越大　　　B. 压力越小　　C. 接触时间越长　D. 接触时间越短
10. 关于电子闪光器，下述（　　）的说法是正确的。
    A. 无故障报警功能　　　　　　B. 容易发热
    C. 闪光频率稳定，亮暗分明　　D. 结构复杂，成本高

二、多选题

1. 白炽灯泡充以体积分数约96%的氩和约4%的氮的混合惰性气体，其目的是（　　）。
   A. 减少钨的蒸发　　　　　　　B. 增强发光效率
   C. 聚合平行光束　　　　　　　D. 延长灯泡的寿命
2. 关于前照灯，下述说法正确的是（　　）。
   A. 应能保证车前明亮而均匀的照明
   B. 应能防止眩目
   C. 使驾驶人至少能看清车前 100 m 以内路面上的障碍物
   D. 使驾驶人至少能看清车前 100 m 以外路面上的障碍物
3. 按前照灯光学组件结构不同，前照灯有（　　）等类型。
   A. 组合式　　　　B. 封闭式　　　C. 半封闭式　　　D. 可拆式
4. 电喇叭在触点间并联了电容，其目的是（　　）。
   A. 灭弧　　　　　　　　　　　B. 避免触电烧蚀
   C. 减小触点张开时的火花　　　D. 使其声音悦耳
5. 在用前照灯检测仪调整前照灯前，车辆必须要做的准备工作是（　　）。

A. 前照灯灯罩清洁 B. 轮胎气压符合标准
C. 打开空调等辅助用电器 D. 车辆必须停在平坦路面

6. 雾天正确使用灯光的方式是（　　）。

A. 开启雾灯 B. 开启前照灯和雾灯
C. 开启远光灯和雾灯 D. 仅开启紧急信号灯

7. 紧急信号灯的使用情境有（　　）。

A. 道路行驶中，发生故障时 B. 被牵引时
C. 车队行驶时 D. 用于提醒他人让路的场合

三、判断题

（　）1. 汽车前照灯远光应在车前 50 m 路面上得到明亮而均匀的照明。

（　）2. 前照灯的光学组件中包括反射镜、聚光玻璃和灯泡。

（　）3. 前大灯的近光灯丝位于反射镜的焦点上，远光灯丝位于焦点的前上方。

（　）4. 安装喇叭继电器的目的是为了保护喇叭按钮。

（　）5. 喇叭音调的大小取决于通过喇叭线圈中电流的大小。

（　）6. 多数电喇叭都是采用双线制的接线方式，即电喇叭上两个线端中的一端搭铁（与外壳相连），另一端是引出线。

（　）7. 电喇叭音量可通过调整喇叭触点的接触压力改变其大小。

（　）8. 倒车信号灯及报警器均由装在仪表板上的倒车灯开关控制。

（　）9. 高亮度氙灯有传统灯泡的灯丝，充有氙气及微量金属或金属卤化物。

（　）10. 在紧急遇险状态时，全部转向灯可通过危险报警灯开关接通同时闪烁。

（　）11. 高压放电氙灯由弧光灯组件、电子控制器和升压器三大部件组成。

（　）12. 前照灯光学系统主要由灯泡、反射镜和配光屏组成。

（　）13. 点亮雾灯前，要先点亮示廓灯。只有在示廓灯开关闭合的情况下，再闭合雾灯开关，雾灯才能够点亮。

四、问答题

1. 汽车照明系统由哪几部分组成？各有何作用？
2. 怎样检测与调整汽车前照灯？
3. 汽车照明系统常见的故障及原因有哪些？
4. 汽车转向信号的闪光继电器种类有哪些？简述各自的工作原理？
5. 汽车转向信号系统有哪些常见故障？怎样进行判断与排除？
6. 简述汽车电喇叭及喇叭继电器的工作原理。
7. 怎样进行汽车电喇叭的调整？

模块七　仪表/报警系统

> **学习目标：**
> 了解仪表/报警系统的组成、作用及类型。
> 了解仪表/报警系统的工作原理。
> 知道分析仪表/报警系统电路。
> 掌握仪表/报警系统的检测与调整方法。
> 掌握仪表/报警系统电路故障的诊断、排除方法。

课题一　仪表系统

一、仪表系统的作用、分类

1. 仪表的作用

为了使驾驶员随时了解、观察汽车各系统的工作状况，及时发现和排除可能出现的问题，在汽车驾驶员易于观察的转向盘前方台板上都装有各种指示仪表、报警灯及电子显示装置。这些装置为驾驶员提供必要的汽车运行信息，同时也是维修人员发现和排除故障的重要依据。

汽车仪表台是车辆和驾驶员进行信息沟通的最重要、最直接的人机界面。对于汽车仪表，不但要求其工作可靠、抗振、耐冲击性好，更要美观大方，指示准确、清晰，便于读取。

2. 仪表的分类

汽车仪表按照工作原理划分，汽车仪表可分为机械式仪表、电气式仪表、模拟电路电子式仪表和数字式仪表等。随着现代汽车不断向信息化和电子化方向发展，数字化电子仪表相对于传统仪表具有集成度和精确度高、信息含量大、可靠性好及显示模式自由等优点，逐步取代传统仪表。

（1）机械式仪表

机械式仪表是基于机械作用力而工作的仪表。

（2）电气式仪表

电气式仪表是基于电测原理，通过各类传感器将被测的非电量变换成电信号（模拟量）加以测量的仪表。

（3）模拟电路电子式仪表

模拟电路电子式仪表的工作原理与电气式仪表基本相同，只是用电子器件（分立元件和集成电路）取代原来的电气器件，现在均采用各种专用集成电路。

（4）数字式仪表

由 ECU 采集传感器的信号，将模拟量转换为数字量，经分析处理后控制显示装置的仪表。

3. 汽车仪表的组成

为了使驾驶人随时掌握车辆的各种状况，并能及时发现和排除潜在的故障，在驾驶室的仪表板上装有各种检测仪表和信息显示装置。现代汽车大多采用组合仪表系统。组合仪表一般由面罩、边框、表芯、印制电路板、插接器、报警灯及指示灯等部件组成。有些仪表还带有稳压器和报警蜂鸣器。

不同汽车的组合仪表中的仪表个数不同，一般仪表板上的主要仪表有燃油表、冷却液温度表、发动机转速表和车速里程表等。仪表板上还有许多指示灯、报警灯等。组合仪表中的仪表可单独更换，各种指示灯和报警灯从仪表板外面就可更换灯泡。图 7-1 所示为典型轿车组合仪表板。

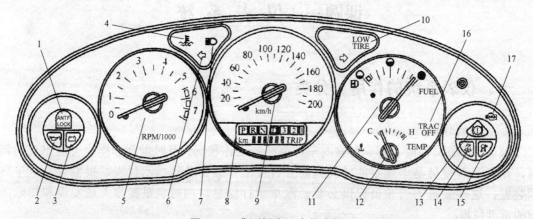

图 7-1　典型轿车组合仪表板

1—防抱死制动系统报警灯；2—机油压力报警灯；3—充电指示灯；4—冷却液温度报警灯；5—发动机转速表；6—转向指示灯；7—前照灯指示灯；8—变速器挡位指示（AT 车辆）和里程/单程显示；9—车速表；10—轮胎压力报警灯；11—燃油表；12—冷却液温度表；13—驻车制动器报警灯；14—安全带指示灯；15—安全气囊报警灯；16—牵引力关闭指示灯；17—发动机故障报警指示灯

现代汽车新技术发展日新月异，传统的汽车仪表为驾驶人提供的信息已经远远不能满足需求。随着电子技术的飞速发展，电子数字显示及图像显示的仪表以多功能、高灵敏度、高精度、读数直观、显示模式自由化等优点不断应用在新型汽车上。

（1）电流表

电流表用于指示蓄电池的充、放电状态和电流值，主要用在货车和大型客车上。目前小型汽车上已经取消了电流表，而采用充电指示灯来指示蓄电池充电系统状态。

(2) 机油压力表

机油压力表用来显示发动机主油道中的油压值。目前小型汽车上采用机油压力指示灯显示发动机主油道压力。

(3) 水温表

水温表用来指示发动机工作时冷却液的温度。目前小型汽车上采用水温指示灯指示发动机冷却液温度。

(4) 燃油表

燃油表用来指示油箱内存油量的多少。

(5) 车速里程表

车速里程表是用来指示车辆行驶速度和累计行驶里程数的仪表，通常两个表做成一体。

(6) 发动机转速表

发动机转速表用来指示发动机瞬时工作转速。

二、仪表电路举例

1. 桑塔纳轿车仪表电路

桑塔纳轿车仪表电路如图 7-2 所示。所有仪表由点火开关控制，点火开关接通后，仪表及传感器进入正常工作状态。

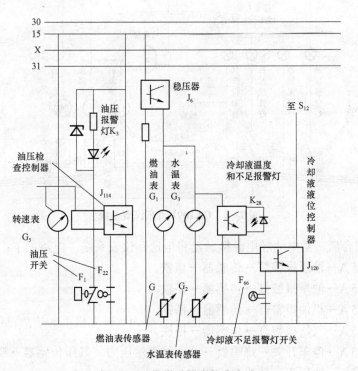

图 7-2 桑塔纳轿车仪表电路

点火开关置于 1 挡时，电流由蓄电池"+"接线柱→点火开关→15 线→如下电路：

① 稳压器 J_6 →燃油表 G_1 →燃油表传感器 G→搭铁。

② 稳压器 J_6→水温表 G_3→水温表传感器 G_2→搭铁。
③ 稳压器 J_6→冷却液温度和不足报警灯 K_{28}→水温表传感器 G_2→搭铁。同时，至冷却液液位控制器 J_{120}→冷却液不足报警灯开关 F_{66}→搭铁。
④ 15 线→转速表 G_5→搭铁。同时，转速信号来自点火线圈。

2. CA1091 汽车仪表电路

CA1091 汽车仪表电路如图 7-3 所示。仪表由点火开关控制，点火开关接通后，仪表及传感器进入正常工作状态。

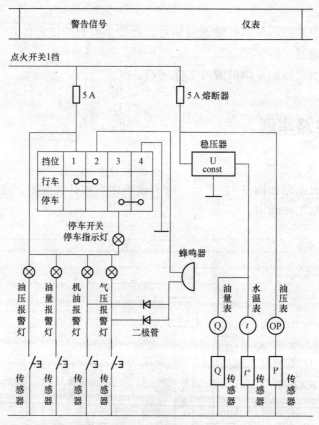

图 7-3　CA1091 汽车仪表系统

点火开关闭合后，蓄电池经电源接触器将电送到仪表系统，电路如下：
① 熔断器 5 A→油压报警灯→传感器→搭铁。
② 熔断器 5 A→油量报警灯→传感器→搭铁。
③ 熔断器 5 A→机油报警灯→传感器→搭铁。
④ 熔断器 5 A→气压报警灯→传感器→搭铁。
⑤ 熔断器 5 A→停车开关→蜂鸣器→分别接机油压力、气压传感器→搭铁。
⑥ 熔断器 5 A→油压表→传感器→搭铁。
⑦ 熔断器 5 A→稳压器→水温表→传感器→搭铁。
⑧ 熔断器 5 A→稳压器→油量表→传感器→搭铁。

三、常用仪表结构及工作原理

1. 机油压力表

机油压力表用来显示发动机主油道机油压力的大小,从而监视润滑系统的工作情况。机油压力指示系统通常由机油压力表、机油压力传感器等组成,常用的机油压力表有电热式、电磁式和动磁式三种。其中应用最为广泛的是电热式机油压力表,该压力表和传感器结构及电路如图 7-4 所示。

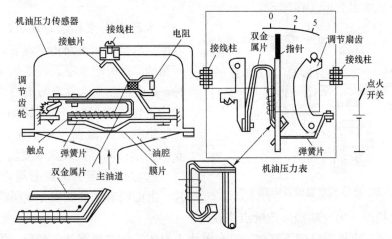

图 7-4 电热式机油压力表

传感器装在发动机主油道上,内有膜片,膜片的上部顶着弓形弹簧片,弹簧片的一端与外壳固定搭铁,另一端焊接的触点与双金属片触点接触,双金属片上绕有加热线圈,加热线圈通过接触片与外接线柱连接,电阻与加热线圈并联。膜片下方油腔与发动机主油道相通,机油压力可直接作用在膜片上。

机油压力表装在仪表板上,内装特殊形状的双金属片,双金属片上绕有加热线圈,两线端分别与两接线柱连接。双金属片一端固定在调节齿扇上,另一端与指针相连。

接通点火开关时,电流由蓄电池"+"接线柱→点火开关→接线柱→机油压力表内双金属片上的加热线圈→接线柱→导线→传感器内接触片→分两路(一路流经传感器内双金属片上的加热线圈;另一路流经电阻→双金属片)→传感器内双金属片的触点→弹簧片→搭铁,构成回路。由于电流流过机油压力表内和传感器内双金属片上的加热线圈,使双金属片受热变形。

当机油压力很低时,膜片几乎没有变形,作用在传感器内触点上的压力很小。当电流流过而温度略有上升时,传感器内双金属片就受热弯曲,使触点分开,切断通电回路,一段时间后,双金属片冷却伸直,触点又闭合,电路又被接通。使触点闭合时间短,打开时间长,流过表内加热线圈的平均电流值小,使表内双金属片弯曲变形程度小,指针偏转角度很小,显示为较低的油压。

当机油压力升高时,膜片向上拱曲,使触点之间的压力增大,传感器内双金属片需要在较高温度下(其上的加热线圈需要通过较大电流),才能使触点分开。触点分开后稍加冷却就很快闭合。故触点打开时间短，而闭合时间长，通过压力表内加热线圈的平均电流值大，指针偏转角度增大，显示出较高的油压。

为使指示值准确，不受双金属片温度的影响，传感器内的双金属片做成双臂结构，其一边绕有加热电阻丝的称为工作臂，另一边称为补偿臂。当外界温度变化时，工作臂的附加变形被补偿臂的相应变形所补偿，使指示表的读数不变。在安装传感器时，为防止绕有电阻丝的工作臂产生的热量对补偿臂的影响，传感器在安装时，其壳体上的箭头"向上"，不应偏出垂直位置±30°。

2. 水温表

（1）电热式水温表的工作原理

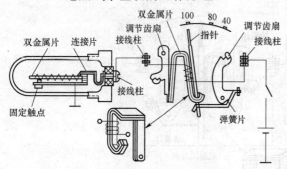

图7-5 电热式水温表及电路

水温表用来显示发动机冷却水的工作温度，水温显示电路由水温表、水温传感器等组成。常用的水温表有电热式和电磁式两种。其中电热式水温表与电热式机油压力表结构工作原理相似。其电路如图7-5所示。

电热式水温表与双金属片式机油压力表的构造相同，仅表盘刻度值不同。

水温传感器的密封套筒内装有双金属片，上面绕有加热线圈，线圈的一端通过连接片与接线柱相连，另一端经固定触点搭铁。

当电路接通，冷却液温度不高时，双金属片主要依靠加热线圈产生变形，故双金属片需经较长时间的加热，才能使触点分开。触点打开后，由于四周温度低、散热快，双金属片迅速冷却又使触点闭合。所以冷却液温度低时，触点在闭合时间长而断开时间短的状态下工作，使流过冷却液温度表加热线圈中的电流平均值增大，双金属片变形大，带动指针向右偏转，指示低温。当冷却液温度高时，传感器外壳与双金属片周围温度高，触点的闭合时间短而断开时间长，流过冷却液温度表加热线圈的电流平均值小，双金属片变形小，指针向右偏转角小而指示高温。

（2）电磁式水温表的工作原理

电磁式水温表结构、原理如图7-6所示。

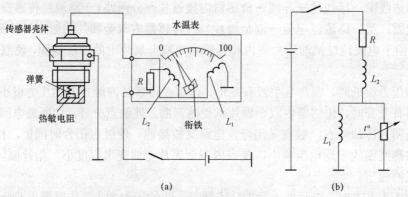

图7-6 电磁式水温表及电路

（a）电磁式水温表电路的组成；（b）电磁式水温表的等效电路

水温表安装在仪表板上,由塑料支架、两个串联线圈(L_1、L_2)、带指针的衔铁等组成。水温传感器安装在气缸盖水套中,由外壳、接线端子、负温度系数热敏电阻(有些车型采用正温度系数热敏电阻)组成。

点火开关接通时,电流经蓄电池"+"接线柱→点火开关→电阻 R→线圈 L_2→分两路(一路流经热敏电阻;另一路流经线圈 L_1)→搭铁,构成回路。

当水温低时,传感器中热敏电阻的阻值大,电流经 L_2 后,大部分流入 L_1 中,产生的合成磁场使带指针的衔铁向左偏转,使表针指向低温刻度;当水温高时,传感器中热敏电阻的阻值减小,与之并联的线圈 L_1 中的电流相对减小,产生的合成磁场使带指针的衔铁向右偏转,使表针指向高温刻度。

3. 燃油表

燃油表用来显示燃油箱内燃油量的多少,燃油量指示电路由燃油表、燃油量传感器等组成。常用的燃油表有电热式、电磁式、电子式三种。其中电热式燃油表的结构与原理与电热式机油压力表基本相同,下面主要介绍电磁式和电子式燃油表。

(1)电磁式燃油表的工作原理

电磁式燃油表由安装在仪表板上的燃油指示表和安装在燃油箱内的浮筒传感器等组成,如图 7-7 所示。燃油指示表由两个绕在铁芯上的线圈、转子、指针、分流电阻等组成。浮筒传感器由电阻、滑杆、浮子组成。

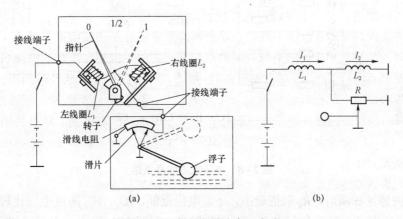

图 7-7　电磁式燃油表及电路
(a)燃油表电路的组成;(b)燃油表的等效电路

当油箱无油时,浮子下沉,滑线电阻上的滑片移至最右端,如图 7-7(a)所示,将右线圈短路,电流由蓄电池"+"接线柱→点火开关→接线端子→左线圈 L_1→接线端子→浮子滑片→滑杆→搭铁。左线圈产生的磁场使转子带动指针左偏,使指针在"0"位上。

当油量增加时,浮子上升,滑线电阻部分接入,这一部分电阻与右线圈并联,同时又与左线圈串联,电流由蓄电池"+"接线柱→点火开关→接线端子→左线圈 L_1→接线端子→两路(一路经滑线部分电阻;另一路经右线圈)→搭铁。左线圈由于串联了电阻使左线圈中的电流相对减小,磁场减弱,而右线圈中有电流通过,电流相对增大,合成磁场使转子带动指针右偏,指示出油箱中的油量。

当油箱中装满油时,浮子带着滑片移到电阻的最左端,电阻全部接入电路中。此时左线圈中电流更小,磁场更弱,而右线圈中电流增大,磁场加强,转子便带着指针向右移,使指针在"1"位上。

(2) 电子式燃油表的工作原理

电子式燃油表电路由两块 IC 电压比较器及相关电路、发光二极管显示器、浮筒传感器三大部分组成,如图 7-8 所示。R_x 是浮筒传感器的可变电阻,电阻 R_{15} 和二极管 VD_8 组成稳压电路,给 IC_1、IC_2 两块电压比较器反相输入端提供基准电压信号。电容 C 和电阻 R_{16} 组成延时电路,接到电压比较器的同相输入端,R_x 产生的变化电压信号经延时后与基准电压信号进行比较放大。

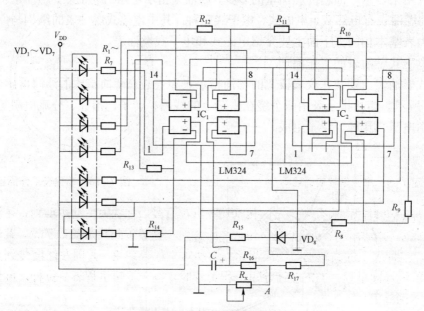

图 7-8 电子式燃油表电路

当油箱内燃油加满时,R_x 阻值最小,A 点电位最低,IC_1、IC_2 两块电压比较器输出为低电平,6 个绿色发光二极管全部点亮,而红色发光二极管 VD_1 熄灭,表示油箱已满。

当油箱内的燃油量逐渐减少时,R_x 阻值逐渐增大,A 点电位逐渐增高,绿色发光二极管 VD_7、VD_6、VD_5、…、VD_2 依次熄灭。燃油量越少,绿色发光二极管亮的个数越少。

当油箱内燃油用完时,R_x 的阻值最大,A 点电位最高,IC_1、IC_2 两块电压比较器输出为高电平,6 个绿色发光二极管全部熄灭,而红色发光二极管 VD_1 亮,表示油箱无油。

4. 车速里程表

(1) 磁感应式车速里程表

磁感应式车速里程表原理是利用磁场力的作用来带动指针偏转显示车速,利用齿轮传动来指示行驶里程数。

车速表由永久磁铁、带指针的针轴及感应罩、刻度盘组成,里程表由三对蜗轮蜗杆、中间齿轮、里程计数器等组成,其结构如图 7-9 所示。车速里程表的主动轴由变速器输出轴通过齿轮啮合及软轴驱动。

汽车静止时,在游丝的作用下,指针位于刻度盘零位。汽车行驶时,主动轴带着永久磁铁旋转,磁力线磁化感应罩,使感应罩产生磁场,永久磁铁磁场与感应罩磁场相互吸引产生力矩,如图7-10所示,克服游丝的弹力,指针被感应罩带动转动一个与主动轴转速大小成正比例的角度,即在刻度盘上显示出相应的车速。

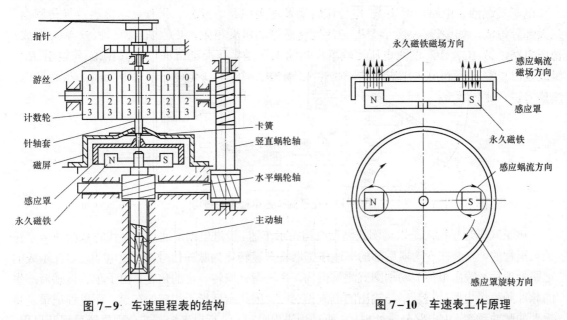

图7-9 车速里程表的结构　　　　　　图7-10 车速表工作原理

主动轴与蜗轮蜗杆机构具有一定的传动比,汽车行驶时,软轴带动主动轴,并经三对蜗轮蜗杆减速后驱动里程表右边第一数字轮,并从右向左逐级传到其余的数字轮,累计出行驶里程。同时,里程表上的齿轮通过中间齿轮,驱动短里程数字轮,并向左逐级传到其余的数字轮,记录短程行驶里程。当需要清除短里程记录时,按一下短里程表复位杆,可使短里程计数器的指示回零。

(2) 电子式车速里程表

电子式车速里程表被广泛地应用于现代汽车上,它主要由车速传感器、电子电路、步进电动机、车速表和累计里程表等组成,如图7-11所示。

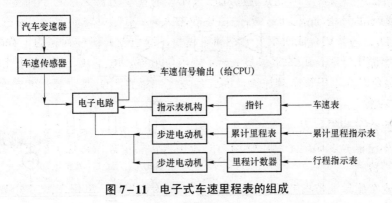

图7-11 电子式车速里程表的组成

电子式车速里程表的结构如图7-12所示，它主要由动圈式车速测量机构、行星齿轮减速传动机构带动的十进制记录里程的数字轮、处理与速度有关的脉冲信号用的电路板组合、接收与速度有关的脉冲信号的霍尔型转速传感器（图中未画出）以及步进电动机等组成。

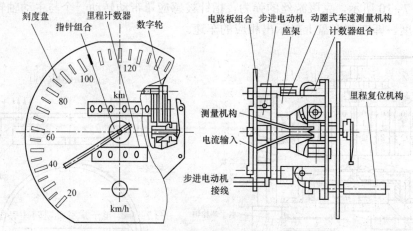

图7-12 电子式车速里程表的结构

电子式车速里程表是以动圈式测量机构指示车速、步进电动机通过行星齿轮系减速数字轮记录里程的，安装在变速器后部的车速传感器将车速转化为脉冲信号，经由电子元器件组成的电路处理后，输出电流驱动动圈式测量机构，带动指针偏转一定的角度。由于车速传感器产生的脉冲频率经电路处理后，与输出的电流相对应，因此指针指示相应的车速，而里程记录是将输入的脉冲频率，由电路分频处理后，驱动步进电动机，经行星齿轮减速分别累计里程及日程。

5. 发动机转速表

（1）电磁感应式发动机转速表的工作原理

电磁感应式发动机转速表由磁感应式传感器、电子电路和毫安表组成，如图7-13所示。转速信号一般取自发动机曲轴信号，因此传感器一般都安装在飞轮壳上。该电路中的核心部

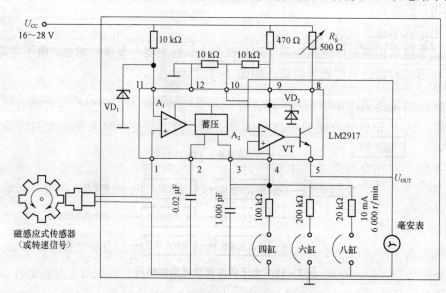

图7-13 电磁感应式发动机转速表电路

件是频率电压转换器 LM2907 或 LM2917。转速传感器信号输入频率电压转换器后,经过频率电压转换器 LM2907 或 LM2917 内部电路进行处理,即可将反应发动机转速的频率信号转换为电压信号,通过毫安表随传感器输入信号频率增加,平稳地指示发动机转速升高。

(2)电子式发动机转速表的工作原理

电子式转速表获取转速信号的方式有 3 种:从点火系统获取脉冲电压信号、从发动机的转速传感器获得转速信号、从发电机获取转速信号。汽油发动机电子式转速表都是用点火系统的初级电路为触发信号,如图 7-14 所示。

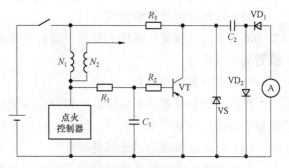

图 7-14 电子式发动机转速表电路

电子式发动机转速表工作原理如下:

当点火控制器使初级电路导通时,晶体管 VT 处于截止状态,电容 C_2 被充电。其充电电路:蓄电池正极→R_3→C_2→VD_2→蓄电池负极,构成回路。

当点火控制器使初级电路截止时,晶体管 VT 的基极得正电位而导通,此时 C_2 便通过导通的 VT、电流表 A 和 VD_1 构成放电回路,从而驱动电流表。

当发动机工作时,初级电路不断地导通、截止,其导通、截止的次数与发动机转速成正比。所以当初级电路不断地导通、截止时,对电容 C_2 不断地进行充、放电,其放电电流平均值与发动机转速成正比,于是将电流平均值标定成发动机转速。

课题二 报 警 系 统

一、报警系统的作用、分类

1. 报警系统的作用

汽车报警系统是预防车辆事故、保证行车安全的重要装置,是汽车与驾驶员进行信息交流的界面,为驾驶员提供必要的汽车运行信息,同时也是维修人员发现和排除故障的重要依据。

报警系统中的报警灯通常由报警开关控制,当被监测的系统或总成工作不正常时,对应的报警开关闭合,使该系统的报警灯亮,以提醒驾驶员注意,采取相应的措施,确保行车安全。

2. 报警系统的类型

现代汽车为了保证行车安全、提高车辆的可靠性,在汽车仪表板上安装了许多报警装置。例如,机油压力报警灯、冷却液温度报警灯、燃油不足报警灯、制动液不足报警灯、充电系统故障报警灯,增加了 EPC(发动机电子动力控制系统)故障报警灯、轮胎压力报警灯以及

TCS（牵引力控制系统）、ASR（驱动防滑系统）、VSC（车辆稳定控制）或 ESP（车身电子稳定系统）等报警灯。

（1）机油压力报警装置

机油压力报警装置用来监控发动机主油道中的压力，当油压过低时，给驾驶员以警告，以免发动机烧瓦。

（2）冷却液温度报警装置

冷却液温度报警装置用来监控发动机冷却水温度。水温过高时点亮仪表板上的指示灯，给驾驶员以警告。

（3）燃油量报警装置

燃油量报警装置用来监控燃油箱中存油量的多少（用在电子燃油量表的车辆上）。当燃油箱中存油量少到一定程度时，给驾驶员以警告。

（4）制动系统压力过低报警装置

制动系统压力过低报警装置用在气压制动系统的车辆上，用来监控气压制动系统车辆的主储气筒中气压的高低，当气压过低时，点亮报警灯警告驾驶员及时充气。

（5）制动灯线路断线报警装置

制动灯线路断线报警装置用来监控制动灯电路是否断路。当某一制动灯电路断路时，点亮报警灯，警告驾驶员。

（6）制动蹄片磨损过量报警装置

制动蹄片磨损过量报警装置用来监控制动蹄片的厚度。当制动蹄片磨损量达到规定值时，点亮信号灯，提醒驾驶员及时更换制动蹄片。

（7）制动液不足报警装置

制动液不足报警装置用在液压制动系统的车辆上，用来监控制动储液罐中液压油量的多少，当油量过少时，警告驾驶员。

（8）空气滤清器堵塞报警装置

空气滤清器堵塞报警装置用来监控空气滤清器是否堵塞。

二、报警系统电路举例

一般汽车普遍采用白炽灯泡作为报警灯光源，该型报警灯控制电路如图 7-15 所示。接通点火开关 ON 挡时，充电指示灯、机油压力报警灯亮。当发动机起动后，充电指示灯和机油压力报警灯熄灭。驻车制动器指示灯在驻车制动器拉杆拉紧时发亮，在拉杆放松时熄灭。制动气压过低时，气压过低报警灯亮，此时若松开驻车制动器拉杆，报警蜂鸣器发出鸣叫声，提醒驾驶员气压过低时起步有危险。

桑塔纳、捷达等轿车采用发光二极管作为报警灯光源。电路较白炽灯泡型报警灯复杂。一般增设保护电阻、电子控制器等元件。图 7-16 所示为桑塔纳普通型轿车报警灯控制电路。机油压力报警灯由气缸盖上的低压油压开关、机油滤清器支架上的高压油压开关及仪表板内的电子控制器控制。接通点火开关 ON 挡，充电指示灯亮，机油压力报警灯亮但蜂鸣器不响。发动机起动后，充电指示灯和机油压力报警灯熄灭。若怠速时油压小于 0.03 MPa，

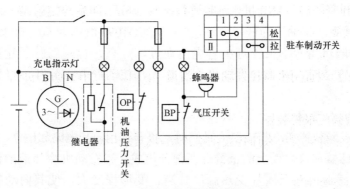

图 7-15 白炽灯泡型报警系统电路

机油压力报警灯亮,表示油压过低;若转速到 2 000 r/min 时油压小于 0.18 MPa,机油压力报警灯亮且蜂鸣器鸣叫,表示高速时油压过低。

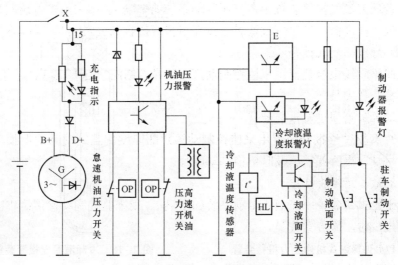

图 7-16 桑塔纳轿车报警系统电路

冷却液温度报警灯由冷却液温度传感器和冷却液液面过低报警开关控制。接通点火开关 ON 挡,冷却液温度报警灯应闪烁 5 s 后自动熄灭。当膨胀水箱冷却液液面过低或冷却液温度高于 115 ℃时,冷却液温度报警灯闪烁。

驻车制动器报警灯由驻车制动开关和制动液液面开关控制,拉起驻车制动拉杆,报警灯亮;制动液液面过低时报警灯亮。

三、常用报警装置结构及工作原理

1. 机油压力报警装置

机油压力报警装置在发动机主油道压力过低时起报警作用。

机油压力报警装置有膜片式和弹簧管式两种。图 7-17 所示为弹簧管式机油压力报警装置电路。它由装在仪表板上的报警灯和装在发动机主油道上的弹簧管式传感器两部分组成。

传感器内的管形弹簧一端与发动机主油道连接,另一端与动触点连接,静触点经导电片与接线柱连接。当润滑系统机油压力低于允许值时,如 EQ1090 汽车为 50~90 kPa,管形弹簧几乎无变形,动静触点闭合,报警灯中有电流通过,灯亮,提醒驾驶员注意。当润滑系统机油压力达到允许值时,管形弹簧变形程度增大,使动静触点分开,报警灯中无电流通过,灯灭。

2. 冷却液温度报警装置

冷却液温度报警装置在冷却液温度过高时起报警作用,其电路如图 7-18 所示。它由双金属片式温度传感器和仪表板上的报警灯两部分组成。当发动机冷却液的温度达到或超过极限温度时,传感器内双金属片受热温度升高,变形程度大,使其内动静触点闭合,报警灯中有电流通过,灯亮,提醒驾驶员及时停车检查和冷却。当发动机冷却液的温度正常时,传感器内双金属片受热温度较低,变形程度小,其内动静触点断开,报警灯中无电流通过,灯灭。

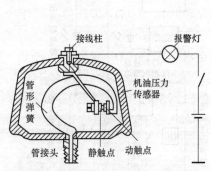

图 7-17 弹簧管式机油压力报警装置

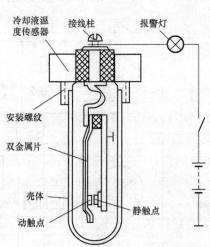

图 7-18 冷却液温度报警装置

3. 燃油量报警装置

燃油量报警装置在汽车油箱内油量过少时起报警作用。

图 7-19 所示为常见的燃油量过少报警装置电路。它由负温度系数热敏电阻传感器和仪表板上的燃油量过少报警灯两部分组成。当油箱燃油量较多时,热敏电阻完全浸泡在燃油中,由于其散热快,温度低,阻值大,报警灯电路中相当于串联了一个很大的电阻,流过报警灯的电流很小,灯灭。当燃油减少到热敏电阻露出油面时(规定值以下),温度升高,散热慢,电阻值减小,流过报警灯的电流增大,灯亮。

4. 制动系统压力过低报警装置

采用气压制动的汽车必须装备制动系统压力过低报警装置。图 7-20 所示为常见的制动系统低压报警装置电路。它由装在制动系统储气筒或制动阀压缩空气输入道中的低气压报警传感器和仪表板上的红色报警灯两部分组成。当制动气压下降到规定值时,作用在膜片上的压力减小,复位弹簧使触点闭合,电路接通,报警灯亮。提醒驾驶员注意,否则会因制动系统不能正常工作,造成交通事故。当气压达到规定值后,作用在膜片上的压力增大,压缩复位弹簧使触点断开,电路切断,报警灯熄灭。

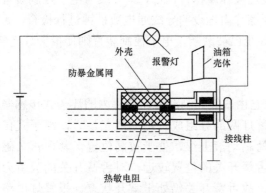

图 7-19 热敏电阻式燃油报警装置

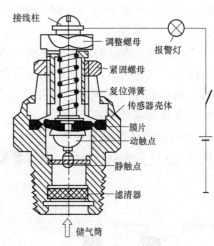

图 7-20 气压过低报警装置

5. 制动灯线路断线报警装置

制动灯线路断线报警装置在制动灯断线时起报警作用。制动灯线路断线报警装置电路如图 7-21 所示。它由电磁线圈与舌簧开关构成的控制器和仪表板上的报警灯两部分组成。汽车制动时,制动灯开关闭合,电流分别经点火开关、制动灯开关、控制器两并联线圈、左右制动信号灯、搭铁,使制动信号灯亮。同时两线圈所产生的磁场相互抵消,舌簧开关维持常开状态,报警灯不亮。当某一侧制动信号灯线路出现故障时,控制器线圈中只有一路有电流通过,通电的线圈产生电磁吸力使舌簧开关闭合,报警灯亮。

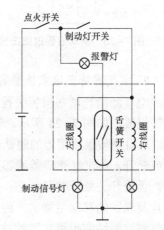

图 7-21 制动灯线路断线报警装置

6. 制动蹄片磨损过量报警装置

制动蹄片磨损过量报警装置的作用是当制动摩擦片磨损到使用极限厚度时点亮,发出报警信号。图 7-22 所示为两种结构形式的监测报警装置原理图。

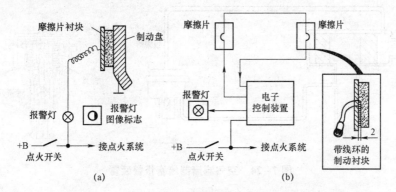

图 7-22 两种结构形式的制动蹄片磨损过量报警装置
(a) 触点型;(b) 导线型

图 7-22（a）所示的装置是将一个金属触点埋在摩擦片内部，当摩擦片磨损至使用极限厚度时，金属触点就会与制动盘（或制动鼓）接触而使警告灯与搭铁接通，仪表板上的报警灯便会亮起，以示警告。

图 7-22（b）所示的装置则是将一段导线埋设在摩擦片内部，该导线与电子控制装置相连。当接通点火开关后，电子控制装置便向摩擦片内埋设的导线通电数秒钟进行检查，如果摩擦片已磨损到使用极限厚度，并且埋设的导线已被磨断，电子控制装置则使报警灯亮起，以示制动摩擦片需要更换。

7. 制动液面过低报警装置

图 7-23 所示为制动液面过低报警装置。它由安装在制动液储液罐内的浮子式传感器和报警灯两部分组成。制动液充足时，浮子式传感器随制动液上浮，处于较高位置，其内永久磁铁与舌簧开关的位置较远，对舌簧开关的吸引力较弱，故舌簧开关仍处于常开状态，报警灯电路无法接通，报警灯不亮。制动液不充足时，浮子式传感器随制动液下浮，当下浮到规定值以下时，永久磁铁与舌簧开关的位置较近，磁力吸动舌簧开关闭合，报警灯电路被接通，报警灯亮，提醒驾驶员注意，防止制动效能下降而出现安全事故。

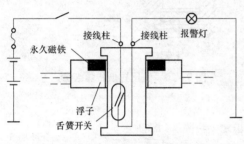

图 7-23 制动液面过低报警装置

8. 空气滤清器堵塞报警装置

空气滤清器堵塞报警装置由报警灯、与空气滤清器滤芯内外侧相连通的气压式开关传感器等组成，如图 7-24 所示。气压式传感器是利用其上、下气室产生的压力差，推动膜片移动，从而使与膜片相连的磁铁跟随移动。磁铁的磁力使舌簧开关开或闭，控制报警灯电路接通或断开。若空气滤清器滤芯未堵塞，则传感器上、下气室间压差小，膜片及磁铁的移动量小，舌簧开关处于常开状态；若空气滤清器滤芯被堵塞，则传感器上、下气室间压差增大，膜片及磁铁的移动量增大，磁铁磁力吸动舌簧开关而闭合，报警灯电路被接通，报警灯亮。空气滤清器堵塞报警装置的故障诊断可参照前述的制动灯线路断线报警装置、制动液面过低报警装置故障诊断进行。

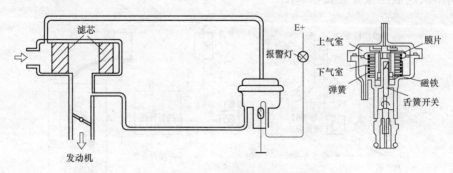

图 7-24 空气滤清器堵塞报警装置

思考与练习

一、单选题

1. 机油压力过低报警装置常见的类型是（　　）。
   A. 膜片式　　　　B. 电热式　　　　C. 电磁式　　　　D. 以上三种均有
2. 下列不属于水温表类型的是（　　）。
   A. 电热式　　　　B. 电磁式　　　　C. 蒸气压力式　　D. 分流式
3. 电子式转速表，其转速信号取自点火系统的（　　）。
   A. 点火线圈　　　B. 分电器　　　　C. 点火开关　　　D. 点火提前机构
4. 发动机低速运转时，机油压力不应小于（　　）。
   A. 0.147 MPa　　 B. 0.196 MPa　　 C. 0.392 MPa　　 D. 0.490 MPa
5. 机油压力报警电路由安装在发动机主油道的机油压力报警开关和（　　）组成。
   A. 传感器　　　　B. 高压开关　　　C. 低压开关　　　D. 报警灯
6. 仪表照明灯与示位灯、牌照灯（　　）。
   A. 混联　　　　　B. 串联　　　　　C. 并联　　　　　D. 不确定
7. 传统汽车的车速里程表的车速信号来自（　　）。
   A. 点火线圈负极　　　　　　　　　B. 发动机转速传感器
   C. 变速器的输出轴　　　　　　　　D. 霍尔传感器
8. 在电热式燃油表中，若将通向燃油传感器的电路短路，则燃油表的指示值是（　　）。
   A. 0　　　　　　 B. 1　　　　　　 C. 2　　　　　　 D. 跳动
9. 下列哪种情况下蓄电池报警灯会熄灭？（　　）
   A. 点火开关打开时　　　　　　　　B. 蓄电池亏电时
   C. 发电机不发电时　　　　　　　　D. 发电机发电时

二、多选题

1. 燃油表的作用是指示汽车油箱中存油量的多少，其类型有（　　）。
   A. 热敏电阻式　　　　　　　　　　B. 电热式
   C. 电磁式　　　　　　　　　　　　D. 可变电阻式
2. 常见的汽车仪表有电流表、车速里程表以及（　　）等。
   A. 发动机转速表　　　　　　　　　B. 冷却液温度表
   C. 机油压力表　　　　　　　　　　D. 燃油表
3. 报警灯控制电路中报警开关的类型有（　　）。
   A. 舌簧式　　　　B. 热敏电阻式　　C. 膜片式　　　　D. 双金属片式
4. 汽车电子仪表系统能准确、迅速地处理各种复杂信息，并能以（　　）的形式显示出来。
   A. 声音　　　　　B. 图形　　　　　C. 文字　　　　　D. 数字
5. 汽车电子仪表系统显示装置根据工作原理的不同分为（　　）等。
   A. 阴极射线管显示器　　　　　　　B. 液晶显示器
   C. 真空荧光显示器　　　　　　　　D. 发光二极管显示器

6. 电子式发动机转速表采集信号的方式不包括（   ）。
A. 点火系统　　　　　　　　　　B. 发动机的转速传感器
C. 发电机　　　　　　　　　　　D. 水泵

三、判断题

（   ）1. 机油压力指示表位于驾驶室仪表板上，内有电感不同的一对主线圈和一对副线圈及连接一个指针。

（   ）2. 汽车机油压力传感器可以依靠其内部膜片弯曲程度的大小来传递油压的增高或降低。

（   ）3. 对于电热式机油压力表，传感器的平均电流越大，表指示的压力越大。

（   ）4. 水温表传感器中触点的压力较大。

（   ）5. 汽车常用电热式冷却液温度指示表配热敏电阻式冷却液温度传感器。

（   ）6. 电热式冷却液温度传感器在短路后，冷却液温度表将指示低温。

（   ）7. 水温报警灯亮起时应立刻停车熄火，并马上打开膨胀水壶查看冷却液液位。

（   ）8. 汽油车的发动机转速信号来源于曲轴位置传感器。

（   ）9. 低机油压力报警灯是指示机油液面高低的。

（   ）10. 燃油量过少报警灯装置采用了热敏电阻与报警灯串联的方法来控制报警灯电路的接通和切断。这里的热敏电阻，当燃油量液面低于热敏电阻时，其电阻值将升高而不是降低。

（   ）11. 燃油箱液面报警装置所用的热敏电阻，当燃油箱液面较高时，其阻值较小。

（   ）12. 制动信号灯多与后灯合为一体，采用双丝灯泡或两个单丝灯泡，其中功率大的为制动信号灯。

四、问答题

1. 汽车常用仪表有哪些？各有何作用？
2. 数字式仪表有何优点？常用显示器件有哪些？
3. 汽车仪表系统有哪些常见故障？如何检修？
4. 汽车常用报警装置有哪些？各有何作用？
5. 参照冷却液温度报警灯的电路图，说明其工作过程。
6. 参照燃油不足报警灯的电路图，说明其工作过程。
7. 参照制动液量报警灯的电路图，说明其工作过程。

模块八　辅助电气系统

> **学习目标：**
>
> 了解电动风扇、车窗清洁装置、电动车窗、电动座椅、电动后视镜等的组成、作用及类型。
> 了解电动风扇、车窗清洁装置、电动车窗、电动座椅、电动后视镜等电路的工作原理。
> 掌握电动风扇、车窗清洁装置、电动车窗、电动座椅、电动后视镜等的电路故障的诊断、排除方法。

课题一　电动风扇

一、电动风扇的作用

汽车发动机在高温工作环境下必须得到适度的冷却，以使其保持在适宜的温度下工作，才能满足发动机良好的工作性能、耐久性和废气排放的要求。发动机冷却系统中的电动风扇主要用于对发动机散热器及其中的冷却液进行散热，保证发动机不致高温而出现故障。

二、电动风扇的类型

汽车上的散热器风扇有单风扇和双风扇两种，可以采用串联或并联的方式工作。双风扇常在有空调系统的车辆上采用，因为带空调汽车的空调冷凝器需要更高速的冷却空气，因此，双风扇一个安装在散热器前面，一个安装在散热器后面。风扇的控制一般采用温度控制开关和继电器共同控制的方式，对于电控发动机，风扇也可采用发动机电脑（ECU）进行控制。

三、电动风扇控制电路及工作原理

1. 单风扇控制电路及工作原理

丰田 5S-FE 发动机单风扇控制电路如图 8-1 所示。

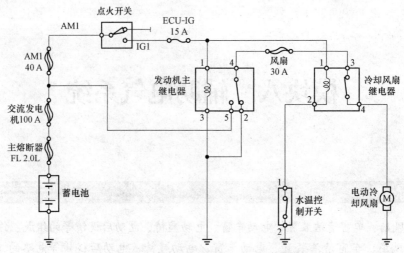

图 8-1 丰田 5S-FE 发动机单风扇控制电路

接通点火开关,发动机主继电器线圈电路接通,发动机主继电器常闭触点断开,常开触点接通,蓄电池电压通过发动机主继电器触点 5、4 送到冷却风扇继电器 3 接线柱。由于点火开关接通时,冷却风扇继电器线圈电路也接通,触点断开,因此风扇不转动。

当发动机冷却水温度达到 93 ℃时,水温控制开关断开,冷却风扇继电器线圈电路断路,触点闭合,风扇旋转。

2. 双风扇控制电路及工作原理

丰田 1UZ-FE 发动机双风扇控制电路如图 8-2 所示。

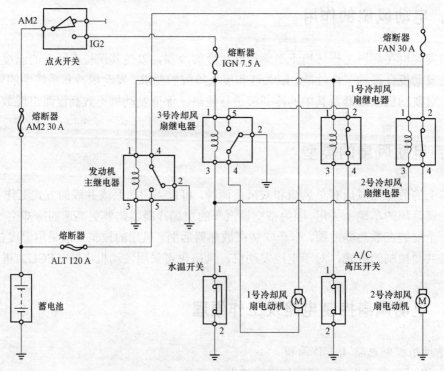

图 8-2 丰田 1UZ-FE 发动机双风扇控制电路

根据电路分析，在正常工作状态有以下几种：一是水温和压力都低时，1号与2号风扇均不工作；二是水温低且压力高时，1号与2号风扇均低速运转；三是水温高且压力低时，1号与2号风扇均高速运转；四是水温高且压力高时，1号与2号风扇均高速运转。

3. 发动机电脑控制的双风扇电路及工作原理

上海通用别克轿车发动机电脑控制的双风扇电路如图8-3所示。冷却风扇由两个熔断器（6号40A和21号15A）分别向发动机冷却风扇供电。熔断器位于发动机罩下附件熔断器接线盒内。

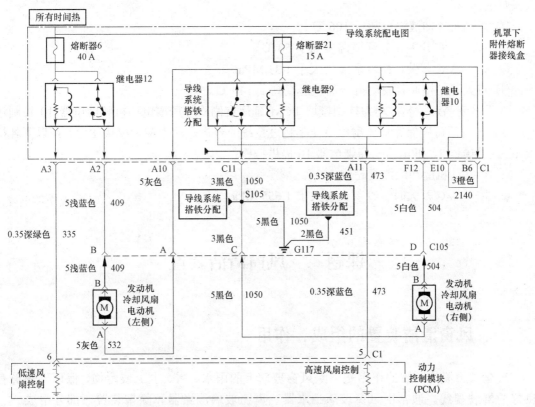

图8-3 别克轿车发动机电脑控制的双风扇电路

（1）冷却风扇低速工作时电路

动力控制模块PCM控制继电器12的电磁线圈通电。其电路为：所有时间热（与电源直接连接）→熔断器6→继电器12线圈→PCM的低速风扇控制电路搭铁。于是，继电器12的线圈中有电流通过，控制继电器12触点闭合，向发动机冷却风扇电动机（左侧）供电。此时由于左侧的冷却风扇电动机与右侧的冷却风扇电动机串联，所以2个风扇低速运转。电流通路为：所有时间热（与电源直接连接）→熔断器6→继电器12触点→发动机冷却风扇电动机（左侧）→继电器9的动断触点→发动机冷却风扇电动机（右侧）→导线系统搭铁分配搭铁。

（2）冷却风扇高速工作时电路

动力控制模块PCM首先经低速风扇控制电路对继电器12提供搭铁路径。经3s延时后，PCM经高速风扇控制电路为继电器9和继电器10的线圈提供搭铁路径。左侧风扇电动机继续由熔断器 6 提供电流。但熔断器 21（15 A）为右侧风扇电动机提供电流。各风扇采取不同的搭铁路径。因此，风扇高速运行。

左侧风扇电动机电流通路为：所有时间热（与电源直接连接）→熔断器 6→继电器 12 的触点→发动机冷却风扇电动机（左侧）→继电器 9 的触点→导线系统搭铁分配搭铁。

右侧风扇电动机电流通路为：所有时间热（与电源直接连接）→熔断器 21→继电器 10 的触点→发动机冷却风扇电动机（右侧）→导线系统搭铁分配搭铁。

上述控制过程中需要注意的是动力控制模块 PCM 在什么情况下控制继电器 12 搭铁，其条件为：

① 发动机冷却液温度超过 106 ℃。
② 按下 A/C 开关，且环境温度高于 50 ℃。
③ 按下 A/C 开关，制冷剂压力大于 1.31 MPa。
④ 点火开关接通且发动机冷却液温度高于 140 ℃。

对于风扇高速控制，动力控制模块 PCM 延后右侧冷却风扇电动机和继电器 10 控制达 3 s。3 s 延时后可确保冷却风扇电负荷不超过系统的容量。动力控制模块 PCM 在以下各情况下为继电器 12、继电器 9 和继电器 10 提供搭铁：

① 当发动机冷却液温度超过 110 ℃。
② 按下 A/C 开关时制冷剂压力大于 1.655 MPa。

课题二　风窗清洁装置

一、风窗清洁装置的组成、作用

汽车风窗清洁装置的作用是清除风窗玻璃上的雨水、雪、尘土或污物，保证驾驶员有良好的驾驶视线。通常由风窗玻璃刮水器、风窗玻璃洗涤器和除霜装置三部分组成。一般汽车在前风窗装有刮水器，后风窗装有电热除雾、冰装置，部分汽车前后风窗都装有刮水器。

二、风扇清洁装置的结构、工作原理

1. 电动刮水器

汽车上采用的刮水器按动力源的不同有真空式、气动式、电动式三种。因电动刮水器结构简单、动力大、便于维修，故目前汽车上广泛应用的是电动式刮水器。

（1）电动刮水器的组成

电动刮水器由直流电动机、传动机构（包括蜗轮箱、曲柄、连杆、摆杆）、摆臂和刮片组成，如图 8-4 所示。

模块八 辅助电气系统

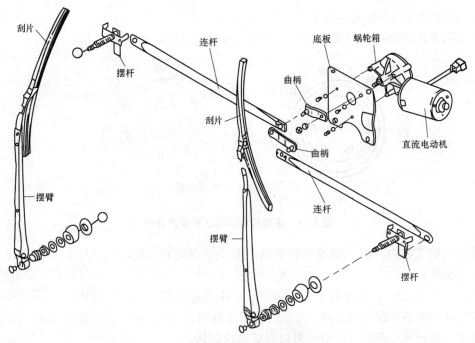

图 8-4 电动刮水器的组成

（2）电动刮水器的工作原理

电动刮水器可以采用两种方法进行变速：一是改变电动机内部的磁通大小；二是改变接入的电枢绕组数。

1）改变电动机内部的磁通变速。

改变电动机内部磁通变速的方法适合于绕线式直流电动机，如图 8-5 所示。

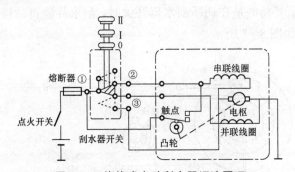

图 8-5 绕线式电动刮水器调速原理

当刮水器开关在Ⅰ位置（低速）时，电流经由蓄电池"+"接线柱→点火开关→熔断器→接线柱①→接触片后，分为两路：一路经过接线柱②→串联线圈→电枢→搭铁，形成回路；另一路经过接线柱③→并联线圈→搭铁→蓄电池"-"接线柱而形成回路。此时，由于并联线圈的分流作用使电枢中的电流减小，故电动机以低速运转。

当刮水器开关在Ⅱ位置（高速）时，电流由蓄电池"+"接线柱→点火开关→熔断器→接线柱①→接触片→接线柱②→串联线圈→电枢→搭铁，形成回路。此时由于并联线圈回路被隔断，电流全部流经电枢，故电动机以高速运转。

2）改变接入的电枢绕组数变速。

改变接入的电枢绕组数变速适合于永磁式直流电动机,如图8-6所示。

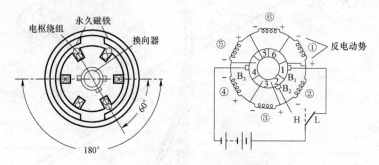

图8-6 永磁式电动刮水器调速原理

采用三刷式结构,B_1 为低速运转电刷,B_2 为高速运转电刷,B_3 为公共电刷。B_1 与 B_2 相差一定角度。

当开关拔向 L 时,电源电压 U 加在 B_1 与 B_3 电刷之间,电流经过由①、⑥、⑤与②、③、④组成的两条并联分流回路,每条回路中串联的有效线圈各三个,串联线圈(导体)数相对较多,故反电动势较大,电动机以较低转速运转。

当开关拔向 H 时,电源电压 U 加在 B_2 和 B_3 电刷之间,电流经过由②、①、⑥、⑤与③、④组成的两条并联分流回路,由于线圈②和线圈①、⑥、⑤的绕线方向相反,②产生方向相反的电动势与①反电动势互相抵消,只有两个线圈的反电动势与电源电压平衡,故反电动势较小,电动机以较高转速运转。

(3)电动刮水器自动复位装置

为了避免电动刮水器停止工作时刮水片停在风窗玻璃中间影响驾驶员视线,电动刮水器都设有自动复位装置。其功能是在切断刮水器开关时,刮水片能自动停在驾驶员视野以外的指定位置,控制电路如图8-7所示。

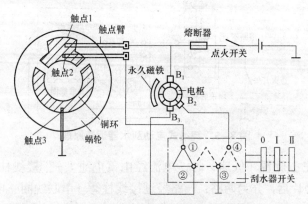

图8-7 电动刮水器复位装置原理图

当刮水器开关推到 0 挡而刮水片没有停在规定的位置时,由于触点 2、3 均与铜环接触,电流由蓄电池"+"接线柱→点火开关→熔断器→慢速电刷 B_1→电枢绕组→公共电刷 B_3→刮水器开关接线柱②→刮水器开关接线柱①→触点臂→触点 1→铜环→触点 3→搭铁,形成电流回路,电动机仍以低速运转,直至蜗轮转到如图的特定位置时,铜环将触点1、2短接,电动机电枢绕组被短路。由于电动机存在惯性,不能立即停转,以发电机方式运行产生很大的反电动势,产生制动力矩,于是电动机迅速停转,使刮水片停在指定位置。

(4) 电动刮水器间歇刮水电路

汽车在小雨或雾天行驶时,风窗玻璃上会形成一层含有水分和灰尘的薄层,如果刮水器连续不断地工作,会使玻璃模糊影响视线,引起刮片的颤动,同时也会对玻璃有损伤。间歇刮水电路可避免上述现象,在雨水聚集过多时再进行工作。下面以福特车电路为例介绍其工作过程,电路如图8-8所示。

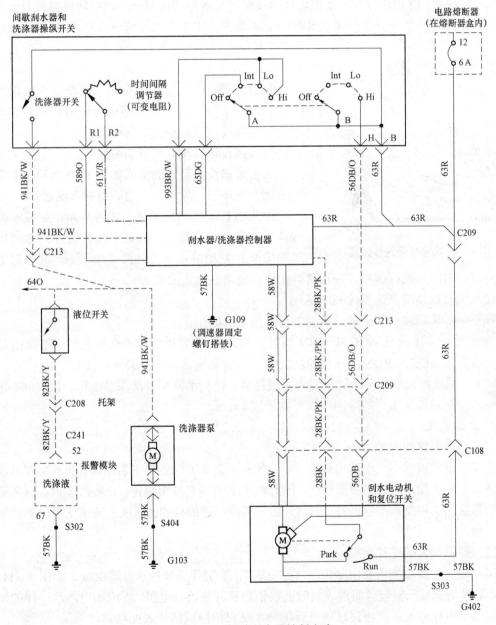

图8-8 间歇刮水器控制电路

当刮水器和洗涤器操纵开关处于"Int"挡时，间歇刮水器和洗涤器操纵开关电路为：电路熔断器 12 号 6 A 熔断器→线路标号 63R 红色导线→间歇刮水器和洗涤器操纵开关插接器→间歇刮水器和洗涤器操纵开关触点 A→间歇刮水器和洗涤器操纵开关"Int"挡→间歇刮水器和洗涤器操纵开关插接器→线路标号 65DG 深绿色导线→刮水器/洗涤器控制器→线路标号 57BK 黑色导线→搭铁点 G109（调速器固定螺钉搭铁点）。

刮水器电动机的电路为：电路熔断器 12 号 6 A 熔断器→线路标号 63R 红色导线→插接器 C209→线路标号 63R 红色导线→刮水器/洗涤器控制器→线路标号 58W 白色导线→插接器 C213→线路标号 58W 白色导线→插接器 C209→线路标号 58W 白色导线→插接器 C108→线路标号 58 白色导线→水电动机插接器→刮水电动机 M→刮水电动机插接器→线路标号 57BK 黑色导线→导线绞接点 S303→线路标号 57BK 黑色导线→搭铁点 G402。此时，刮水电动机间歇运转。

2. 风窗玻璃洗涤器

图 8-9 风窗玻璃洗涤装置

风窗玻璃洗涤器的作用是为了清洗附在风窗玻璃上的灰尘和污物，它与刮水器配合使用，保证驾驶员有良好的视线，同时避免划伤玻璃。

（1）风窗玻璃洗涤装置的组成

风窗玻璃洗涤装置的组成如图 8-9 所示，主要由储液罐、洗涤泵、软管、三通、喷嘴等组成。

由永磁直流电动机和离心式液片泵组装成一体的洗涤泵安装在储液罐上，其泵水压力达 70～88 kPa。喷嘴安装在发动机罩上或风窗玻璃下方，其喷射方向可以通过球形喷口进行调整，使水喷射在风窗玻璃的合适位置。

（2）风窗玻璃洗涤装置控制电路

别克轿车风窗玻璃洗涤装置控制电路如图 8-10 所示。

当点火开关接通至 ACC 或 RUN 挡且风窗刮水冲洗开关置于洗涤位时，电流由蓄电池→点火开关 ACC 或 RUN 挡→熔断器 25 A→风窗刮水器冲洗开关→清洗泵电动机→搭铁。与此同时，电流经洗涤器开关送到刮水器线路板，使刮水器配合洗涤器工作一段时间。洗涤泵在喷水停止后连续工作的时间一般不要超过 1 min。

3. 除霜装置

（1）除霜装置的组成

汽车风窗玻璃在空气中湿度较大、车内外有一定温差的条件下易结霜，刮水器和风窗玻璃洗涤器无法清除，影响驾驶员视线，因此汽车上安装有除霜装置。一般汽车前、侧风窗玻璃上的霜层是利用空调产生的冷、暖气，达到清除结霜的目的，后风窗玻璃使用电热丝加热进行除霜。

（2）除霜装置的工作原理

风窗玻璃除霜系统主要由除霜器（导电膜）、控制开关和指示灯等组成，如图 8-11 所示。除霜器是在后风窗玻璃的内表面镀上数条相互并联的导电膜，形成如电热丝一样的加热电阻。当导电膜通电，便可对玻璃进行加热，从而清除或防止表面结霜。

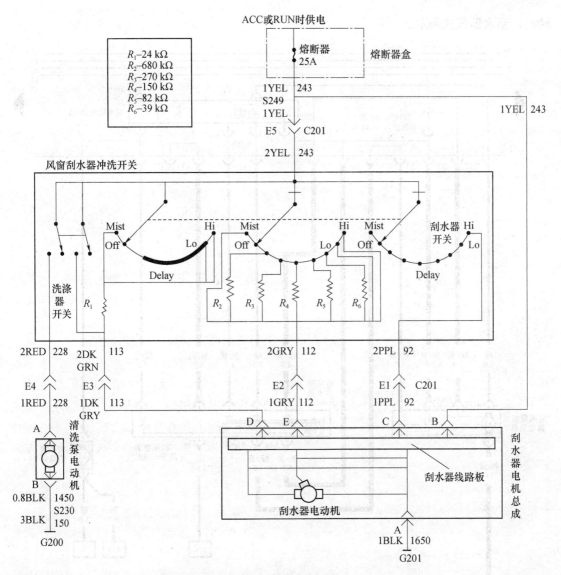

图 8-10 别克轿车风窗清洗装置控制电路

三、典型风窗清洁装置电路

桑塔纳 2000GSi 风窗清洁电路如图 8-12 所示。其工作过程分 5 个挡位。

1. 低速挡

前风窗开关置于低速挡（慢速挡）时，刮水系统低速刮水。其电路为：中央接线盒 X 线→熔断器 S11、15 A→中央接线盒 B9→前风窗玻璃刮水器开关 E22（53a→53）→中央接线盒 A2→刮水继电器 J31（6/53S→2/53M）→中央接线盒 D12→刮水电动机（4/53→5/31）→搭铁。刮水电动机低速

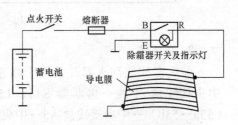

图 8-11 后风窗玻璃除霜装置电路

转动,刮水器低速刮水。

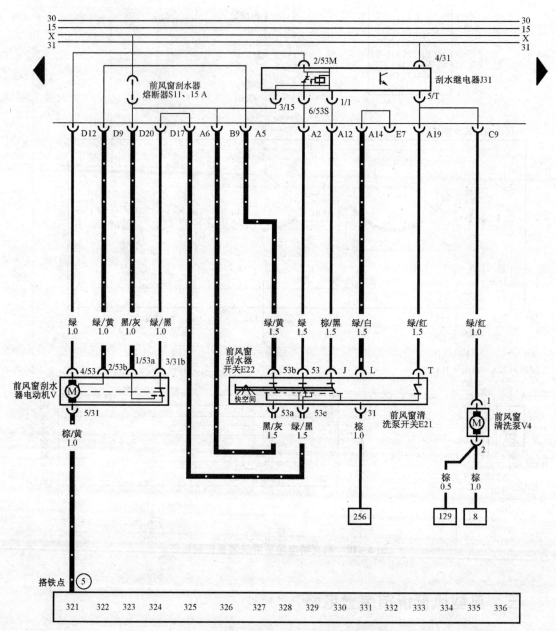

图 8-12 桑塔纳 2000GSi 风窗清洁电路

2. 高速挡

前风窗玻璃刮水器开关置于高速挡(快速挡)时,刮水系统快速刮水。其电路为:中央接线盒 X 线→熔断器 S11、15 A→中央接线盒 B9→前风窗玻璃刮水器开关 E22(53a→53b)→中央接线盒 A5→中央接线盒 D9→刮水电动机(2/53b→5/31)→搭铁。刮水电动机快速转动,刮水器快速刮水。

3. 关闭挡（回位或 OFF 挡）

前风窗玻璃刮水器开关置于空挡时，刮水系统处于复位运转状态。

① 如果刮水器尚未回到初始位置（回位或复位），此时刮水电动机复位装置中复位电源线 1/53a 与复位线 3/31b 接通，刮水电动机继续转动，其电路为：中央接线盒 X 线→熔断器 S11、15A→中央接线盒 D20→刮水电动机（1/53a→3/31b）→前风窗玻璃刮水器开关 E22（53e→53）→中央接线盒 A2→刮水继电器（6/53S→2/53M）→中央接线盒 D12→刮水电动机（4/53→5/31）→搭铁。刮水电动机低速转动，刮水器低速刮水直到复位。

② 如果刮水电动机已回到初始位置，此时刮水电动机复位装置中复位电源线 1/53a 与复位线 3/31b 断开，复位线 3/31b 与搭铁线 5/31 接通，刮水电动机无电源并受到电动机自身产生的自感电动势电磁制动力的作用，刮水电动机停止转动。

4. 间歇挡

前风窗玻璃刮水器开关置于间歇挡时，刮水系统处于间歇状态运转。

① 刮水继电器工作分析。此时刮水继电器产生脉冲电流，使其内部常闭触点打开，常开触点闭合（一个脉冲宽度），刮水继电器 3/15 端子与 2/53M 端子接通一个脉冲宽度时间。刮水继电器工作电路为：中央接线盒 X 线→熔断器 S11、15A→中央接线盒 B9→前风窗玻璃刮水器开关 E22（53a→J）→中央接线盒 A12→刮水继电器（1/1→4/31）→中央接线盒 31→搭铁。

② 刮水电动机工作分析。当刮水继电器 3/15 端子与 2/53M 端子接通时，刮水电动机低速运转。其电路为：中央接线盒 X 线→熔断器 S11、15 A→刮水继电器（3/15→2/53M）→中央接线盒 D12→刮水电动机（4/53→5/31）→搭铁。刮水电动机低速转动，刮水器低速刮水。

③ 复位分析。脉冲结束后，刮水继电器常开触点打开，常闭触点又闭合，此时刮水器尚未复位，刮水电动机继续低速运转直到复位。

待刮水器复位一段时间后，刮水继电器又产生脉冲电流继续工作。如此循环，刮水系统间歇运转。

5. 喷洗挡

前风窗玻璃清洁泵开关 E21 置于喷洗挡时，清洗器工作，刮水系统处于间歇状态运转。

① 刮水器间歇工作，刮水继电器工作电路为：中央接线盒 X 线→熔断器 S11、15 A→中央接线盒 B9→刮水器开关（53a→T）→中央接线盒 A19→刮水继电器（5/T→4/31）→31→搭铁。刮水继电器工作。

② 喷洗泵电动机转动，其电路为：中央接线盒 X 线→熔断器 S11、15 A→中央接线盒 B9→刮水器开关（53a→T）→中央接线盒 A19→中央接线盒 C9→清洗泵电动机 V4→搭铁。清洗泵电动机转动，清洗泵工作，喷头喷出水清洗风窗玻璃。

课题三 电 动 车 窗

一、电动车窗的作用

电动车窗是指以动力使车窗玻璃自动升降的车窗。驾驶员或乘员操纵开关接通车窗升降电动机的电路，电动机产生动力通过一系列的机械传动，使车窗玻璃按需求升降。电动车窗由于其操作简便、可靠，在现代汽车上得到了广泛的应用。

二、电动车窗的组成

电动车窗系统主要由双向直流电动机、车窗玻璃升降器、控制开关、继电器、断路器等装置组成。电动机有永磁式和双绕组串励式两种。每个车窗都装有一个电动机，通过开关控制它的电流或磁场方向，使车窗玻璃上升或下降。

车窗玻璃升降器常见的有钢丝滚筒式和齿扇式两种。如图8-13、图8-14所示。钢丝滚筒式玻璃升降器的双向直流电动机前端安装有减速机构，其上安装一个绕有钢丝的滚筒，玻璃卡座固定在钢丝上且可在滑动支架上移动。齿扇式玻璃升降器的双向直流电动机带动蜗轮蜗杆减速改变方向后，驱动齿扇，从而使玻璃上下移动，齿扇上安有螺旋弹簧，当门窗下降时螺旋弹簧收缩，当门窗上升时螺旋弹簧伸展，达到直流电动机双向负荷平衡的目的。

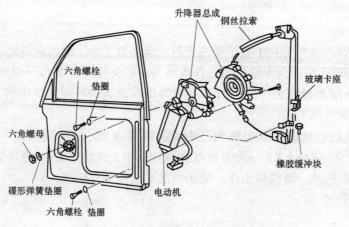

图8-13 钢丝滚筒式车窗玻璃升降器

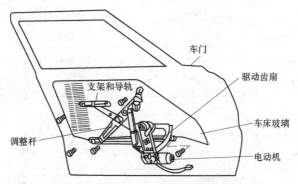

图 8-14 齿扇式车窗玻璃升降器

控制开关有两套：一套为主控开关，安装在驾驶员侧车门扶手上或仪表板上，由驾驶员控制玻璃升降。另一套为分控开关，安装在每个车门扶手上，可由乘客控制玻璃升降。主控开关上还安装有控制分开关的总开关，如果它断开，分开关就不起作用。若带有延迟开关的电动车窗系统，可在点火开关断开后约 10 min 内，或在车门打开以前，仍提供电源，使驾驶员和乘客有时间关闭车窗。

为了防止电动机过载，在电路或电动机内装有一个或多个双金属片式热敏断路器，用以控制电动机中的电流。若车窗玻璃因某种原因卡住（如结冰），即使操纵开关没有断开，双金属片式热敏断路器会因电流过大发热，使双金属片变形而自动断路。

三、电动车窗控制电路工作原理

不同车型所采用的电动车窗的电动机及其控制电路各不相同。电动机控制工作原理可分成直接搭铁式和控制搭铁式两种。

1. 直接搭铁式

直接搭铁式电动车窗是车窗电动机的一端直接搭铁，车窗的升、降靠电动机内绕向不同的磁场线圈来实现。电动机内部有两组绕向相反的磁场线圈，所产生的磁场方向相反。通过接通不同的线圈，使电动机的转向不同，实现车窗的上升和下降动作，其控制电路如图 8-15 所示。驾驶员侧控制开关可分别控制驾驶员侧和乘员侧车窗；乘员侧控制开关只可控制乘员侧车窗。

2. 控制搭铁式

控制搭铁式电动车窗是控制车窗电动机的搭铁端来实现车窗的升降。控制搭铁式电动车窗的电机结构简单，开关和控制线路较直接搭铁式复杂一些，但在实际当中应用较广泛。其基本控制电路如图 8-16 所示。与上述控制方式相同，驾驶员侧控制开关可控制自身侧和所有乘员侧的车窗升降，而乘员侧控制开关只能控制乘员本身一侧的车窗升降。

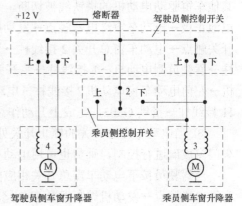

图 8-15 直接搭铁式车窗控制电路

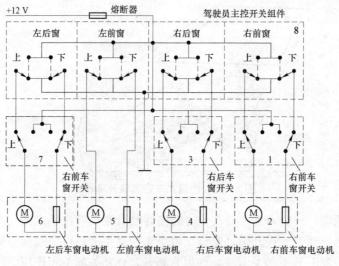

图 8-16 控制搭铁式车窗控制电路

四、典型电动车窗控制电路

图 8-17 所示为别克凯越轿车电动车窗控制系统电路图。它采用永磁式直流电动机驱动车窗玻璃升降,控制方式是直接搭铁式。其基本原理是:通过控制开关改变直流电动机的电流方向,达到改变电动机的运转方向,从而使玻璃上升或下降的目的。

其工作过程如下。

① 当点火开关闭合时,电流由蓄电池正极→仪表板熔断器盒 F19 熔断器→电动车窗主继电器线圈→搭铁,使电动车窗继电器触点闭合,给电动车窗控制电路提供电源。

② 当电动车窗总开关中的锁止开关处于锁闭位置时,所有车窗只能由驾驶员控制升降,其他车窗驱动电动机的搭铁线被切断,无法进行升降操作。如驾驶侧车窗玻璃上升时,由蓄电池正极→电动车窗继电器触点→发动机熔断器盒 Ef9 熔断器→电动车窗总开关 3 接线柱→开关触点→电动车窗总开关 2 接线柱→驾驶员侧控制开关"升"→主开关 4 接线柱→2 接线柱→驾驶员侧电动机→1 接线柱→主开关 10 接线柱→左前电动车窗电动机 1 接线柱→电动机→左前电动车窗电动机 2 接线柱→电动车窗总开关 1 接线柱→开关触点→电动车窗总开关 11 接线柱→搭铁 G303,完成上升动作。

③ 当电动车窗总开关的锁止开关处于开锁位置时,驾驶员可用主开关对自身侧和其他车门窗玻璃进行控制,乘员也可用电动车窗开关对自身侧的车窗进行控制。

当驾驶员按下电动车窗总开关相应的右前车窗上升开关时,电流由蓄电池正极→电动车窗继电器触点→发动机熔断器盒 SB9 熔断器→电动车窗总开关 10 接线柱→开关触点→电动车窗总开关 6 接线柱→右前电动车窗开关 8 接线柱→开关触点→右前电动车窗开关 3 接线柱→右前电动车窗电动机→右前电动车窗开关 1 接线柱→开关触点→右前电动车窗开关 4 接线柱→电动车窗总开关 4 接线柱→开关触点→电动车窗总开关 11 接线柱→搭铁 G303,使车窗上升。

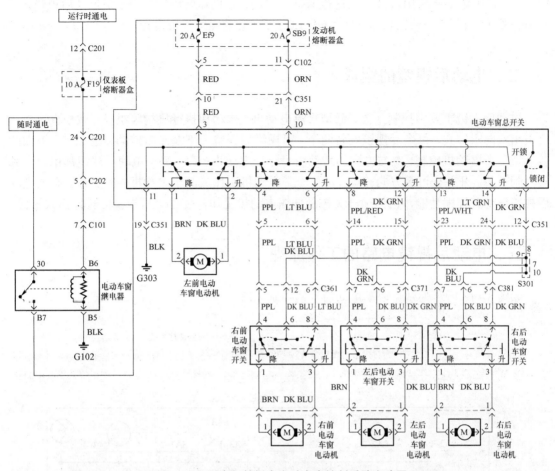

图 8-17 别克凯越轿车电动车窗控制系统电路图

当副驾驶乘客按下分开关相应的右侧门窗上升开关时,电流由蓄电池正极→电动车窗继电器触点→发动机熔断器盒 SB9 熔断器→电动车窗总开关 10 接线柱→电动车窗总开关开锁触点→电动车窗总开关 7 接线柱→S301→右前电动车窗开关 6 接线柱→开关触点→右前电动车窗开关 3 接线柱→右前电动车窗电动机→右前电动车窗开关 1 接线柱→开关触点→右前电动车窗开关 4 接线柱→电动车窗总开关 4 接线柱→开关触点→电动车窗总开关 11 接线柱→搭铁 G303,使车窗上升。

其他车窗的升降操纵与上述操纵方法相同。

课题四　电动后视镜

一、电动后视镜的作用

汽车上的后视镜位置直接关系到驾驶员能否观察到车后的情况,与行车的安全性有着密切联系。后视镜如果采用机械方式进行调整是比较麻烦的，现代汽车均采用电动后视镜，驾驶员在驾驶位置即可通过开关，十分方便地对后视镜的照射位置进行调整。

二、电动后视镜的组成

电动后视镜主要由控制开关、微型直流电动机、传动和执行机构等组成。微型直流电动机采用双向永磁式，每个后视镜安装两个，可操纵后视镜上下及左右转动。通常上下方向的转动用一个电动机控制，左右方向的转动由另一个电动机控制。每个电动后视镜都用一个独立控制开关，开关杆可多方向移动，可使一个电动机工作或两个电动机同时工作。有的电动后视镜还带有伸缩功能，由伸缩开关控制伸缩电动机工作，使整个后视镜回转伸出或缩回。

三、电动后视镜电路的工作原理

如图 8-18 所示为别克轿车电动后视镜控制电路。

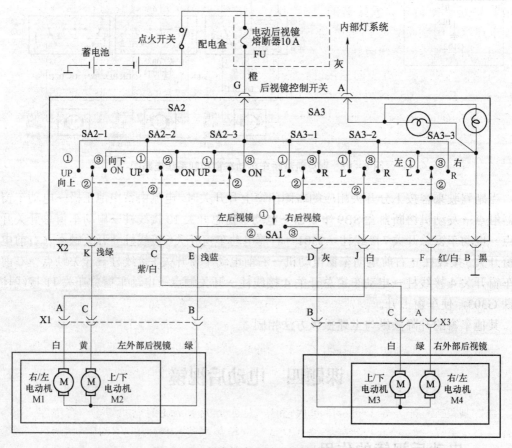

图 8-18　别克轿车电动后视镜控制电路

1. 左右后视镜选择电路

左右后视镜选择电路用于选择需要调整的后视镜。左右后视镜选择电路由 SA1 开关控制，当 SA1 开关的①、②触点接通时，左侧后视镜处于位置调整状态；当 SA1 开关的①、③触点接通时，右侧后视镜处于位置调整状态。

下面以左侧后视镜为例，叙述后视镜位置调整时电路的工作原理。右侧可参照左侧。

2. 左侧后视镜位置调整电路

当 SA1 开关的①、②触点接通时，操纵控制开关 SA2、SA3，可使左侧后视镜形成如下电路：向上调整的控制电路、向下调整的控制电路、向左调整的控制电路、向右调整的控制电路。

（1）向下调整的控制电路

当控制 SA2 开关处于向右接通状态时，从而形成了下述的电流通路：蓄电池"+"接线柱→点火开关→电动后视镜熔断器（10 A）→橙色导线→控制开关插接器的"G"端子→SA2-3 开关的③、②触点接通→SA1 开关的①、②触点闭合→控制开关插接器的"E"端子→浅蓝色导线→左侧后视镜插接器的"B"端子→绿色导线→上/下电动机 M2→黄色导线→左侧后视镜插接器的"C"端子→浅绿色导线→控制开关插接器的"K"端子→SA2-1 的②、③触点接通→控制开关插接器的"B"端子→黑色导线→搭铁→蓄电池"-"接线柱。

上述这一电流通路使上/下电动机 M2 起动运转向下移动左后视镜。

（2）向上调整的控制电路

当控制 SA2 开关处于向左接通状态时，从而形成了下述的电流通路：蓄电池"+"接线柱→点火开关→电动后视镜熔断器（10 A）→橙色导线→控制开关插接器的"G"端子→SA2-1 开关的①、②触点接通→控制开关插接器的"K"端子→浅绿色导线→左侧后视镜插接器的"C"端子→黄色导线→上/下电动机 M2→绿色导线→左侧后视镜插接器的"B"端子→浅蓝色导线→控制开关插接器的"E"端子→SA1 开关的②、①触点闭合→SA2-3 开关的②、①接通触点→控制开关插接器的"B"端子→黑色导线→搭铁→蓄电池"-"接线柱。

上述这一电流通路使上/下电动机 M2 起动运转向上移动左后视镜。

（3）向左调整的控制电路

当控制 SA3 开关处于向左接通状态时，从而形成了下述的电流通路：蓄电池"+"接线柱→点火开关→电动后视镜熔断器（10 A）→橙色导线→控制开关插接器的"G"端子→SA3-1 开关的①、②触点接通→SA1 开关的①、②触点闭合→控制开关插接器的"E"端子→浅蓝色导线→左侧后视镜插接器的"B"端子→绿色导线→右/左电动机 M1→白色导线→左侧后视镜插接器的"A"端子→白色导线→控制开关插接器的"J"端子→SA3-2 的②、①触点闭合→控制开关插接器的"B"端子→黑色导线→搭铁→蓄电池"-"接线柱。

上述这一电流通路使右/左电动机 M1 起动运转向左移动左后视镜。

（4）向右调整的控制电路

当控制 SA3 开关处于向右接通状态时，从而形成了下述的电流通路：蓄电池"+"接线柱→点火开关→电动后视镜熔断器（10 A）→橙色导线→控制开关插接器的"G"端子→SA3-2 开关的③、②触点接通→控制开关插接器的"J"端子→白色导线→左侧后视镜插接器的"A"端子→白色导线→右/左电动机 M1→绿色导线→左侧后视镜插接器的"B"端子→浅蓝色导线→控制开关插接器的"E"端子→SA1 开关的②、③触点闭合→SA3-1 开关的②、③触点接通→控制开关插接器的"B"端子→黑色导线→搭铁→蓄电池"-"接线柱。上述这一电流通路使右/左,电动机 M1 起动运转向右移动左后视镜。

课题五 电动座椅

一、电动座椅的作用

为了提高汽车乘坐的舒适性,减小驾驶或长时间乘车的疲劳,现代轿车都安装有座椅调整装置。通过控制开关,可方便地调整座椅的前后、上下位置和座椅靠背的倾斜角度。一般前后方向的调节量一般为 100~160 mm,座位上下的调节量为 30~50 mm。全程移动所需时间为 8~10 s。

二、电动座椅的组成

如图 8-19 所示,电动座椅主要由双向直流电动机、传动机构和座椅调节开关、控制器(ECU)等组成。电动座椅按移动的方向数可分为两方向、四方向和六方向 3 种。

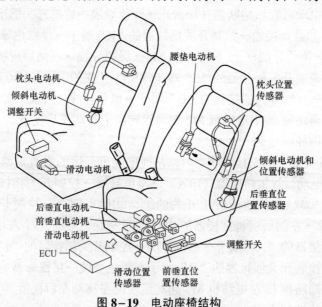

图 8-19 电动座椅结构

① 两方向:往前和往后移动座椅。
② 四方向:往前、往后、往上和往下移动座椅。
③ 六方向:往前、往后、往上、往下、前俯和后仰调整座椅。

电动座椅的移动,可由一台或几台电动机控制。其驱动方式是电动机通过齿轮带动齿条(见图 8-20),或通过蜗杆带动蜗轮。典型的调整开关由一个四位置板钮开关和一对位置开关组成。四位置板钮用来调整前、后和上、下的位置，两只两位置开关分别调整座椅的前俯和后仰。

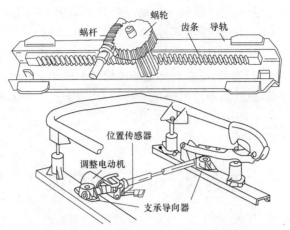

图 8-20 电动座椅前后调整传动机构

三、电动座椅控制电路的工作原理

电动座椅控制电路的原理与电动车窗的控制电路相似，通过调整开关控制双向直流电动机的电流方向来实现，图 8-21 为别克轿车驾驶员座椅控制电路，它有 6 种可调方式，即座椅前部上、下调节，后部上、下调节，座椅前、后调节。如电动座椅前、后调节，其工作电路为：

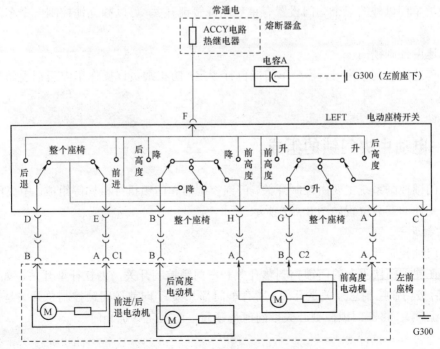

图 8-21 别克轿车驾驶员座椅控制电路

① 向前调节。将电动座椅开关拨到"前进"位置时，电路中的电流为：蓄电池"+"接线柱→熔断器（发动机盖下熔断器盒）→电动座椅开关端子 F→前后调节开关"前进"→电动座椅开关端子 E→前进/后退电动机→电动座椅开关端子 D→电动座椅开关端子 C→搭铁，前进/后退电动机工作，座椅向前移动。

② 向后调节。将电动座椅开关拨到"后退"位置时，电路中的电流为：蓄电池"+"接线柱→熔断器（发动机盖下熔断器盒）→电动座椅开关端子 F→前后调节开关"后退"→电动座椅开关端子 D→前进/后退电动机→电动座椅开关端子 E→电动座椅开关端子 C→搭铁，前进/后退电动机工作，座椅向后移动。

课题六　电动中央门锁

一、电动中央门锁的作用

为了使汽车的使用更加方便和安全，现代轿车多数安装了电动中央门锁，它具有以下三大功能。

（1）中央控制锁门

驾驶员可通过门锁开关同时打开各个车门，也可单独打开某个车门，当驾驶员车门锁住时，其他三个车门也同时锁住。

（2）单独控制锁门

驾驶员车门以外的三个车门设置有单独的弹簧锁开关，可以独立地控制一个车门的打开和锁住。

（3）速度控制锁门

当行车速度达到一定时，各个车门能自行锁定，防止乘员误操作车内门把手而导致车门打开。

二、电动中央门锁的组成

中央门锁控制系统主要由控制开关、门锁控制器和门锁执行机构等组成。中央门锁控制系统控制元件的安装位置如图 8-22 所示。

1. 控制开关

（1）门锁控制开关

安装在左前门扶手上的门锁控制总开关和左门锁控制开关，为杠杆型开关，如图 8-23 所示。向后按门锁控制总开关是开门（所有车门都开锁），向前按门锁控制总开关是锁门（所有车门都上锁）；将左门锁控制开关推向前是锁门，而推向后是开门。

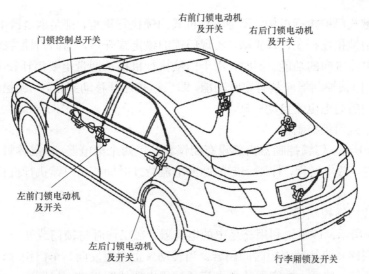

图 8-22 电动中央门锁控制元件的安装位置

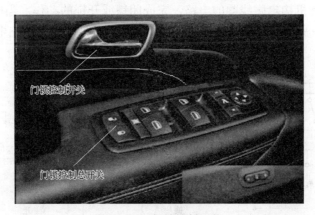

图 8-23 门锁控制开关

（2）钥匙控制开关

钥匙控制开关安装在两个前门把手的端部。当从外面用钥匙开门和锁门时，钥匙控制开关便发出开门或锁门的信号给门锁控制单元。

（3）行李厢门开启器开关

行李厢门开启器开关位于仪表板下面，拉动此开关便能打开行李厢门。

钥匙门锁靠近行李厢门开启器，推压钥匙门锁，断开行李厢内主开关，此时再拉开启器开关也不能打开行李厢门。如果将钥匙插进钥匙门内顺时针旋转打开钥匙门，主开关再次接通，便可用行李厢门开启器打开行李厢。

（4）门控开关

门控开关用于检测车门的开闭情况，为车载控制电路提供状态信号。车门打开时，门控开关接通；车门关闭时，门控开关断开。

2. 门锁控制器

门锁控制器为门锁执行机构提供锁门、开门脉冲电流，有晶体管式门锁控制器、电容式门锁控制器和车速感应式门锁控制器。

无论是电磁式门锁执行机构,还是电动机式门锁执行机构,都是通过改变执行机构通电电流方向来控制锁扣连杆左、右移动,实现门锁的锁定或开启,因而门锁控制器应具有控制执行机构通电电流方向的功能。同时,由于门锁执行机构长期带电要消耗较大的电能,为了缩短工作时间,门锁控制器应具有定时功能,即当锁扣连杆移动到位、门锁已锁定或开启时,应控制执行机构的通电电流自动中断。

(1) 晶体管式门锁控制器

如图 8-24 所示,门锁控制器内部设有闭锁和开锁两个继电器,由晶体管开关电路控制,利用电容器的充、放电过程,控制一定的脉冲电流持续时间,使门锁执行机构完成闭锁和开锁动作。

(2) 电容式门锁控制器

如图 8-25 所示,该系统利用充足电的电容器,在工作时将锁门或开门继电器串联接入电容器的放电回路,使其触点短时间闭合。当转动(正向或反向)车门钥匙时,相应的电路开关(闭锁或开锁)接通,电容器放电电流通过继电器线圈搭铁,线圈产生电磁吸力,触点闭合,接通门锁执行机构电磁线圈的电路,完成闭锁或开锁的动作。当电容器放电完毕后,继电器触点打开,中央门锁控制系统停止工作。此时另一只电容器被充电,为下一次操作做好准备。

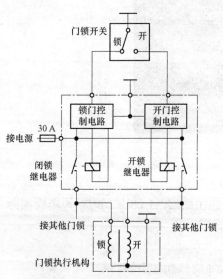

图 8-24 晶体管式门锁控制器电路

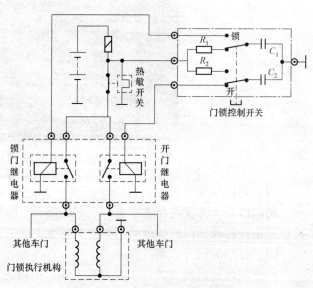

图 8-25 电容式门锁控制器电路

(3) 车速感应式门锁控制器

在中央门锁控制系统中加装一车速(10 km/h)感应开关,当汽车行驶速度达 10 km/h 以上时,若车门未闭锁,不需要驾驶员操纵,门锁控制器将自动闭锁。每个车门可单独进行闭锁和开锁。车速感应式门锁控制器电路如图 8-26 所示。

接通点火开关,电流流经 3 个车门报警灯开关搭铁(此时若门锁未锁,则开关打开),报警灯点亮。若按下闭锁开关,则定时器使晶体管 VT_2 导通。在 VT_2 导通期间,闭锁继电器线圈 L_1 通电,闭锁继电器常开触点闭合,门锁执行机构通过正向电流,车门闭锁。当按下开锁开关,则开锁继电器线圈 L_2 通电,开锁继电器常开触点闭合,门锁执行机构通过反向电流，车门开锁。

若车门未闭锁，且行车速度低于 10 km/h 时，置于车速表内的 10 km/h 开关闭合，此时稳态电路不向 VT_1 提供基极电流；当车速高于 10 km/h 时，10 km/h 开关断开，此时稳态电路给 VT_1 提供基极电流，VT_1 导通，定时器触发端经 VT_1 和车门报警灯开关搭铁，就像按下闭锁开关一样，使车门闭锁，从而保证行车安全。

3. 门锁执行机构

电动门锁执行机构主要有电磁式、电动机式、真空式和电子式 4 种，一般车辆上常采用电磁式或电动机式门锁执行机构。

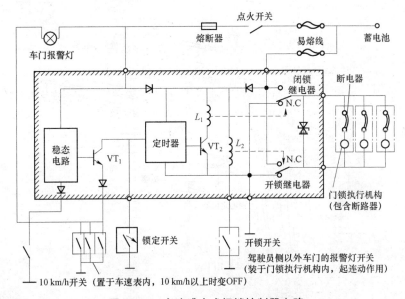

图 8-26 车速感应式门锁控制器电路

（1）电磁式门锁执行机构

电磁式门锁执行机构工作原理如图 8-27 所示，其内部有两个电磁线圈，分别用于开启和关闭门锁。当给锁门线圈通电时，衔铁带动连杆左移，即锁门；当给开锁线圈通电时，衔铁带动连杆右移，即开锁。

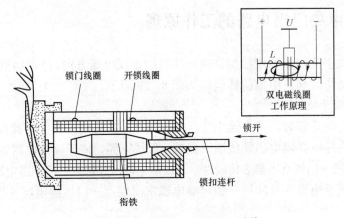

图 8-27 电磁式门锁执行器结构

| 211 |

（2）电动机式门锁执行机构

电动机式门锁执行机构一般采用可逆式电动机,其结构和工作原理如图 8-28 所示。当电动机转动时,蜗杆带动蜗轮转动,蜗轮推动锁杆,车门被锁上或打开,然后蜗轮在复位弹簧的作用下返回原位置,防止操纵锁钮时电动机工作。位置开关在锁杆推向锁门位置时断开,推向开门位置时接通。

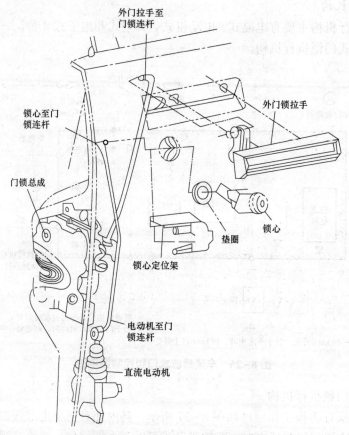

图 8-28　电动机式门锁执行器结构

三、电动中央门锁电路的工作原理

直流电动机式中控门锁利用控制直流电动机的正反电流方向,使电动机正反向运转来完成门锁的开、关动作,别克中控门锁电路如图 8-29 所示。

1. 用左前门锁开关开锁

用左前门锁开关开锁时,蓄电池电流经熔断器 1→左前门锁开关 1 接线柱→3 接线柱→门锁继电器 3 接线柱→开锁电磁铁线圈→搭铁,形成回路,使开锁继电器常开触点闭合,蓄电池电流经熔断器 2→门锁继电器 2 接线柱→开锁继电器常开触点→门锁继电器 7 接线柱→4 个门锁电动机→门锁继电器 5 接线柱→锁定继电器常闭触点→门锁继电器 6 接线柱→搭铁,门锁电动机开锁。

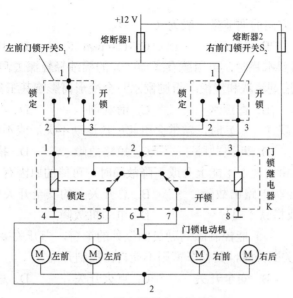

图 8-29 别克轿车电动门锁电路

2. 用左前门锁开关锁门

用左前门锁开关锁门时，蓄电池电流经熔断器 1→左前门锁开关 1 接线柱→2 接线柱→门锁继电器 1 接线柱→锁定电磁铁线圈→搭铁，形成回路，使锁定继电器常开触点闭合，蓄电池电流经熔断器 2→门锁继电器 2 接线柱→锁定继电器常开触点→门锁继电器 4 接线柱→4 个门锁电动机→门锁继电器 7 接线柱→开锁继电器常闭触点→门锁继电器 6 接线柱→搭铁，门锁电动机锁门。

思考与练习

一、单选题

1. 改变永磁式电动刮水器转速是通过（　　）实现的。
   A. 改变电动机端电压
   B. 改变通过电枢电流
   C. 改变正负电刷间串联的有效线圈数
   D. 改变电枢绕组的电阻

2. 中央门锁直流电动机执行机构动作，都是通过改变（　　）方向转换其运动方向。
   A. 电流　　　　B. 电压　　　　C. 电阻　　　　D. 电源的大小

3. 每个电动后视镜应在其背后装（　　）个可逆永磁电动机。
   A. 1 个　　　　B. 2 个　　　　C. 3 个　　　　D. 4 个

4. 汽车的电动车窗应装（　　）个可逆永磁电动机，它可以双向旋转，控制车窗玻璃的上升或下降。
   A. 1 个　　　　B. 2 个　　　　C. 3 个　　　　D. 4 个

5. 电动座椅前后方向的调节量一般为（　　）。
   A. 30 mm　　　B. 80 mm　　　C. 120 mm　　　D. 180 mm
6. 当清洗刮水器刮水片时，可用蘸有（　　）的棉纱轻轻擦去刮水片上的污物，刮水器刮水片不可用有机溶剂清洗和浸泡，否则刮水片会变形而影响其工作。
   A. 酒精　　　B. 香蕉水　　　C. 清洗剂　　　D. 汽油
7. 当电动座椅出现（　　）时，常常会引起座椅运动不灵活或不到位。
   A. 机械故障　　　B. 断路故障　　　C. 短路故障　　　D. 搭铁不良
8. 某汽车电动车窗出现都不能上升或下降故障时，可能的原因有（　　）。
   A. 开关损坏或控制电路出故障　　　B. 总开关上的安全开关出故障
   C. 熔断器熔断或搭铁不良　　　D. 电动机故障
9. 电动车窗的（　　）能控制除驾驶员侧以外的车窗，当开关接通时，其他车窗能够自由控制升降；当开关断开时，其他车窗则不能自由控制升降。
   A. 保护开关　　　B. 安全开关　　　C. 点火开关　　　D. 总开关

二、多选题
1. 车窗启动防夹功能的依据可能为（　　）。
   A. 车窗电动机的运转噪声
   B. 霍尔传感器传送来的车窗电动机转速变化数据
   C. 车窗控制模块改变电流方向信号
   D. 电流检测电路检测到的电动机电流变化数据
2. 电动座椅一般由（　　）组成。
   A. 调节开关　　　　　　　　　B. 座椅调节电动机
   C. 蓄电池　　　　　　　　　　D. 过载保护器
3. 电动车窗常见的故障现象有（　　）。
   A. 所有车窗均不能工作
   B. 车窗只能向一个方向运动
   C. 驾驶员侧车窗工作，其他车窗不工作
   D. 车窗运动过程中有卡滞现象
4. 电动刮水及清洗系统在使用过程中应注意的事项有（　　）。
   A. 不要随意拆下电动机
   B. 定期检查刮水器的刮水片
   C. 必须用蘸有汽油的面纱轻轻擦去刮水片上的污物
   D. 刮水器电动机不要随意拆卸
5. 电动后视镜开关可以分别控制电动后视镜的（　　）位置。
   A. 水平　　　B. 上下　　　C. 垂直　　　D. 左右

三、判断题
（　　）1. 不打开空调 A/C 开关，且冷却液水温低于 93 ℃时，散热器风扇工作。
（　　）2. 刮水器开关置于间歇位置时，刮水电动机以慢速工作模式间歇刮水。
（　　）3. 汽车后风窗玻璃除霜电热丝应采用常火线供电。
（　　）4. 电动车窗主控开关上的总开关是控制分开关的搭铁线。

(　　) 5. 每个电动后视镜都用一个独立控制开关,开关杆无法使两个电动机同时工作。

(　　) 6. 带存储功能的电动座椅,采用了微机控制,它能将选定的座椅调节位置进行存储,只要按指定的按键开关,座椅就会自动地调节到预先选定的座椅位置上。

(　　) 7. 除驾驶员侧车窗外,其他车窗都不能工作,可能是驾驶员侧总开关上面的安全开关出现故障引起的。

(　　) 8. 倾斜调节电动机可以控制座椅前端上下的升降动作,改变座椅的水平角度,以适应不同身材驾乘人员的需要。

(　　) 9. 在座椅调节过程中,若电动座椅调节电动机电路电流过大,过载熔断器就会熔断。

(　　) 10. 对于多数轿车,只要设有玻璃防夹功能,则所有车门玻璃升降都具有该功能。

(　　) 11. 对于玻璃防夹功能起了一次作用后,必须要初始化玻璃的上下位置才可再次实现防夹功能。

(　　) 12. 每个电动后视镜上有两套调整电动机和驱动器。

(　　) 13. 电子感应式刮水器是根据雨量自动调节刮水器的刮水速度的。

(　　) 14. 当冬季使用刮水器时,若刮水片被冰冻住或被雪团卡住,应立即断开开关,清除冰块、雪团后方可继续使用,否则,会因刮水片阻力过大而烧坏电动机。

四、问答题

1. 试分析单风扇控制电路的工作原理。
2. 简述电动刮水器的变速原理。
3. 当关闭电动刮水器时,其刮水片为什么总是停在风窗玻璃的下边缘?
4. 汽车玻璃除霜一般采用哪些方式?最常用的是什么方法?
5. 简述电动车窗的工作过程。
6. 试分桑塔纳 2000 GSi 轿车电动后视镜控制电路,以及右侧后视镜左右调整过程。
7. 简述电动座椅的工作原理。

模块九　空调系统

学习目标：

了解空调系统的组成、功能。
了解制冷的基本原理及制冷循环工作过程。
了解汽车空调控制系统的控制原理。
掌握汽车空调系统维护和检修的基本方法。
掌握汽车空调常见故障的分析、诊断和排除能力。

课题一　空调系统的构成

一、汽车空调系统的组成及作用

汽车空调是指对汽车驾驶室和车厢内的空气进行调节，使之在温度、湿度、流速和洁净度上能满足人体舒适的需要。汽车空调可以给车内乘员创造舒适环境，减少疲劳，提高行车安全性，进而增加驾驶里程，提高运输效率。

汽车空调主要包括制冷系统、采暖系统、通风系统、空气净化系统和控制系统。

1. 制冷系统

制冷系统的作用是利用冷媒在密封的系统内运行，通过热交换器（蒸发器）吸收驾驶室和车厢内的热量，降低车内温度。车辆在夏季正常行驶时，会有大量的热量进入车内，这些热量来自汽车发动机、阳光照射、车外高温空气和人体散发的热量。空调制冷系统要将这些热量移到车外，以使乘客感到舒适。

制冷系统主要由压缩机、冷凝器、储液干燥器（或积累器）、膨胀阀（或孔管）、蒸发器和电气控制系统组成。由于蒸发器的表面温度低于空气的露点温度，因此制冷系统还有除湿和净化空气的作用。

2. 采暖系统

汽车空调采暖系统的作用是为车室内冬季取暖及车窗玻璃除霜、夏季雨天车窗玻璃除雾。根据热源的不同，汽车空调采暖系统可分为余热式、独立式和电热式三种。一般后风窗玻璃多采用电热式除霜除雾,使用时通电对玻璃加热即可。

余热式采暖装置又分为水暖式和气暖式两种,即利用发动机工作时冷却液和排气的热量,对车室内进行采暖。它主要由加热器、鼓风机、热水阀和水管等组成。

3. 通风系统

通风系统的作用是换气,即将车外的新鲜空气引入车内,将车内的污浊空气排出车外。通风方式可采用动压通风或强制通风。动压通风系统由进、出风口和通风管道组成;强制通风系统一般由风扇、风道、风门、出风口等组成,它把车外的新鲜空气引入车内,通过排风口把车内污浊空气排出车外。

按照通风系统的操控方式不同,可分为手动式和自动式两种。手动式空调通风系统是驾驶员直接通过空调控制面板上的控制开关来控制通风的风量、进气方式、出风温度及送风的方式等;自动式空调通风系统是空调系统 ECU 根据驾驶员设定的空调工作状态及相关的传感器信号,输出电信号给执行器,自动调节风扇转速和各风门位置。

4. 空气净化系统

空气净化系统的作用是对进入车内的空气以及在车内循环的空气进行净化。进入车内的空气主要受到环境的污染,如尘土、烟尘及车辆尾气等;车内循坏的空气受到人的活动和工作过程的污染,如人体呼出的二氧化碳及汗液味等,这些都对车内人员的健康不利,因此汽车空调需设空气净化系统。净化方式有两种:一种是采用空气净化器,让车内空气通过静电除尘器、空气过滤除尘器(要根据使用里程定期更换)、活性炭吸附器、负离子发生器和有害气体催化器等装置达到空气净化的目的;另一种是利用光电传感器测出车内空气的污染程度,自动控制新鲜空气风门的开启程度,让车内受污染的空气排出车外,达到净化车内空气的目的。

5. 控制系统

控制系统主要用来对制冷系统、采暖系统、通风系统的工作进行控制,同时对车内的温度、风量及其流向进行调节,保证空调系统能够正常工作。

控制系统一般由电气系统、真空系统和操纵装置组成。自动汽车空调配备了电子控制系统,由传感器、控制器及执行机构组成的电子控制系统,用于自动调节车内空气的温度、湿度、空气流量和流向,使车内形成冷暖适宜的气流,实现车内环境在各个季节、全方位多功能的最佳调节。

二、衡量汽车空调质量的指标

汽车空调的作用是使车内空气环境达到人体最适宜的状态。人对车内空气环境的舒适感觉与车内空气的温度、湿度、风速及空气的清新度等因素有关,能否将车内的空气调节到人体感觉最舒适的程度,是衡量汽车空调质量高低的标准。

1. 空气温度

空气温度是汽车空调质量最重要的指标。人感觉最适宜的温度是夏季为 22~28 ℃,冬季为 16~18 ℃。在冬季如果温度低于 14 ℃,人就会有冷的感觉,温度越低,手脚动作越容易僵硬,操作灵活性会越差,对行车安全会有影响;当温度下降到 0 ℃时,会使人产生冻伤。

在夏季如果温度高于 28 ℃，人体就会有热的感觉，温度越高，头昏脑胀、精神不集中、思维迟钝的情况就会越严重，很容易造成行车事故；如果车内温度高于 40 ℃，就会对人体健康造成伤害。

除了温度的高低对人体舒适性的影响外，温度的分布对人体舒适性感觉也有影响。人体适宜的温度分布是头凉足暖，头部的舒适温度比足部要低 1.5～2 ℃，温差在 2 ℃左右。

2. 空气湿度

空气湿度是汽车空调质量的另一项指标，人们通常用空气潮湿、空气干燥来表示空气湿度过高或过低。人体适宜的相对湿度夏季为 50%～60%，冬季为 40%～50%，在此湿度范围内，人会感觉舒畅，皮肤光滑、柔嫩。湿度过低（15%～30%），人体皮肤会干燥，衣服与皮肤摩擦产生静电而使人感觉很不舒服；如果湿度太低，则会使人体皮肤因缺水而造成干裂。湿度过高（90%～95%），人体皮肤水分蒸发不出去，干扰人体正常新陈代谢；湿度太高，人会有"闷"的感觉，对人体健康会有不利影响。

3. 空气流速

空气流速也是反映汽车空调质量的参数之一。空气的流动可促进人体内外散热，适宜的空气流速应在 0.075～0.2 m/s 之内。空气低速流动会使人感觉舒适，如果风速过高，人就会有不舒适的感觉。

4. 空气清新度

空气清新度是反映汽车空调质量的另一项指标。清新的空气应该是富氧、少 CO_2（＜0.03%）和 CO（＜0.01%）、少粉尘。由于汽车内空间较小，极易造成空气混浊，使人感觉不适，且对乘员身体健康不利。如果 CO_2 含量＞1.0%、CO 含量＞0.03%，则会严重影响乘员的身体健康。

三、汽车空调的工作环境及要求

汽车空调安装在汽车上，其工作环境与室内的空调有较大的差别，因而对汽车空调有特殊的要求。汽车空调工作环境的特殊性主要有如下几方面。

1. 承受频繁的振动及冲击

汽车在行驶时，车辆的颠簸振动、汽车加减速时的惯性力，使汽车空调系统要承受剧烈而又频繁的振动和冲击。因此，要确保汽车空调在这样的工作环境下正常工作，汽车空调的零部件应有足够的强度和抗振能力，而系统管路接头连接必须牢固，其防泄漏能力要强。

2. 空调的热负荷大

汽车车内的空间狭小，人员相对密集，人体散发的热量相对较多；车身的隔热差，加之车门窗玻璃和前后风窗玻璃的面积相对较大，车外的热量很容易通过热传导、热对流和热辐射的传热方式进入车内。因此，汽车空调的热负荷比室内空调要大很多，且气流分布难以均匀。在这样的热负荷下，要确保车内空气保持在适宜的温度，就要求汽车空调的制冷量要足够大，具备迅速降低车内温度的能力。

3. 需由汽车发动机承担空调动力源

汽车空调需要用车载发动机作为空调的动力源，尤其是使用最为广泛的非独立式汽车空调,发动机既要给空调提供动力,也是汽车的动力源。为尽可能节约发动机有限的动力和降低汽车的油耗,要求汽车空调的效率要高。

此外,非独立式汽车空调系统的压缩机由发动机驱动,其制冷能力受发动机转速变化的影响很大。发动机在怠速或低转速工况下,压缩机的转速也低,其制冷能力小;而汽车高速行驶,发动机处于高速运转时,压缩机的转速高,其制冷能力也强。因此,要求汽车空调设备的大小选择和控制要合理,空调既要能满足汽车怠速或低速行驶时的制冷需要,又不会在汽车正常或高速行驶时造成浪费。

4. 汽车结构空间有限

由于汽车本身结构非常紧凑,可供安装空调设备的位置和空间极为有限。因此,要求汽车空调的结构要紧凑,各部件的体积小、质量轻,以便能在有限的空间顺利安装,且安装了空调后,不至于使汽车增重太多,影响其动力性和经济性。现代汽车空调采用了全铝、薄壁结构、多元平流式冷凝器及多缸化新型压缩机,其重量已经比20世纪60年代下降了60%,而制冷能力却增加了50%。

四、汽车空调的类型

不同类型、不同级别的汽车,其装备的空调也会有所不同,因此,现代汽车空调有多种结构类型,现以不同的分类方法予以概括。

1. 按空调压缩机驱动方式分

(1) 独立式空调

独立式汽车空调由专用空调发动机来驱动制冷压缩机。独立式空调系统的制冷量大,工作稳定,但成本高,体积及质量大。独立式汽车空调多用于制冷量较大的大、中型客车上。

(2) 非独立式空调

非独立式汽车空调由汽车发动机直接驱动制冷压缩机。这种汽车空调结构紧凑,其缺点是制冷性能受汽车发动机工作的影响,工作稳定性较差。小型客车和轿车都采用了非独立式汽车空调。

2. 按空调的功能分

(1) 单独功能型空调

单独功能型汽车空调可以有制冷和采暖两种功能,但是该种类型空调是将制冷系统、取暖系统、强制通风系统各自安装、单独操作,互不干涉,多用于大型客车和载货汽车上。

(2) 冷暖一体型空调

冷暖一体型汽车空调的制冷、取暖和通风共用一台鼓风机及一个风道,冷风、暖风和通风在同一控制板上进行控制。冷暖一体型汽车空调结构紧凑,操作方便,多用于轿车上。

3. 按空调系统的调节方式分

(1) 手动调节空调

由驾驶员通过控制板的功能键完成对空调的温度、通风机构和风向、风速的调节。目前这种空调系统在汽车上还有较多的应用。

（2）自动控制空调

由电子控制器根据各相关传感器的电信号，自动对空调的温度、风量及风向等进行调节，可实现对车内空气环境的全季节、全方位、多功能的最佳调节和控制。自动控制空调又分模拟控制和微机控制两种形式，现代汽车已普遍采用微机控制的自动空调系统。

课题二　空调系统的工作原理

一、制冷系统

1. 汽车空调制冷系统的基本组成

现代汽车空调普遍采用的蒸气压缩式制冷系统通常由压缩机、冷凝器、节流装置、储液干燥器、蒸发器及相应的连接管等组成，图 9-1 所示的是应用于汽车的空调制冷系统。

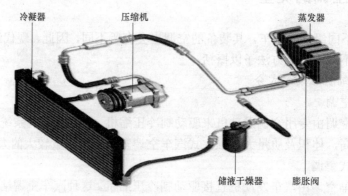

图 9-1　汽车空调制冷系统的组成

（1）压缩机

压缩机是制冷系统的心脏部件，其作用是抽吸和压缩制冷剂并使其不断循环。

（2）冷凝器

冷凝器是制冷系统中的一个热交换器，其作用是将压缩机排出的高温、高压制冷剂蒸气进行冷却，使之转化为液态制冷剂，并通过热对流—热传导—热对流的方式将制冷剂液化过程放出的热量散发到车外空气中。

（3）节流装置

节流装置的作用是对循环流动的制冷剂进行节流，通过其节流作用将冷凝器输出的液态制冷剂进行降温降压，以使送入蒸发器的制冷剂能完全汽化而吸收更多的热量。

（4）储液干燥器

储液干燥器的作用是对循环流动的制冷剂进行过滤、除湿、气液分离，当节流装置根据蒸发器表面的温度对制冷剂循环流量做减少或增加调整时，储液干燥器可临时性地存储一些制冷剂或向系统补充制冷剂。

（5）蒸发器

蒸发器也是制冷系统中的热交换器，通过热对流—热传导—热对流的方式将车内空气的热量传递给制冷剂，使液态制冷剂完成汽化过程，并通过鼓风机强制对流的方式将其送入车内，以实现对车厢内空气的降温和除湿。

2. 汽车空调制冷系统的工作原理

（1）汽车空调制冷基本原理

汽车空调制冷系统通过制冷剂的循环流动实现制冷，制冷工作原理如图9-2所示。

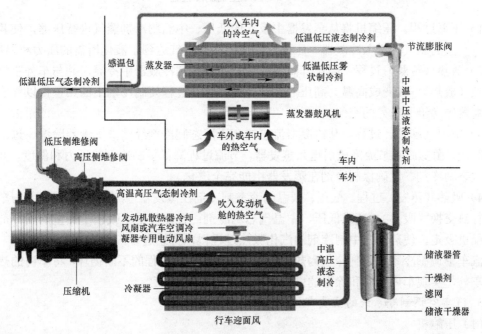

图9-2 汽车空调制冷原理图

当制冷压缩机由发动机驱动时，压缩机对吸入的制冷剂蒸气进行压缩，并通过高压管路送到冷凝器；进入冷凝器的高温高压制冷剂蒸气通过冷却风扇和汽车行驶形成自然风的冷却，成为饱和蒸气并冷凝成高温高压的液体，然后从冷凝器底部流向储液干燥器。

液态制冷剂经过干燥器的过滤、脱水，再经高压管流到膨胀阀，由膨胀阀节流后形成低温低压且雾状（有少量蒸气，并将此种状态的制冷剂称为湿蒸气）的制冷剂。

送入蒸发器的制冷剂在蒸发器内吸热并升温至饱和温度后沸腾，并在汽化过程中吸收蒸发器周围空气的热量；蒸发器周围已被冷却了的空气通过鼓风机风扇吹入车内，使车内空气降温除湿。

在压缩机的抽吸作用下，吸收了大量热量的制冷剂蒸气从蒸发器流出，经过低压管路进入压缩机，再由压缩机压缩成高温高压气体，如此循环制冷。

（2）汽车空调制冷过程

蒸气压缩式制冷过程如图9-3所示。制冷系统通过制冷剂的气、液两相转换时所形成的吸热和放热过程实现制冷。围绕制冷剂的气、液转换，制冷工作循环可以归纳为压缩、放热、节流和吸热四个过程。

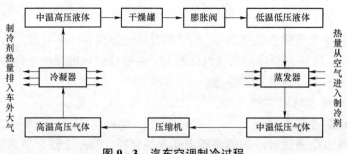

图 9-3 汽车空调制冷过程

1)压缩过程。压缩机将从蒸发器中吸入的低压、中温制冷剂蒸气进行压缩,使其成为高压、高温的蒸气并送入冷凝器。压缩过程使制冷剂蒸气达到了液化所需的压力和温度。

2)放热(冷凝)过程。高压、高温的气态制冷剂在冷凝器中冷凝,并与车外空气进行热交换(放热),转变成高温、高压液态制冷剂。这一过程使制冷剂中的热量得以释放并通过冷凝器传递给了车外的空气。

3)节流(膨胀)过程。从冷凝器流出的高压液态制冷剂经储液干燥器除湿、过滤后流经膨胀阀,由膨胀阀节流降压后送入蒸发器。节流过程降低了制冷剂的压力和温度,并产生部分气态制冷剂,以确保制冷剂在蒸发器中能完全汽化。

4)吸热(蒸发)过程。低压、低温的液态制冷剂在蒸发器中汽化(沸腾),并与车内空气进行热交换(吸热),变成低压、中温气态制冷剂;在蒸发器中吸收了热量的制冷剂蒸气被压缩机吸走,使蒸发器中制冷剂的汽化吸热过程得以持续进行。

汽车空调制冷系统以制冷剂为热载体,通过上述四个过程的不断循环,将车内的热量转移到车外,实现车内降温和除湿的空气调节作用。

3. 汽车空调制冷系统的主要部件

(1)压缩机

压缩机是制冷系统中低压和高压、低温和高温的转换装置,是推动制冷剂在制冷系统中不断循环的动力,对输送制冷剂、保障制冷系统正常工作具有十分重要的作用。目前轿车上采用的压缩机主要有曲轴连杆式压缩机、斜盘式压缩机、摆盘式压缩机、刮片(旋叶)式压缩机、涡旋式压缩机等。

1)曲轴连杆式压缩机。曲轴连杆式压缩机的结构如图 9-4 所示,主要由曲轴连杆机构,进、排气阀,润滑机构和曲轴密封机构组成。

其工作过程如下。

① 压缩过程:制冷气体在气缸内从进气时的低压升高到排气压力的过程。

② 排气过程:制冷气体从气缸向排气管输出的过程。

③ 膨胀过程:活塞从上止点向下移动到进气阀打开的过程。

④ 进气过程:制冷剂从进气气阀进入气缸,直到活塞下行至下止点为止的过程。

2)斜盘式压缩机(又称双向斜盘式压缩机)。斜盘式压缩机的结构如图 9-5 所示,主要由缸体、活塞、主轴斜盘、前后缸盖、前后阀板、阀片、密封圈等组成。

图 9-6 所示为双向斜盘式压缩机的运动原理图,它的工作原理如下。

模块九　空调系统

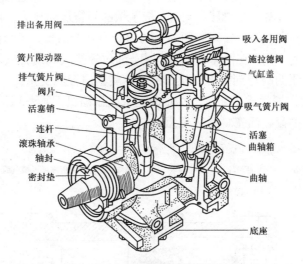

图 9-4　曲轴连杆式压缩机的结构

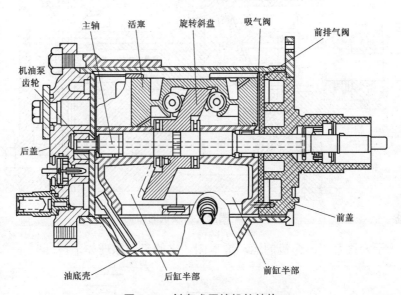

图 9-5　斜盘式压缩机的结构

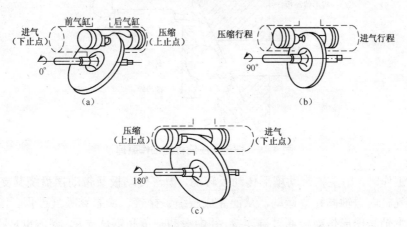

图 9-6　斜盘式压缩机的工作原理

当主轴转动时,通过斜盘和滑履的带动,把主轴的回转运动变为双向活塞沿轴向的往复运动,活塞以斜盘主轴为中心,在同一圆周上均匀分布几个活塞,每个活塞作双向工作,所以一个活塞起两个缸的作用,在活塞运动过程中,通过吸排气阀组把低温低压的制冷剂蒸气吸入,同时把高温高压的制冷剂排出,使其进入冷凝器进行热交换。

3)摆盘式压缩机。摆盘式压缩机也称轴向翘板式压缩机,摆盘式压缩机如图9-7所示,主要由缸体、主轴、摆盘、活塞、后盖等组成。

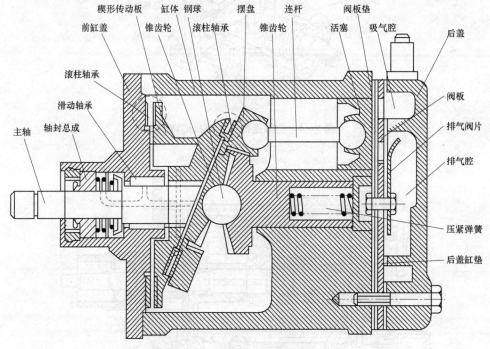

图9-7 摆盘式压缩机的结构

图9-8所示为摆盘式压缩机的运动原理图,它的工作原理如下。

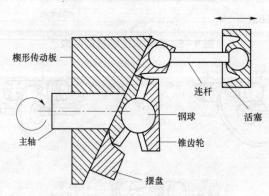

图9-8 摆盘式压缩机的工作原理

压缩机工作时,由主轴带动楔形传动板转动,楔形传动板又带动摆盘绕其支点摆动,并推动活塞在气缸内做轴向往复运动,从而完成压缩、排气、膨胀和吸气过程。

压缩机主轴与楔形传动板通过键连接,并由滑动轴承和钢球支承。钢球也是摆盘的支点,摆盘用球形万向节与连杆连接。缸体圆周上均布着与主轴平行的轴向气缸，摆盘绕钢球摆动时，气缸内的活塞做轴向运动。滚柱轴承使楔形传动板与摆盘之间形成滚动摩擦，以减小其摩擦阻力和零件的磨损。

4）刮片式压缩机。刮片式压缩机又称旋片式压缩机，有正圆形和椭圆形两种。刮片数有2、3、4、5几种，如图9-9所示。

刮片式压缩机的工作原理如下。

在圆形或椭圆形气缸内对圆形气缸偏心或对椭圆形气缸同心地安装一个带有几个刮片的转子，转子一回转，由于离心力和油压的作用，使刮片从刮片槽中向外伸张，碰到气缸壁，把气缸分成几个隔腔，随着轴的旋转，隔腔内的容积发生变化，以进行制冷剂的吸入、压缩、膨胀和排出过程。

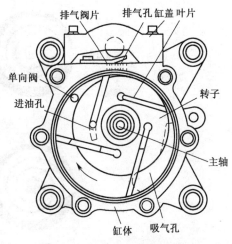

图9-9 刮片式压缩机的结构

5）涡旋式压缩机。涡旋式压缩机主要由定子、转子、机体、曲轴及防自转机构等组成，其组成与结构如图9-10所示。

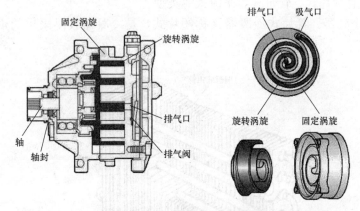

图9-10 涡旋式压缩机的结构

涡旋式压缩机的工作原理如图9-11所示。定子（固定涡旋）和转子（旋转涡旋）通常用铝合金制造，其顶端均设有密封件。定子侧面有排气口及舌簧阀，以防止高压制冷剂蒸气倒流。转子通过带偏心套的旋转机构实现回转运动。其中，转子与定子上的涡旋线型完全相同，只是装配后互相错开180°且相切。转子随曲轴进行回转运动，在运动中通过防自转机构使其保持不发生自转，并且使它的中心在以定子为圆心的圆周上做圆周运动。两涡旋形成的不同空间进行着不同的过程，外侧空间与吸气相通，始终处于吸气过程；中心部位与排气口相通，始终进行着排气过程；上述两空间的中间有两个半月形封闭腔，一直进行的是压缩过程。

从涡旋式压缩机的工作原理可知，由于其工作时基本上是连续吸气和排气，转矩均衡、振动小，而且封闭啮合线两侧的压力差较小，仅为进排气压力的一部分。又由于具有四个压力室，压缩过程中制冷剂泄漏较少。

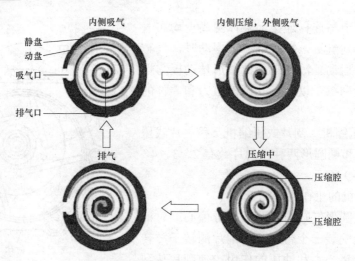

图 9-11 涡旋式压缩机的工作原理

（2）冷凝器

冷凝器是把来自压缩机的高温高压气体通过管壁和翅片将其中的热量传递给冷凝器周围的空气，从而使高温、高压的气态制冷剂冷凝成高温、高压的液体。

冷凝器主要有管片式、管带式、平流式等类型。

1）管片式冷凝器。管片式冷凝器又称翅片式，是冷凝器较早采用的形式，其结构如图 9-12 所示。

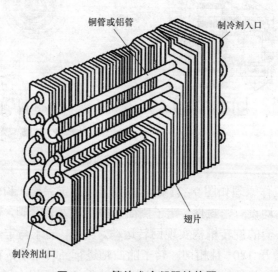

图 9-12 管片式冷凝器结构图

管片式冷凝器由圆形的铜管或铝管与套在管子上的翅片组成。翅片通常采用铝片，其作用是增大冷凝器的散热面积，同时也有支承冷凝管的作用。为使翅片与管子紧密接触，确保良好的传热，翅片安装采用了胀管技术。

管片式冷凝器结构简单，加工方便，价格便宜，但散热效果较差。目前只在大中型汽车上还有较多应用。

2）管带式冷凝器。管带式冷凝器由弯成蛇形的多孔扁管和折成 V 形或 U 形的散热片组成。管带式冷凝器的结构如图 9-13 所示。

管带式冷凝器采用焊接技术，以确保管子与散热片之间有良好的接触。

管带式冷凝器结构紧凑、成本低（采用铝材）、散热面积大，冷凝效果好，但其制造工艺较复杂，焊接难度较大，且对材料性能要求高。

3）平流式冷凝器。平流式冷凝器是在管带式冷凝器的基础上发展起来的。平流式冷凝器改变了管带式单条蛇形扁管的结构形式，采用了两条集流管间连接多条扁管的结构形式，如图 9-14 所示。

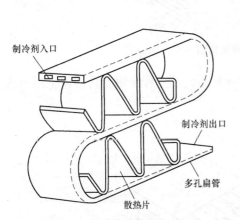

图 9-13 管带式冷凝器结构图

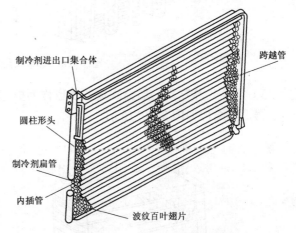

图 9-14 平流式冷凝器结构图

平流式冷凝器工作时，制冷剂由管接头进入圆柱形集流管，然后分流进入椭圆扁管，平行地流到对面的集管，最后通过跨接管回到管接头座。扁管之间嵌有散热片。平流式冷凝器具有空气侧和制冷剂侧压力损失小、传热系数高、质量轻、结构紧凑和制冷剂充注量少等特点，特别适合于 R134a 制冷剂。

与管带式冷凝器相比，在制冷剂相同的情况下，平流式冷凝器的制冷剂侧压力降只是管带式冷凝器的 20%，而换热性能提高约 75%。平流式冷凝器是最有发展前途的冷凝器，但目前存在有待解决的问题，比如其焊点多且焊点长，工作的可靠性和耐久性有待提高。

(3) 蒸发器

蒸发器通常与鼓风机组装成一体。蒸发器将经过节流降压后的液态/气态混合物制冷剂在其管道内沸腾汽化，使其吸收蒸发器表面周围的热量而降低温度，鼓风机再将冷空气送入车厢，从而达到车内降温的目的。蒸发器主要有管片式、管带式、层叠式等类型。

1）管片式蒸发器。管片式（或称管翅式）蒸发器的结构外形及蒸发器处的附件如图 9-15 所示，其结构与管片式冷凝器相同。

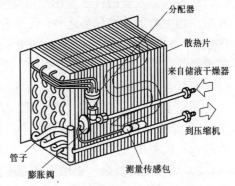

图 9-15 管片式蒸发器结构图

2）管带式蒸发器。管带式蒸发器一例如图 9-16 所示，其结构与管带式冷凝器相同，这里不再赘述。

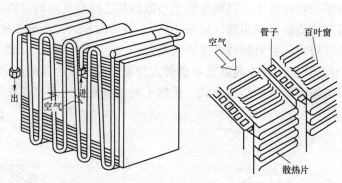

图 9-16 管带式蒸发器结构图

3) 层叠式蒸发器。层叠式蒸发器也称为板翅式蒸发器，是一种全铝结构的新型组合式蒸发器，其结构如图 9-17 所示。

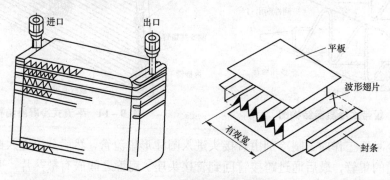

图 9-17 层叠式蒸发器结构图

层叠式蒸发器的每一层均用铝制的平板中间夹一层波形翅片，两侧再用封条密封而成。将一个个单层重叠起来进行钎焊，就构成层叠式蒸发器体，再与集流箱焊接就构成了完整的蒸发器。

层叠式蒸发器的传热面积是由隔板与翅片组成的。其传热主要是依靠翅片来完成的。翅片除承担主要的传热任务之外，还起着两隔板间的加强作用。虽然翅片和隔板的板材都很薄（隔板厚 0.5～1 mm，翅片厚 0.2～0.5 mm），但经钎焊后形成了非常坚固的蜂窝状结构，仍能承受很高的压力。如果在钎焊时，翅片不能全部与隔板焊接在一起，则不但影响到传热效果，而且也影响到隔板的强度。

相比于管片式和管带式蒸发器，层叠式蒸发器的特点如下：

1) 结构紧凑。在这种换热器中，翅片的传热面积占总传热面积的比例很大，在较小的体积内可以有很大的传热面积，结构最紧凑，传热效率也高，比管带式约高 10%。

2) 焊接工艺复杂，要求高，难度大。在两片铝板之间的封条处，只要存在微小的未焊住的缝隙，就会发生制冷剂的泄漏。

3) 通道较狭窄，容易堵塞。堵塞后，清洗也很困难。

（4）储液干燥器

储液干燥器的作用是在制冷系统中，临时性地存储一下制冷剂，根据制冷负荷的需要，随时供给蒸发器,并对系统中的水分和杂质进行干燥和过滤,即存储制冷剂、过滤杂质、吸收湿气。储液干燥器主要由储液罐、干燥剂、过滤器组成,有的储液干燥器还装有检视孔和易熔塞等。最常见的储液干燥器如图9-18所示。

来自冷凝器的高压液态制冷剂进入储液干燥器后,经滤网过滤、干燥剂除湿后到达储液罐,然后再经引出管、出口流向蒸发器。

易熔塞起高温保护作用,当制冷剂温度达95~105 ℃时,易熔合金熔化,使制冷剂逸出,以保护制冷系统。检视孔用于观察制冷剂的流动情况,可根据观察情况判断是否缺少制冷剂、制冷剂是否有水分等。

储液干燥器内的干燥剂主要有硅胶和分子筛两种。有的储液干燥器上还装有高低压力器开关,用于制冷系统压力异常时,保护压缩机及空调系统不受损害。

(5)膨胀阀

汽车空调的膨胀阀又称节流阀。在制冷系统中,为了能使液态制冷剂的饱和温度降低,以便能吸收低温物体的热量,就需要降低其压力。此外,低温低压制冷剂的流量也需要适当,如果流量过小,制冷量不足,车内温度降不下来;流量过大,除了会降低蒸发器的传热性外,还会使压缩机产生液击现象。因此,制冷系统在进入蒸发器的管路上安装了节流装置,通过节流装置的节流降压和流量的自动调节,使制冷系统能正常工作。汽车上采用的节流装置主要有热力膨胀阀、H形膨胀阀、节流膨胀管等多种类型。

1)热力膨胀阀。

① 内平衡式热力膨胀阀。内平衡式热力膨胀阀如图9-19所示,主要由节流孔、感温系统、调节机构等组成。

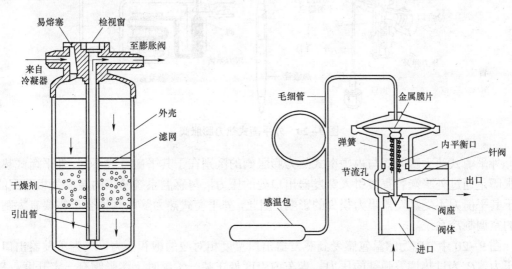

图9-18 储液干燥器结构图 图9-19 内平衡式热力膨胀阀

节流孔的直径一般为1~3 mm,其开度由调节机构控制;调节机构包括阀针、阀座、弹簧等部件;感温系统则由金属膜片、毛细管、感温包等组成。金属膜片、毛细管和感温包内部均充满感温液体,其压力作用在金属膜片的上腔,推动金属膜片向下运动,带动顶杆推动阀芯运动,使孔口的开度发生变化,以控制节流孔制冷剂流量的大小。

内平衡式热力膨胀阀的工作原理如下:

制冷系统工作时，金属膜片上作用着三个力，上腔是感温系统的液压力，下腔是弹簧力和蒸发压力（即节流后的液体压力，由平衡孔引入）。当作用在金属膜片上的力处于平衡状态时，金属膜片、阀芯稳定在某个位置，节流孔处在某个开度，制冷剂保持在某个流量状态。当蒸发器出口处温度偏高时，感温包液体膨胀，金属膜片上腔的压力增大，推动金属膜片向下拱，并通过顶杆使阀芯开度增大，制冷剂流量增大，蒸发器出口处温度下降，直到温度降至正常范围之内。当蒸发器出口处温度偏低时，则感温包内液体收缩，金属膜片上腔的压力减小，金属膜片在弹簧力作用下向上拱而使阀芯开度减小，制冷剂流量减小，蒸发器出口处温度上升，直到温度升到正常范围之内。

从平衡孔引入金属膜片下腔的蒸发压力实际上是节流后的压力，它比蒸发器出口的压力略高，这是因为制冷剂经蒸发器后有压力损失，且制冷量越大，蒸发器内部的压力损失也越大。

由于这种平衡压力引自阀内，故称其为内平衡热力膨胀阀。内平衡热力膨胀阀结构简单、价廉、维修方便，在制冷量不大的制冷系统中有着广泛的应用。由于内平衡热力膨胀阀的平衡压力在膨胀阀的出口处，而不是蒸发器的出口处，其感应的温度与压力不匹配，所以控制精度较差，不适宜在制冷量大的空调系统中使用。

② 外平衡式热力膨胀阀。外平衡式热力膨胀阀主要由热敏管、压力弹簧、膜片室、阀门、毛细管等组成，如图9-20所示。

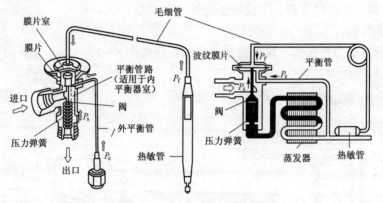

图9-20 外平衡式热力膨胀阀

外平衡式热力膨胀阀与内平衡式热力膨胀阀的区别在于其平衡方式不同，外平衡式热力膨胀阀是通过外平衡管直接引入蒸发器出口处的压力，与感温系统感应的温度是相匹配的。由于其平衡力不受蒸发器阻力损失的影响，因此，外平衡式热力膨胀阀适合于需要有大制冷量的空调制冷系统。

图9-20中，P_f为感温包感受到蒸发器出口温度相对应的饱和压力，P_e为蒸发器出口蒸发压力，P_s为过热调整弹簧的压力。当车内温度处在某一工况时，膨胀阀有一定开度，P_f、P_e和P_s应处于平衡状态，即$P_f = P_e + P_s$。如果车内温度升高，蒸发器出口过热度增大，则感受温度上升，相应的感应压力P_f增大，即$P_f > P_e + P_s$，因此波纹膜片向下移，推动传动杆工作，使得膨胀阀孔开度增大，制冷剂流量增加，制冷量也增大，蒸发器出口过热度相应下降。反之，如果$P_f < P_e + P_s$，则波纹膜片向上移，传动杆也随之上移，使得膨胀阀孔开度减小，制冷剂流量减小，制冷量也减小，蒸发器出口过热度也相应上升，从而满足了蒸发器热负荷变化的需要。

2）H形膨胀阀。H形膨胀阀是一种整体式膨胀阀，又称块阀，取消了外平衡式普通膨胀阀的外平衡管和感温包，直接与蒸发器进、出口相连，如图9-21所示。H形膨胀阀实际上并没有取消感温包，而是把感温包缩到阀体内的回气通路上，从冷凝器来的制冷剂从入口进入膨胀阀经节流后出来进入蒸发器，在蒸发器中吸收热汽化了的制冷剂后出来，再进入H形膨胀阀的另一腔内，使动力元件直接感受蒸发器出口的温度后出来进入压缩机。制冷剂第二次进入H形膨胀阀的过程相当于外平衡管的作用，通过膜片、顶杆及弹簧等的作用控制阀口的开度。

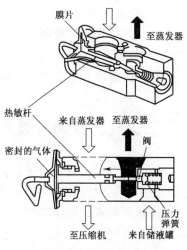

图9-21　H形膨胀阀

3）节流膨胀管。节流膨胀管的结构如图9-22所示，它是一根细铜管，装在一根塑料套管内，塑料套管外环形槽内装有密封圈，是一种固定孔口的节流装置，其两端都装有过滤网，以防堵塞。节流膨胀管直接安装在冷凝器出口和蒸发器进口之间，由于其不能调节流量，液体制冷剂很可能流出蒸发器而进入压缩机，造成压缩机液击，为此装有膨胀管的系统必须同时在蒸发器出口和压缩机进口之间安装一个气液分离器，实现液、气分离，避免压缩机发生液击。

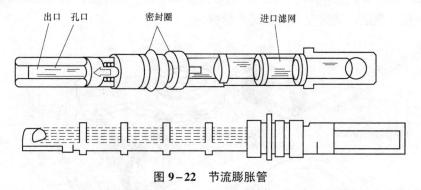

图9-22　节流膨胀管

由于节流膨胀管没有运动部件，结构简单，成本低，可靠性高，同时节省能耗，许多美国和日本高级轿车都采用这种节流方式。其缺点是制冷剂流量不能根据工况变化进行调节。

（6）连接软管和管路接头

1）连接软管。由于汽车空调的各总成部件一般分散安装在汽车的各个部位，如压缩机与发动机连成一体，冷凝器与干燥器安装在车架前端上，而蒸发器又安装在车内。当汽车在颠簸的道路上高速行驶时，各部件均产生振动，因而制冷系统这些部件之间不能用刚性金属管连接，只能用柔性橡胶软管连接，而且软管必须具有吸收振动的能力，不能泄漏制冷剂，能承受一定的压力，耐爆裂强度高。

2）管路接头。汽车空调系统的管路接头可分为以下几种方式。

① 胶圈接头方式。这种接头方式现代汽车使用较多。胶圈用耐油橡胶做成，优点是密封性高，防振性强，不需要过分拧紧连接螺母，就可以保证密封性，检修时也方便。

② 喇叭口接头方式。这种接头的质量主要靠加工精致和光洁度来控制，连接时螺纹接头要旋紧，使喇叭口与凸缘配合紧密，才能达到密封的要求。

③ 管箍接头方式。这种接头多用于组装车,它是将金属管插入胶管内,再把管箍套于金属管插入处的胶管外围旋紧管箍,从而达到密封的目的。

④ 弹簧锁紧接头方式。这种接头多用于美国车,它是用外罩、卡紧弹簧、内外接头、密封圈,再套用专用工具将其锁紧达到密封的目的。

二、汽车空调采暖系统

采暖是汽车空调的功能之一,是将车外新鲜空气引入热交换器,吸收其中某种热源的热量,从而提高空气的温度,并将热空气送入车内,达到人体保暖和车窗玻璃除霜的目的。

按热源形式的不同,汽车采暖系统大致分为水暖式采暖系统、气暖式采暖系统、独立热源式采暖系统和混合式采暖系统。

1. 水暖式采暖系统

水暖式采暖系统的基本组成有加热器、鼓风机、热水阀、通风道等,如图9-23所示。水暖式是指利用发动机高温冷却液为热源的采暖系统,也称余热式暖气装置。从发动机出来的冷却液温度在80~90℃,让其中一部分冷却液通过加热器的热交换来加热空气,并将热风送入车内,用以提高车内空气的温度。水暖式采暖的优点是利用发动机余热采暖,无须额外消耗能源,在轿车、货车和供暖要求不高的大客车上被广泛使用。水暖式采暖装置的不足之处是产热量不稳定,受到发动机工况的影响。

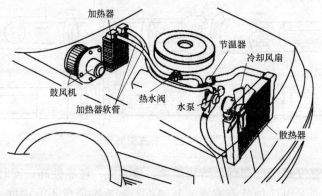

图9-23 水暖式采暖系统组成

2. 气暖式采暖系统

气暖式采暖系统利用发动机排气系统的热量采暖,因此也属余热式采暖装置。汽油发动机燃烧产生的热量36%通过废气排出,柴油发动机由废气带走的热量也有30%。气暖式采暖系统是利用发动机排出的废气余热来提高车内空气的温度,将发动机排出的废气引入加热器,通过热交换加热空气,并将热风吹入车内升温。气暖式采暖系统的热交换方式有排气管直接加热、翅片式加热及热管加热等。

气暖式采暖系统基本组成与原理如图9-24所示。在发动机排气管中设有废气控制阀,当需要采暖时,通过废气控制阀将通往消声器的通道关闭,使废气流经加热器,通过加热器的热交换加热空气,并用鼓风机将热风吹入车内以提高车内的温度。

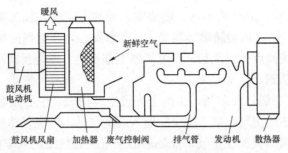

图 9-24 气暖式采暖系统组成

3. 独立热源式采暖系统

独立热源式采暖系统是在汽车上设置专门的燃烧装置,通过燃料(汽油、柴油、煤油、天然气等)的燃烧来加热空气,并将热空气送入车内以提高车内的温度,因而此种采暖系统也被称为燃烧式采暖装置。燃烧式采暖装置的优点是在汽车行驶时,热源不受汽车运行工况的限制。由于独立热源不依赖于汽车发动机,因此,在停车时也可对车内提供暖气。燃烧式采暖装置在寒冷的冬季还可用于对发动机进气预热、发动机机油的预热和保温、蓄电池的保温等,以解决冷起动困难的问题。独立热源式采暖系统在客车上应用较多。

燃烧式采暖装置根据空气加热方式的不同,分为有直接加热式和间接加热式两种类型。

(1) 直接加热式采暖系统

燃烧直接加热式采暖装置也称燃烧气暖式装置,即通过燃烧燃料产生的热量直接加热空气。这种气暖装置由燃烧器、热交换器、燃料供给、空气供给和控制部分组成,如图 9-25 所示。

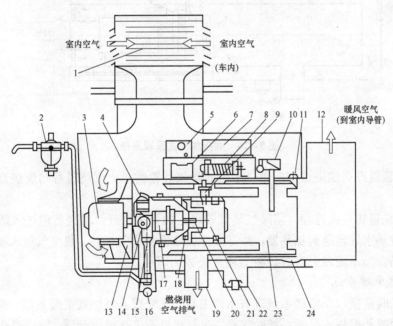

图 9-25 直接加热式采暖系统

1—吸风空气进气口;2—燃油滤清器;3—暖风空气用电动机;4—空气电磁阀;5—开关盒;6—燃烧空气用电动机的通风装置;7—继电器;8—加热电阻器;9—加热塞;10—炉内热敏开关;11—温度熔断器;12—暖风空气出气口;13—暖风空气用鼓风机;14—燃料电磁阀;15—计量泵;16—燃烧用空气进气管;17—燃烧用电动机;18—燃烧空气用风机;19—排气管;20—旋转喷雾器;21—燃烧室;22—排水装置;23—热交换器;24—双金属开关

1) 燃烧器由燃油管、旋转喷雾器、燃烧室、加热电阻器、加热塞等组成。工作时,燃油在燃油泵的作用下,燃油从旋转喷雾器喷出,依靠离心力和空气的切向力将燃油雾化并与空气混合,可燃混合气被点火引燃后,在燃烧器上部燃烧。燃烧器在高温下工作,因此,其材料通常是耐热的不锈钢。

2) 热交换器紧靠在燃烧器后端,由两个夹层空腔构成,中心是燃烧室。包围燃烧室的第一层空腔通入要加热的空气,第二层空腔通入燃烧气体,燃烧气体被引入排气腔。燃油燃烧产生的热量通过金属隔板加热空气,加热后的空气经暖气室送入车内。

3) 燃料与空气供给系统。燃料供给系统由燃油滤清器、计量泵、燃油电磁阀、油箱和输油管路等组成。空气供给包括燃烧室内助燃空气供给和被加热空气供给。燃烧室助燃空气供给和燃料泵都是由风扇电动机来驱动的,被加热空气由鼓风机将其吹向加热器夹层。

4) 控制系统。控制系统有手动控制和自动控制两种形式,控制系统用来控制电动机、电磁阀、点火装置及其他自动控制单元,以使采暖系统正常工作。

(2) 间接加热式采暖系统

燃烧间接加热式采暖装置也称燃烧水暖式装置,其组成如图9-26所示。燃烧水暖式暖气装置的组成与燃烧直接加热式采暖装置大体相同,也有燃烧器、热交换器、燃料供给、空气供给和控制部分。

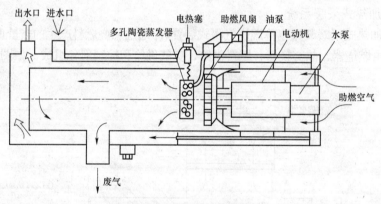

图 9-26 间接加热式采暖系统

1) 采暖装置点火燃烧过程:燃烧水暖式暖气装置的点火燃烧过程与燃烧直接加热式的相似。

2) 采暖装置热交换过程:将暖气装置管道上的开关打开,水经管道进入暖气装置,水被加热后通过热水管输送到加热器,并将流经加热器的空气加热。热空气进入车内后,使车内的温度升高。当不需要采暖时,将上述开关关闭即可。

4. 混合式采暖系统

混合式采暖是指汽车空调系统既有水暖装置,又配置了燃烧式采暖系统。混合式采暖系统综合了水暖式和燃烧式采暖系统的优点。在发动机不工作或刚起动,发动机冷却液温度还未达到正常工作温度时,起动燃烧器独立采暖,当发动机正常运转时,则用发动机冷却液独立采暖,或采用两种采暖方式同时工作的混合采暖。混合式采暖系统不仅可保证随时满足汽车采暖需求,而且可节约能源。混合式采暖汽车空调通常在一些豪华大客车上使用。

三、汽车空调通风系统

1. 汽车通风的作用

汽车在行驶中使用空调时，通常需要关闭车窗，以避免冷气或热量流失。在车内狭小的空间内，人员相对比较密集，很容易造成 CO_2 含量过高和氧气缺乏。CO_2 虽不是有毒气体，但如果在空气中含量过高也会对人体造成伤害。研究表明，驾驶员的需氧量在汽车正常行驶时比静止时多 50%；而在复杂情况下，则要比静止时多 350%；当几种不利的气候因素同时起作用时，需氧量则要比静止时多 500%。可见，汽车及时适量地通风，以增加车内空气中氧的含量，降低 CO_2 的含量对车内乘员身体健康和汽车行车安全均十分重要。

将新鲜空气引进车内，使车内空气质量得到改善的过程称为通风。汽车通风系统的作用则是在保持车内适宜温度的情况下，尽量提高车内空气的含氧量，并降低 CO_2、灰尘、烟气等有害气体的含量，为车内驾乘人员提供健康和舒适的环境。

2. 汽车通风的形式

汽车车内通风的主要有自然通风、强制通风和综合通风三种。

（1）自然通风

汽车自然通风是利用汽车行驶中的气流压力差，将车外空气引入车内的通风方式。自然通风需要在汽车上设空气引入口和空气排出口，空气引入口设在正压区，车内空气排出口一般设于负压区，通过风门大小的开度来控制通风量。

轿车行驶中车外的气压分布及车内空气流动方式如图 9-27 所示。汽车开动时，车外空气从前迎风面的进气口进入后，在车内循环，然后从车身后部流入行李厢，通过排气栅格排入大气。

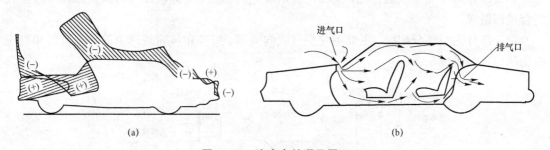

图 9-27 汽车自然通风原理
（a）车外气压分布；（b）车内空气流动方式

为了保证车内空气压力为正值，以及进入车内空气的清洁度，选择适当的通风进气口和排气口非常重要。进气口必须选在汽车行驶时的正压分布区。这样，从车外进入的空气经过过滤和进气控制阀的控制，可保证车内为正压区，空气清洁度也有保障。而排气口应选择在负压区，有利于迅速排出车内污浊气体。

轿车、货车的新鲜空气进口都在车头部位，这个位置属于正压区，而且进来的空气也比较清洁。为了避免发动机室对空气的污染，通常用塑料管将室外空气直接引入空调器进气口。

大型客车的进风口布置比较复杂，要根据蒸发器和空调器安装位置来设置。有的城市公交车采用在车顶开天窗的方式实现自然通风。

（2）强制通风

汽车强制通风是用风机强制空气流动的通风形式，强制通风的空气引入口和空气排出口通常也是分别设在正压区和负压区。现代汽车空调大都将制冷系统、采暖系统和强制通风装置组成冷暖一体化的空气调节系统，而强制通风就是冷暖一体化汽车空调的外循环功能，通风量的调节通过控制鼓风机的转速实现。

一些大客车由于车内空间大、人员多，为达到理想的通风效果，通常在车顶部或其他某处设换气扇或抽风机进行强制通风。

（3）综合通风

汽车综合通风是指汽车上同时采用自然通风和强制通风。综合通风结构要复杂一些，但在无须温度调节的季节可由自然通风承担主要的换气任务，使强制通风尽量少用，以节约能源，经济性较好。

四、汽车空调配气系统

1. 汽车空调配气系统的基本组成

汽车空调配气系统根据汽车通风系统来设置。小型轿车大多采用强制通风系统，不同车型其空调强制通风系统的结构形式也不相同，但基本组成相同，其主要组成部件有鼓风机、进出口风门、空气混合风门及通风管路等。典型的汽车空调配气系统如图 9-28 所示。该强制通风系统可分为如下三部分：

第一部分为空气进口段，主要由进气口风门和用于形成强制通风的鼓风机组成。

第二部分为冷暖空气混合段，主要由提供暖气的加热器、提供冷气的蒸发器和冷暖空气混合风门组成。

第三部分为空气分配段，主要由使空气吹向面部、脚部和风窗玻璃上的各个风口和相应的出风口风门组成。

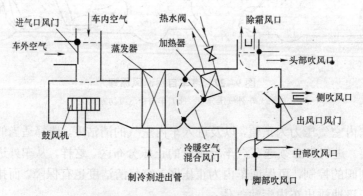

图 9-28 汽车空调配气系统结构

上述三部分中各有一个风门，其作用如下。

（1）进气口风门

设在空气进口段的进气口风门用于控制车外空气和车内循环空气的比例。减小车外空气进入的比例，可减少车内冷气或热量的散失，但车内空气的质量下降较快。当车内空气质量较差时，应加大车外空气进入的比例，以增大换气量，使车内空气清新。现在的汽车空调其进气口风门通常只设"车外空气导入"和"车内空气循环"两个位置，即进气口风门在车外空气导入位置时，车外进气口全开，而车内进气口则完全关闭，只有车外空气进入车内；当进气口风门在车内空气循环（再循环）位置时，则车内进气口全开，而车外进气口被关闭，此时，只是车内空气循环。

（2）冷暖空气混合风门

设在中段的冷暖空气混合风门用于控制冷暖空气的比例，以实现空调送风温度的调节。当冷暖空气混合风门处在关闭加热器风道位置，并开启制冷系统，此时送入车内的就是最冷的风；当冷暖空气混合风门处在加热器风道全开位置，而制冷系统不工作，此时送入车内的是最热的风；当冷暖空气混合风门在最热和最冷之间改变其位置时，就改变了冷暖空气的比例，也即改变了出风口送出空气的温度。

（3）出风口风门

设在出风口处的出风口风门用于调节出风的部位和风的方向。通过调节出风口风门，可以选择不同部位的风口吹风，以使车内有适宜的气流和温度分布。此处的风门若将除霜风口打开，使暖风吹向风窗玻璃，就可除去风窗玻璃上影响视线的霜或雾。

进、出口风门和冷暖空气混合风门有手动操纵和电动或气动驱动两种形式。手动式汽车空调系统由驾驶员通过空调操控面板上的通风控制开关和拉索直接操纵各风门，而自动汽车空调系统则是由控制器通过电动伺服机构或气动伺服机构操纵各风门。

2. 汽车空调的配气方式

汽车空调配气（送风）方式主要有半空调送风、冷暖空气混合送风、全热式送风、并联式送风等。

（1）半空调送风方式

半空调送风方式如图 9-29 所示。车外新鲜空气和车内循环空气经风门调节后，由风机吹向蒸发器冷却，然后由冷暖空气混合风门调节，一部分或大部分进入加热器，冷气出口不再进行调节。

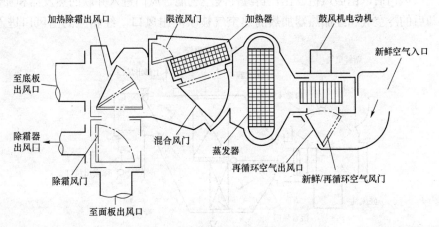

图 9-29 半空调送风方式结构

半空调送风方式由空气混合风门来调节其送入车内的空气温度。当制冷系统不工作，将空气全部引到加热器时，则送出的是暖风；如果加热器不工作，则送出的是冷风；如果两者都不工作,则送出自然风。

(2) 全热式送风方式

全热式送风方式如图 9-30 所示,与空气混合式的区别在于由蒸发器出来的冷空气全部进入加热器,蒸发器与加热器之间不设风门进行冷热空气的混合比例调节,而是冷空气全部进入加热器再加热后,再由各出风口风门控制其出风的部位和方向。

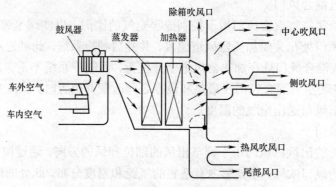

图 9-30 全热式送风方式结构

全热式送风方式由于没有冷暖空气混合风门,空气温度的控制由热水阀通过控制其热水量来实现。如果制冷系统工作,关闭热水阀,则从出风口吹出来的是未经加热的最冷空气;随着热水阀的开度增大,出风的温度会随之上升;如果制冷系统不工作而只是接通热水阀,则送出最热的暖风;如果关闭热水阀,且制冷系统也不工作,则从出风口吹出来的为自然风。

全热式送风系统的优点是被处理后的空气参数精度较高,缺点是浪费一部分冷气,亦即为了达到较高精度的空气参数而不惜损失少量冷气。这种配气方式只用在一些高级、豪华的汽车上。

(3) 并联式送风方式

并联式送风方式如图 9-31 所示。加热器与蒸发器在通风通道中并联布置,车外或车内空气进入进气口风门后,由鼓风机吹出,再经冷暖空气混合风门进入并联的蒸发器和加热器,经蒸发器冷却后的冷空气和经加热器加热的热空气被吹向出风口,经相应的出风口进入车内。

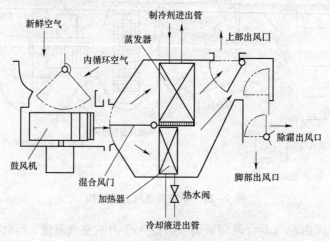

图 9-31 并联式送风方式结构

在最上方和最下方之间调节混合风门的位置,就可改变进入蒸发器和加热器的空气的比例,将进入车内空气的温度调节到所需的值。当混合风门处在最下方位置时,从鼓风机吹来的空气只能进入蒸发器,故从出风口吹出最冷的风;如果混合风门在最上方,则空气只能流经加热器,出风口吹出的是最热的风;如果制冷系统不工作,热水阀又关闭,从出风口吹出的就是未经冷却和加热的自然风。

五、空气净化系统

为了保持车内空气洁净新鲜,除了通过通风换气以外,还须采用净化装置,以除去车内粉尘和有害气体及气味。汽车空调空气净化系统有空气过滤式和静电除尘式两种。

1. 空气过滤式空气净化系统

空气过滤式空气净化系统(见图9-32)是在空调系统的进风口和排风口处设置空气滤清装置,它仅能滤除空气中的灰尘和杂物,结构简单,工作可靠,只需定期清理过滤网上的灰尘和杂物即可,故广泛用于各种汽车空调系统中。

2. 静电除尘式空气净化系统

静电除尘式空气净化系统(见图9-33)则是在空气进口的过滤器后再设置一套静电除尘装置或单独安装一套用于净化车内空气的静电除尘装置。

图9-32 空气过滤式空气净化系统

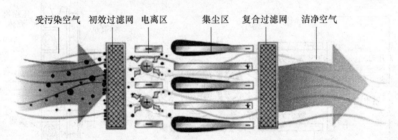

图9-33 静电除尘式空气净化系统

静电除尘式空气净化系统除能过滤和吸附烟尘等微小颗粒的杂质外,还具有除臭、杀菌作用,有的还能产生负离子(带负电荷的氧离子,也称负氧离子)以使车内空气更为新鲜洁净。由于其结构复杂、成本高,所以,目前只用于某些高级乘用车和豪华旅游客车上。

图9-34为静电除尘式空气净化系统的空气净化过程框图。

图9-34 静电除尘式空气净化系统的空气净化过程

预滤器用于过滤空气中粗大的尘埃杂质。

除尘装置（亦称集尘器）以静电除尘方式把微小的颗粒尘埃、烟灰及汽车排出的气体中含有的微粒吸附在除尘板上。工作原理：辉光放电（电压高达 6 000 V）时产生的加速离子通过热扩散或相互碰撞而使浮游尘埃颗粒带电，然后在辉光放电的电场中，在电场力的作用下，克服空气的惯性阻力而被吸附在集尘电极板上。

灭菌灯用于杀灭吸附在集尘板上的细菌，它是一只低压汞放电管，能发射出波长为 353.7 nm 的紫外光，其杀菌能力约为太阳光的 15 倍。

除臭装置用于去除车室内的汽油及烟草等气味，一般采用活性炭过滤器、纤维式或滤纸式空气过滤器来吸附烟尘和臭气等有害气体。

课题三 空调系统的控制电路

一、汽车空调制冷系统的控制部件

1. 电磁离合器

电磁离合器有定圈式和动圈式两种。压缩机电磁离合器主要由摩擦板、带轮（转子）及电磁线圈组成，如图 9-35 所示。

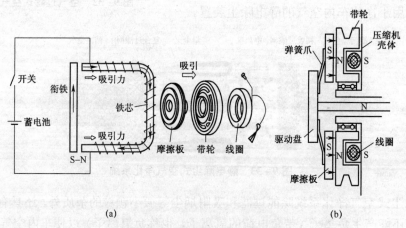

图 9-35 电磁离合器结构原理图
（a）原理图；（b）结构图

汽车空调用的电磁离合器的作用是将汽车发动机的动力传递给压缩机主轴，使压缩机运转，完成制冷循环。压缩机的工作或停转由电磁离合器线圈电源的通断进行控制。

电磁离合器的工作原理是当电流通过离合器绕组时产生较强的磁场，衔铁被线圈磁力牢牢吸住，压缩机主轴通过键与毂连接，而衔铁与毂紧箍，这时带轮旋转，通过转板上吸力带动衔铁旋转，主轴即被驱动。当离合器线圈断电时，衔铁被弹簧弹回，带轮只在轴承上空转。

2. 温度控制器

温度控制器又称恒温开关，是汽车空调系统中的一种开关元件，是感受蒸发器表面的温度，通过自身机构的动作从而控制压缩机离合器线圈中电流的通、断，致使压缩机产生开与停的动作，起到调节车内温度及防止蒸发器结霜的一种电气控制装置。

汽车空调温度控制器可分为机械压力式和电子式两种。

（1）机械压力式温度控制器

机械压力式温度控制器主要由毛细管和波纹管构成，其内部充满感温介质，感温管的一端（感温包）插入蒸发器翅片之中，感受蒸发器表面的温度，它的主要功能是通过感温元件内介质的温度变化，导致波纹管内压力发生变化，致使其伸长或缩短，将此信号传递出去。

该温度控制器的调节机械主要由温度调整旋钮、温度调节螺钉等组成，其作用是使温控器能在最低至最高温度范围内任何一点动作，以控制温度。波纹管式温度控制器的触头开闭机构主要由触点、弹簧等组成。

图9-36所示为其结构图。波纹管和充满制冷剂的感温毛细管、感温包相连，感温包置于蒸发器翅片冷气通过的位置上。当蒸发器温度变化时感温包中的制冷剂温度也随着变化，对应的压力也发生变化，温度升高，压力就增大，推动波纹管中膜片运动，推动动触点与固定触点闭合，电磁离合器线圈通电，压缩机旋转，制冷系统循环制冷。如果车内温度降到设定的温度以下，膜片向相反的方向运动，弹簧帮助复位，使触点脱开，电磁离合器线圈断电，压缩机停止工作。

旋转温度调整旋钮可调节温度调节螺钉，改变温控器的温度设定值。

（2）电子式温度控制器

该温度控制器的传感器元件是热敏电阻，装在蒸发器的外侧正面，用以检测蒸发器的出口温度。

热敏电阻有两种：一种具有负感温电阻特性，即温度升高，电阻值下降；一种具有正感温电阻特性，即温度上升，电阻值上升。

由于热敏电阻结构简单，调节精度高，工作可靠，故障少等优点，因而被越来越多的车用空调器所采用。图9-37是空调器热敏电阻特性曲线，图中两曲线之间的部分是温度调节范围。

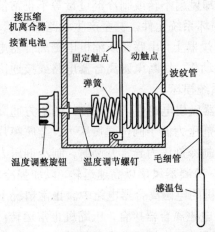

图9-36 机械压力式温度控制器结构图

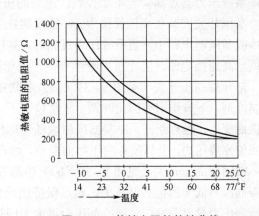

图9-37 热敏电阻的特性曲线

图9-38所示是汽车空调电子式温度控制器电路。电路中R_1、R_t、R_2、R_3及温度设定电

位器 R_P 构成温度检测电桥。

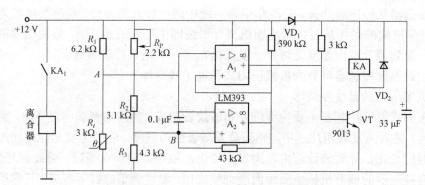

图 9-38 汽车空调电子式温度控制器电路

当被控温度高于 R_P 设定的温度时，R_t 阻值较小，A 点电位低于 B 点电位，A_2 输出高电平到 A_1 的同相输入端，致使 A_1 的反相输入端电位低于同相输入端电位，也输出高电平，晶体管 VT 饱和导通，继电器 KA 吸合，动合触点 KA_1 闭合，汽车离合器得电动作，带动压缩机运转制冷。

随着被控温度逐渐降低，R_t 阻值增大，A 点电位逐渐升高，当被控温度达到或低于 R_P 设定温度时，A 点电位高于 B 点电位，A_2 输出低电平，A_1 也输出低电平，VT 截止，继电器 KA 释放，KA_1 断开，离合器失电，压缩机停止工作。

循环以上过程，可保证汽车内温度控制在 R_P 设定的温度附近。

3. 压力开关

汽车空调设有压力开关电路，压力开关也称压力继电器或压力控制器，分为高压开关和低压开关两种，安装在制冷系统的高压侧管路上。当制冷系统中制冷剂压力出现异常时迅速切断电磁离合器电路，而使压缩机停止工作，待压力恢复后，压缩机又正常工作，避免了制冷系统被损坏。

（1）高压开关

汽车空调系统在使用中，当出现冷凝器堵塞、冷却风扇不转或制冷剂过量等不正常情况时，系统压力会过高，若不加控制，过高的压力会损坏系统元件，甚至产生管路爆裂。

高压开关安装在高压管路中，一般安装在储液干燥器上，串联在压缩机电磁离合器电路或冷凝器风扇电路中，当系统压力过高时，高压开关动作，切断电磁离合器电路或接通冷凝器风扇高速挡电路，防止压力继续升高，避免造成系统损坏。

常开型高压开关（见图 9-39（a））串联在冷凝器风扇电路中，金属膜片的上方通高压侧制冷剂，下方作用有回位弹簧。正常情况下，制冷剂压力低于回位弹簧压力，金属膜片向上拱曲变形，触点断开，冷凝器风扇以低速运转；当制冷剂压力异常升高时，制冷剂压力大于回位弹簧压力，金属膜片向下拱曲变形，触点闭合，冷凝器风扇以高速运转，以加强冷却。

常闭型高压开关（见图 9-39（b））串联在压缩机的电磁离合器电路中。正常情况下，制冷剂压力低于回位弹簧压力，触点保持闭合状态，电磁离合器接合，压缩机正常运转；当制冷剂压力异常升高时，制冷剂压力将大于回位弹簧压力，金属膜片向下拱曲变形，触点断开，电磁离合器分离，压缩机便停止运转；当制冷剂压力下降到正常值时，金属膜片会向上拱曲变形，使触点恢复闭合，于是电磁离合器恢复接合，压缩机恢复正常运转。

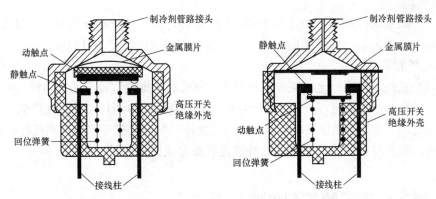

图 9-39　高压开关结构图
(a) 常开型；(b) 常闭型

高压开关的切断压力和触点恢复闭合压力一般因车型而异，切断压力一般在 2.1～3.0 MPa 范围内，触点闭合恢复压力为 1.6～1.9 MPa。

（2）低压开关

低压开关也称制冷剂泄漏检测开关，其作用是当气体泄漏、压力降低时，切断电磁离合器电源，以免烧坏压缩机。低压开关通常用螺纹接头直接安装在高压管路中，串联在电磁离合器电路中。低压开关的触点在常态下是闭合的，其内部结构如图 9-40 所示。

当制冷剂压力正常时，常闭触点接通压缩机电磁离合器电路，电磁离合器接合，压缩机正常运转；当因发生制冷剂泄漏等故障而使系统压力过低时，制冷剂压力将低于回位弹簧压力，金属膜片会向上拱曲变形，使常闭触点断开，于是电磁离合器分离，压缩机便停止运转，以防止损坏压缩机。

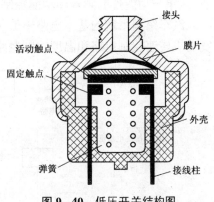

图 9-40　低压开关结构图

低压开关的切断压力一般为 80～110 kPa，而触点闭合恢复压力为 230～290 kPa。

（3）高低压组合压力开关

将高压开关与低压开关装在一个壳体内，即构成高低压组合压力开关。高低压组合压力开关一般串联安装在压缩机控制回路中，同时具有高压保护和低压保护功能。在系统正常时，该开关触点闭合，电磁离合器工作正常；但系统压力过高或系统压力过低时，该压力开关动作，触点断开，使压缩机停止工作。通常，压力低于 0.196 MPa 时，低压开关触点断开，压力高于 0.226 MPa 时触点恢复闭合；压力高于 3.14 MPa 时高压开关触点断开，低于 2.55 MPa 时触点恢复闭合。

4. 易熔塞

易熔塞又称熔化螺栓，是制冷系统中的过压保护装置，它安装在储液干燥器上，有一个孔贯穿螺栓中心，孔中填满一种特殊的焊剂。当高压端的压力和温度升至约 3 MPa 和 95～100 ℃时易熔塞中焊剂熔化，使制冷剂排出至大气中，从而防止制冷装置损坏。

5. 减压安全阀

在空调制冷系统中，由减压安全阀代替易熔塞起到了防止环境污染的作用。它安装在压缩机缸体上,如果高压端的压力升至3.43～4.14 MPa,减压安全阀就会开启,以降低压力,通常它和高压开关起双层保护作用,一旦减压安全阀开启就必须予以更换。

6. 怠速提升装置

汽车制冷系统在使用时会消耗发动机功率,因此对于排气量较小的发动机,在不开启制冷系统时,调整至正常怠速,一旦将制冷系统开启则会因功率消耗而使怠速降低,出现发动机怠速不稳定的现象,甚至使发动机熄火,因此设计一种装置在开启制冷系统时使发动机怠速自动升高,使其维持正常的怠速,这种装置就是怠速提升装置。

二、汽车空调系统控制电路

汽车空调系统控制电路是为了保证汽车空调系统各装置之间相互协调工作,正确完成汽车空调系统的各种控制功能和各项操作而设置的。由于各制造厂家设计方案不同,汽车空调控制电路亦不完全相同,其功能、调节和控制原理也不尽相同,因而其控制电路由简单到复杂,从单一功能控制到多项功能控制也有所不同,但就基本原理和电路来说却都有相同之处。

汽车空调系统的基本电路一般包括电源电路、鼓风机控制电路、电磁离合器控制电路、发动机转速控制电路和温度控制电路,如图9-41所示。其工作过程如下。

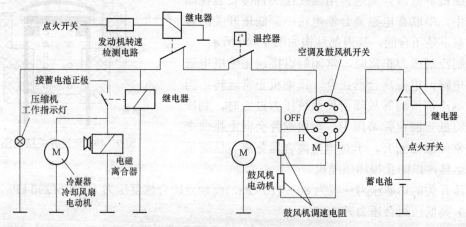

图9-41 汽车空调控制系统基本电路

(1) 电源电路

电源电路的电流走向:蓄电池正极→点火开关→继电器线圈→搭铁。

空调继电器电磁线圈通电后,其动合触点吸合,于是有电源电流流过。其电流走向:蓄电池→点火开关→空调继电器触点→空调及鼓风机开关,之后分为两路,一路到鼓风机,一路到压缩机电磁离合器线圈。

(2) 鼓风机控制电路

鼓风机控制电路的电流走向:蓄电池正极→点火开关→空调继电器触点(已经闭合)→鼓风机开关。

因鼓风机开关位置不同,分为以下几种情况:

1) 鼓风机开关处于OFF挡:由于空调压缩机电磁离合器继电器电磁线圈断路,空调压缩机电磁离合器继电器触点断开，无电源电流，鼓风机与压缩机均停转。

2）鼓风机开关处于 L 挡：蓄电池正极→点火开关→空调继电器触点（已经闭合）→鼓风机开关→2 个调速电阻→鼓风电动机。此时，鼓风机电路中电阻最大，鼓风机转速最低，鼓风量最小。

3）鼓风机开关处于 M 挡：M 挡时，鼓风机电路中电阻居中，鼓风机转速居中，鼓风量居中。电路与上述相近。

4）鼓风机开关处于 H 挡：H 挡时，鼓风机电路中电阻最小，鼓风机转速最高，鼓风量最大。

（3）电磁离合器控制电路

在点火开关置于点火位置、鼓风机开关开启、空调放大器继电器触点吸合、压力开关闭合（若电磁离合器控制电路还串有其他控制开关，其触点也应处于闭合状态）的情况下，压缩机才能工作。其电流走向：蓄电池正极→空调继电器触点→温度控制器触点→空调放大器触点→压缩机继电器线圈→搭铁→蓄电池负极。

（4）发动机转速控制电路

为了避免发动机低速时接入空调后引起发动机熄火或发动机过热现象，一般空调系统都设有发动机转速控制电路。

其工作原理：发动机转速检测电路将点火线圈传来的点火脉冲信号转变成一个连续变化的电压信号，且发动机转速越低，该电压就越高。

当发动机转速低于规定值（如 800 r/min）时，空调放大器继电器电磁线圈断电，触点断开，压缩机电磁离合器继电器线圈断电，压缩机停止工作。当发动机转速上升到高于规定值时，空调放大器继电器电磁线圈通电，触点吸合，压缩机电磁离合器继电器线圈恢复通电，压缩机又开始工作。

（5）温度控制电路

空调系统工作时，当蒸发器表面温度下降到一定值时，其表面就会结霜或结冰，这将影响蒸发器的热交换效率，造成制冷能力下降，因此设有温度控制电路。温度控制电路的传感器是一个具有负温度系数的热敏电阻，它安装在蒸发器出口处，检测蒸发器出风口的冷风温度。

蒸发器出口冷风温度越低，热敏电阻阻值就越大，输入到温度检测电路后，产生的转换电压就越高。当蒸发器出口结霜或结冰时，温度控制电路使空调放大器继电器电磁线圈断电，触点断开，电磁离合器线圈断电，压缩机停转。当蒸发器表面温度回升后，温度控制电路使空调继电器电磁线圈恢复通电，触点吸合，电磁离合器线圈通电，压缩机又开始工作。

如此周而复始，将车内温度控制在适宜范围之内，以防止蒸发器结霜或结冰。

三、典型汽车空调系统电路

1. 桑塔纳 3000 轿车空调系统电路分析

（1）电路组成

图 9-42 所示为上海桑塔纳 3000 轿车空调系统电子控制电路，它由电源电路、节气门

电磁阀控制电路、鼓风机控制电路、空调电磁离合器控制电路、散热器风扇控制电路以及空调保护电路等组成。该空调系统在原型号的基础上,对蒸发器、储液器、冷凝器、压缩机等总成和零件做了很大改进,使它的降温效果有了明显提高。

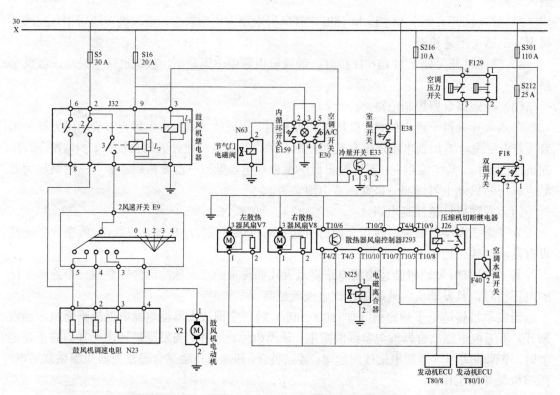

图 9-42　桑塔纳 3000 轿车空调系统电子控制电路

桑塔纳 3000 轿车空调系统的工作受发动机控制,发动机必须能正常工作,发动机 ECU（J220）的"T80/8"端输出高电平时,压缩机切断继电器 J26 才能吸合,制冷系统才能工作。

(2) 工作原理

1) 电源电路。空调系统由 30 线和 X 线供电,30 线为常带电与蓄电池正极连接,X 线受点火开关及卸荷继电器（中间继电器）的控制。当卸荷继电器线圈得电吸合,其常开触点闭合后,30 线上的蓄电池电压就会加至 X 线上,使连接在 X 线上的鼓风机、空调电磁离合器以及散热器风扇控制部分（除风扇水温控制外）等均得电。

2) 节气门电磁阀控制电路。节气门电磁阀 N63 线圈的电流通路为：X 线电源→空调熔断器 S16→内循环开关 E159→节气门电磁阀 N63 线圈→搭铁→蓄电池负极。

3) 鼓风机控制电路。

① 鼓风机电动机 V2 的供电受控于鼓风机继电器 J32,当闭合点火开关,X 线通电,鼓风机继电器吸合,V2 才会得电工作。

鼓风机共有四种不同的转速,以满足不同送风量的要求,转速的变换是由鼓风机风速开关 E9 通过切换调速电阻 N23 来实现的。

当点火开关处于"ON"位置时,X 线通电,由此形成了以下的电流通路：X 线电源→

熔断器 S16→鼓风机继电器 J32 内的线圈 L_2→搭铁→蓄电池负极。

当将鼓风机的风速开关置于 1、2、3、4 挡时,就形成了以下的电流通路:蓄电池正极→30 线→熔断器 S5→继电器 J32 内的线圈 2 的已闭合常开触点→风速开关 E9 的 2 端。此时,E9 若在 1~4 位,则鼓风机电动机 V2 均会得电工作,可从 1 位到 4 位,使鼓风机以依次升高的 4 种不同速度进行转动,实现对通风量的控制。当 E9 处于 0 位时,鼓风机将停止工作。

② 当 E9 鼓风机开关在 0 位,打开 E30 空调 A/C 开关时,鼓风机继电器 J32 吸合,以保证在启动空调系统时,鼓风机与空调系统同步工作。其电流通路如下:X 线电源→熔断器 S16→空调 A/C 开关 E30→鼓风机继电器 J32 内的线圈 L_1→搭铁→蓄电池负极。

上述这一电流通路使 J32 内继电器常开触点 2 得电闭合,从而又形成了如下的电流通路:蓄电池正极→30 线→熔断器 S5→继电器 J32 内的线圈 L_1 的已闭合常开触点→鼓风机调速电阻 N23→鼓风机电动机 V2→搭铁→蓄电池负极。

4) 空调电磁离合器控制电路。空调电磁离合器的状态除了受 X 线、空调 A/C 开关 E30、冷量开关 E33、室温开关 E38、空调水温开关 F40 以及制冷液管路空调压力开关 F129 的控制外,还受散热器风扇控制器 J293 和发动机 ECU 的控制。如果不满足上述任意一单元所设定的条件时,空调电磁离合器的供电都将被切断,从而使压缩机停止工作。

开启空调后,12 V 电压从 X 线经熔断器 S16、空调 A/C 开关 E30、冷量开关 E33、室温开关 E38、空调压力开关 F129(低压开关)、空调水温开关 F40 后分成三路:第一路到发动机控制单元 ECU 的"T80/10"端,作为空调请求信号;第二路到散热器风扇控制器 J293 的"T10/3"端,作为散热器风扇低速挡工作信号;第三路经空调压缩机切断继电器 J26 触点加至散热风扇控制器 J293 的"T10/8"端,作为电磁离合器工作信号。

当发动机 ECU(J220)的"T80/10"端收到空调请求信号时,发动机 ECU(J220)的"T80/8"端输出高电压,压缩机切断继电器 J26 电流通路使继电器吸合。

当散热风扇控制器 J293 的"T10/8"端为高电平时,风扇控制器的"T10/10"端输出 12 V 电压控制空调电磁离合器吸合,空调工作。

5) 散热器风扇控制电路。散热器风扇除了受冷却水温度和发动机舱温度的控制外,还受空调系统工作状态的控制。

① 散热器风扇低速运转:当发动机运转时,如果接通冷量开关 E33,散热器风扇控制器 J293 的"T10/3"端为高电平时,风扇控制器的"T4/3"端输出 12 V 电压控制左、右散热器风扇 V7、V8 低速运转。

当发动机冷却液温度达 95 ℃时,双温开关 F18 内的低温触点(右边)闭合,12 V 电源电压经触点接通风扇电动机的低速挡,左、右散热器风扇 V7、V8 低速运转。

② 散热器风扇高速运转:当发动机冷却液温度达 102 ℃时,双温开关 F18 内的高温触点(左边)闭合,12 V 电压经闭合的触点到散热器风扇控制器 J293 的"T10/7"端。风扇控制器的"T4/2"端输出 12 V 电压控制左、右散热器风扇 V7、V8 高速运转。

6) 高、低压及其他保护电路。当空调管路压力高于 1.45 MPa 时,空调压力开关 F129 中的 1.45 MPa 压力开关(左边)闭合,散热器风扇控制器 J293 的端为高电平,其"T4/3"端输出 12 V 电压控制散热器风扇高速运转,冷却强度加强,使空调系统的冷凝器迅速散热,用于降低制冷系统中的压力。

当空调制冷剂泄漏后，如果管路静态压力低于 0.2 MPa，空调压力开关 F129 内的 0.2/3.2 MPa 压力开关（左边）则断开，散热风扇控制器 J293 的"T10/3"端失电，空调停止工作，以防止空调压缩机在润滑不良的情况下运转而损坏。当管路压力高于 3.2 MPa 时，0.2/3.2 MPa 压力开关也断开，空调不工作，以保护空调管路及压缩机。同理，当发动机冷却液温度高于 119 ℃时，空调水温开关 F40 断开，空调也将停止工作。

空调压缩机切断继电器 J26 由发动机 ECU 的"T80/8"端控制。它有双向作用：一是控制全负荷时切断空调；二是空调工作时，控制发动机怠速提升。

当发动机 ECU（J220）有故障或处于急加速工况时，发动机 ECU 的"T80/8"端输出低电平，使压缩机切断继电器 J26 停止工作，散热风扇控制器 J293 的"T10/8"端为低电平，从而使压缩机停止工作。

2. 天津丰田威驰轿车空调系统电路分析

天津丰田威驰轿车空调系统电子控制电路如图 9-43 所示，主要由蓄电池、点火开关、暖风继电器、鼓风机电动机、鼓风机调速电阻器、鼓风机开关、A/C 电磁离合器继电器、A/C 开关、A/C 电磁离合器、空调放大器、双压压力开关和热敏电阻等组成。其控制电路如下。

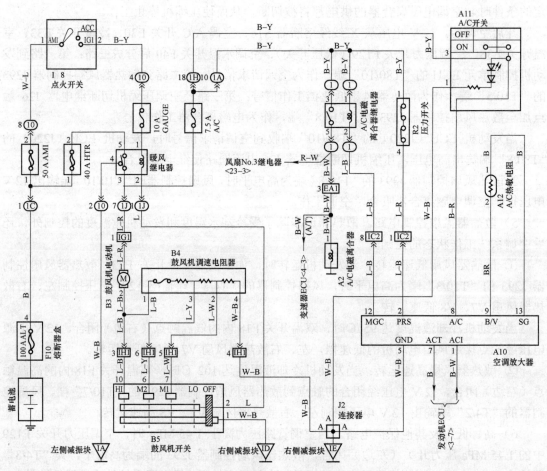

图 9-43 丰田威驰轿车空调系统电子控制电路

(1) 电源电路

鼓风机和电磁离合器受暖风继电器控制,当打开鼓风机开关时,暖风继电器工作,为鼓风机电路和空调电磁离合器电路供电。

蓄电池正极→熔断器 ALT→熔断器 AMI→点火开关→熔断器 GAUGE→暖风继电器线圈(1-2)→鼓风机开关(2-1)→搭铁→蓄电池负极。

(2) 鼓风机电路

蓄电池正极→熔断器 ALT→熔断器 HTR→暖风继电器触点(5-3)→鼓风机电动机→鼓风机调速电阻器→鼓风机开关→搭铁→蓄电池负极。

鼓风机调速开关有 4 个挡位,即 LO 挡、M1 挡、M2 挡及 HI 挡。

1) 当鼓风机调速开关在空挡位置时,电路不通。

2) 当鼓风机调速开关在 LO 挡位置时,电流从鼓风机电动机到鼓风机调速电阻器(1-4)再到鼓风机开关(2-1)搭铁。因为电流通过调速电阻器的全部电阻,所以鼓风机电动机以最低转速运转。

3) 当鼓风机调速开关在 M1 挡时,电流流过鼓风机调速电阻器(1-2),再到鼓风机开关(7-1)搭铁,电动机转速提高。

4) 当鼓风机调速开关在 M2 挡时,电流流过鼓风机调速电阻器(1-3),再到鼓风机开关(6-1)搭铁,电动机转速继续提高。

5) 当鼓风机调速开关在 HI 挡时,电流不经过鼓风机调速电阻器,直接连到鼓风机开关(10-1)搭铁,这时转速最高。

威驰轿车的鼓风机在工作时,可以吹出暖空气,也可以吹出冷空气,还可以吹出同环境温度一样的空气,其关键在于制冷、供暖哪一部分在工作。所以在威驰轿车的空调中,鼓风机是独立工作的,但只有鼓风机工作时,空调开关才能作用。

(3) 空调放大器电路

1) 空调放大器的 MGC 端子(12 端)为电磁离合器继电器线圈的控制端,当端子由高电位变为低电位时,电磁离合器继电器触点闭合,电磁离合器通电,压缩机工作。

2) 空调放大器的 PRS 端子(2 端)为空调放大器电源端,它受双压开关控制,当制冷系统压力异常时,双压开关断开,PRS 端子失电,压缩机停止工作。

3) 空调放大器的 A/C 端子(8 端)为空调信号输入端,当闭合 A/C 开关时,A/C 端子由低电位变为高电位,空调放大器控制电磁离合器继电器工作。

4) 空调放大器的 ACI 和 ACT 端子与发动机 ECU 连接,空调放大器的 ACI 端子向发动机 ECU 输出空调请求信号,发动机 ECU 再向空调放大器的 ACT 端子输入开空调信号,空调放大器控制电磁离合器继电器工作。

5) 热敏电阻一般安装在蒸发器外侧,用于检测蒸发器出口温度,将热敏电阻的阻值变化转化为电压的变化,将此电压加到空调放大器中,经放大、整形后控制压缩机电磁离合器工作。

(4) 电磁离合器电路

当空调放大器控制电磁离合器继电器工作时,蓄电池正极→熔断器 ALT→熔断器 HTR→暖风继电器触点(5-3)→熔断器 A/C→电磁离合器继电器触点(3-5)→电磁离合器→负极,这时空调压缩机运转。

课题四　空调系统的维护

一、汽车空调系统的正确使用

1. 非独立式空调的正确使用

对于非独立式汽车空调，其操作使用是比较方便的，但能否正确使用，对机组的空调性能及寿命、发动机的工作稳定性及功耗都有很大影响。为此，空调使用时应注意以下几点。

① 起动发动机时，空调开关应处于关闭位置，发动机熄火后，也应关闭空调，以免蓄电池电量耗竭。

② 夏日应避免直接在阳光下停车暴晒，尽可能把车停在树荫下，在长时间停车后车厢内温度很高的情况下，应先开窗及通风，用风扇将车内热空气赶出车厢，再开空调，开空调后车厢门窗应关闭，以降低热负荷。

③ 在不使用空调的季节，应经常开动压缩机，避免压缩机轴封处因缺油而泄漏，也避免转轴因缺油而咬死。一般一个月应运转 1～2 次，每次 10 min 左右。冬季气温过低时，可将保护开关电线短路，待维护运行完毕，再将电路恢复原样。

④ 长距离上坡行驶时，应暂时关闭空调，以免水箱开锅。超车时，若本车空调无超速自动停转装置，则应关闭空调。

⑤ 使用空调时，若风机开在低速挡，则制冷系统温度开关不宜调得过低。否则易使蒸发器结霜，产生风阻，而且容易出现压缩机液击现象。

⑥ 在空调运行时，若听到空调装置有异常响声，如压缩机响、风机响、管子爆裂等，应立即关闭空调，并及时请专业维修人员检修。

2. 独立式空调的正确使用

对于安装独立式空调的汽车，应严格按照使用说明书的规定启动和运行空调，因这类空调通过遥控装置控制辅助发动机的起动和运行，启动方法要比非独立式空调复杂。

一般使用时的注意事项与非独立式大体相同，但由于辅助发动机有时有单独的油箱，因而还要经常注意检查油箱的储油情况，并要检查发动机水温、油压情况。

二、汽车空调系统的日常维护

① 应经常对空调汽车中的制冷装置进行检查，特别应检查各管路接头处是否松动，压缩机轴封处有否泄漏油迹，各连接螺钉有否松动，如发现应予以修理。

② 在出车前瞬时开动制冷系统，观察储液罐玻璃盖孔或玻璃观察窗内制冷剂的状态，看是否缺制冷剂。

③ 经常检查各电线接头，防止松动脱落，发生意外事故。

④ 经常检查压缩机传动带张力是否正常。

⑤ 应经常清刷冷凝器散热片中的污垢、杂物等，以保持良好的散热效果。

⑥ 大中型客车的车厢内部有一个空气交换口，不能将乘客带的行李、物品放在此口，以免影响空气流通，使蒸发器蒸发能力变差，降低制冷效果。这里的空气滤网应每天清洗，否则车厢的灰尘、杂物会附在它上面，阻止空气流通。

三、汽车空调制冷部件及控制机构的检查

1. 压缩机的检查

启动压缩机，进行下列检查。

① 如果听到异常响声，说明压缩机的轴承、阀片、活塞环或其他部件有可能损坏，或润滑油量过少。

② 用手摸压缩机缸体（小心高压侧很烫），如果进出口两端有明显温差，说明工作正常；如果温差不明显，可能是制冷剂泄漏或阀片泄漏。

③ 如果有剧烈振动，可能是传动带太紧、带轮偏斜，电磁离合器过松或制冷剂过多。

2. 换热器表面的检查及清洗

① 检查蒸发器通道、冷凝器表面以及冷凝器与发动机箱之间是否有碎片、杂物、泥污，要注意清理，小心清洗。

② 冷凝器可用软长毛刷沾水轻轻刷洗，但不要用蒸汽冲洗。换热器表面尤其是冷凝器表面要经常清洗。

③ 检查冷凝器表面是否有脱漆现象，注意及时补漆，以免锈蚀。

④ 蒸发器表面不能用水清洗，可用压缩机空气冲洗，如果翅片弯曲，可用尖嘴钳小心扳直。

3. 储液干燥器的检查

① 用手摸储液干燥器进出管，并观察视液玻璃，如果进口很烫，而且出口管温度接近气温，从视液玻璃中看不到或很少有制冷剂流过，或者制冷剂很混浊、有杂质，则可能是储液器中的滤网堵了，或是干燥剂散了并堵住了出口。

② 检查易熔塞是否熔化，各接头是否有油迹。

③ 检查视液玻璃是否有裂纹，周围是否有油迹。

4. 制冷软管的检查

看软管是否有裂纹、鼓包、油迹，是否老化，是否会碰到尖物、热源或运动部件。

5. 电磁离合器及低温保护开关的检查

断开和接通电路，检查电磁离合器及低温保护开关是否正常工作。

① 小心断开电磁离合器电源，此时压缩机会停止转动，再接上电源，压缩机应立即转动，这样短时间接合试验几次，以证明离合器工作正常。

② 天冷时，若压缩机不能启动，可能是由于低温保护开关或低压保护开关起作用，可将保护开关短路或将蓄电池连接线直接连到电磁离合器（连接时间不能超过5 s）。若压缩机仍不转动，则说明离合器有故障。

③ 在低温保护开关规定的气温以下仍能正常启动压缩机，则说明低温保护开关有故障。

④ 若有焦味，可能是电磁离合器被烧坏。

6. 车速控制机构的检查

首先弄清该车空调系统中有哪几种车速控制机构，然后进行检查。

① 低速保护（怠速继电器）。确认怠速保护的转速限值，首先将发动机在高于此限值上运转，确认压缩机工作正常，然后让发动机降速至限定值以下，若压缩机自动停转，则说明怠速继电器工作正常。否则要调整怠速继电器限定值或调整发动机怠速转速。

② 高速保护（超车继电器）。令发动机正常运转，然后短时间让发动机高速运动（模拟超车）几秒钟，观察压缩机能否自动停转，并能否在几秒钟后又恢复正常。若有故障，则检查线路是否有松脱等现象，对症修理。

③ 怠速稳定（怠速提升装置）。起动发动机，不开空调保持怠速运行，测定怠速转速，一般应在 600～700 r/min，然后开空调，检查发动机转速是否提高（应自动提升至 900～1 000 r/min）及怠速工况是否稳定。若过高或过低，则调整真空促动器的调整螺钉或拉杆位置；若发动机转速不提高，则检查线路是否正常，真空源是否正常，真空管路是否漏气、压扁等。

7. 感温包保温层的检查

检查膨胀阀感温包与蒸发器出口管路是否贴紧，隔热保护层是否包扎牢固。

8. 换热器壳体的检查

检查蒸发器壳体有无缝隙，冷凝器导风罩是否完好，冷凝器与水箱之间距离是否合理，蒸发器箱体内是否有杂质。

9. 电线连接的检查

检查电线接头是否正常，连接是否可靠。

10. 压缩机传动带盘及连接传动带的检查

① 检查传动带张紧力是否适宜，表面是否完好，配对的传动带盘是否在同一平面。传动带新装上时正好，运转一段时间会伸长，因此需要进行两次张紧。传动带过紧会使传动带磨损，并导致有关总成的轴承损坏；过松则使转速降低，制冷量、冷却风扇风量不足。

② 若用一般三角传动带，新装上的传动带张紧力应为 40～50 N，运转后张紧力应为 25 N 左右。

③ 若齿形传动带的张紧力不足，将会降低齿形传动带的可靠性。但张紧力过大传动带会发出异响，一般调整在 15～18 N 比较合适。

调整齿形传动带张紧力的办法是，使齿形传动带张紧直至运转时发出异响，然后逐渐减小张紧力直到异响消失为止。

④ 保证传动带直线运转是非常重要的，可用加减垫片的方法调整轴向位置。

11. 冷凝器风扇的检查

检查冷凝器风扇工作时是否有异常声响，是否有异物塞住叶轮，是否碰到其他部件，尤其要检查冷凝器风扇电动机的轴承是否缺油、咬住，压缩机运转时，冷凝器辅助风扇是否同步转动。

12. 定期检查压缩机油面

压缩机有视油镜的，可以通过视油镜查看油面是否在线以上。在侧面有放油塞的，可略松开放油塞，如果有油流出就是油量正好；若没有油流出，则需要添加润滑油。如果有油尺的，根据说明书规定用油尺检查。

四、汽车空调系统维护常用设备

1. 电子检漏仪

电子检漏仪如图 9-44 所示,该仪器的最大优点是灵敏度极高,它能探测出系统制冷剂的微量泄漏,并且用警铃及指示灯显示检出的信号,操作比较方便直观。

检测时,将电子测漏仪的探头放在距测试点 5 mm 处缓慢移动（30 mm/s）,电子检漏仪通电后会发出微弱的鸣叫声,当检测到有制冷剂泄漏时,会发出短促、连续的鸣叫声。

泄漏量越大,鸣叫声越大,也越短促。制冷管路的管接头有泄漏时,应更换新的 O 形密封圈。

2. 紫外线荧光灯检漏仪

某些汽车空调系统在制造过程中,将一种彩色（多为红色）荧光染料充注到制冷系统中,使之与制冷剂一起在管路中循环流动。如果系统中出现制冷剂泄漏,荧光染料就会伴随着制冷剂一起泄漏出来,并在泄漏处留下痕迹。

检查制冷剂泄漏时,用一盏特制的紫外线荧光灯照射制冷系统的每个元器件及管路,如图 9-45 所示。在紫外线的照射下,泄漏出来的荧光染料会发出明亮的光,非常易于发现和识别。紫外线荧光检测法的检测精度很高,对于非常轻微的制冷剂泄漏也能发现。其检测精度与电子检漏仪相仿。

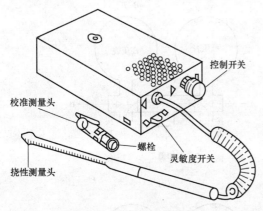

图 9-44 空调电子检漏仪

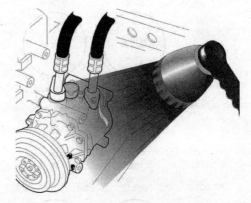

图 9-45 紫外线荧光灯检漏

3. 歧管压力表

歧管压力表也称歧管压力表组或歧管压力计,是维修汽车空调系统不可缺少的仪表。它不仅用于制冷系统抽真空、加注制冷剂和添加冷冻润滑油,还用于空调系统的故障检查及排除。

歧管压力表由高压表和低压表组成,还配有手动高低压阀及三个接头,其结构如图 9-46 所示。

歧管压力表的高压表通过手动高压阀和高压管接头与制冷系统高压侧相连,用于检测制冷系统高压侧压力,而低压表则是通过手动低压阀和低压管接头与制冷系统低压侧相连,用于检测制冷系统低压侧压力。中间管接头连接真空泵或制冷剂钢瓶。

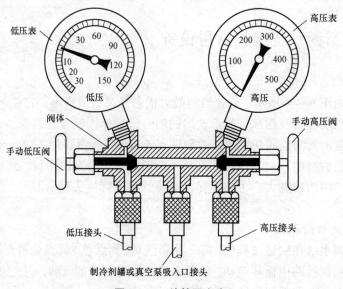

图 9-46 歧管压力表

(1) 歧管压力表的工作原理

通过调节手动高压阀和手动低压阀,可使歧管压力表在不同的方式下工作。歧管压力表有四种工作方式,如图 9-47 所示。

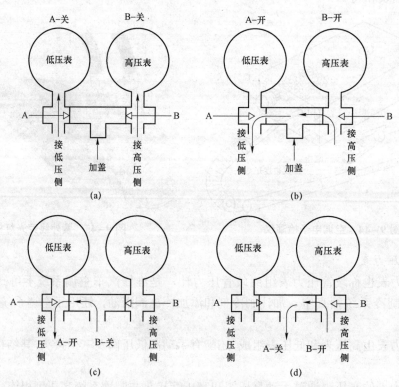

图 9-47 歧管压力表工作方式
(a) 高低压阀均关闭;(b) 高低压阀均打开;(c) 低压阀打开、高压阀关闭;(d) 高压阀打开、低压阀关闭

① 高压阀 B 和低压阀 A 同时关闭,如图 9-47(a) 所示。此时可进行高、低压侧压力

检测。

② 高压阀 B 和低压阀 A 同时打开，如图 9-47（b）所示。此时可进行制冷剂加注、抽真空操作，同时可检测高、低压侧压力。

③ 只开启手动低压阀 A，手动高压阀 B 关闭，如图 9-47（c）所示。此时低压管路、中间管路及低压表相通，可进行低压侧加注气态制冷剂或排放制冷剂，同时可检测高、低压侧压力。

④ 只开启手动高压阀 B，手动低压阀 A 关闭，如图 9-47（d）所示。此时高压管路、中间管路及高压表相通，可进行高压侧加注液态制冷剂或排放制冷剂，同时可检测高、低压侧压力。

（2）歧管压力表使用注意事项

在使用歧管压力表进行空调制冷系统相关检修项目时，应注意如下事项：

① 压力表连接软管时，要用手拧紧，不能使用扳手，以免拧坏接头螺纹。

② 使用时，要将软管中的空气排干净。

③ 不使用时，软管要与管接头连接起来，以防止灰尘、杂物或水进入管内。

④ 歧管压力表为精密测量仪表，应细心维护，保持仪表及软管接头的清洁，并应轻拿轻放。

4. 真空泵

真空泵如图 9-48 所示，用于制冷系统抽真空，以排除制冷系统内部的空气和水分。该真空泵是叶片式真空泵，主要由转子、定子（气缸）、叶片及气阀等组成。

转子与定子内圆偏心安装，之间形成月牙形空腔。工作时，叶片在弹簧的弹力和离心力的作用下沿径向滑出，其外端贴于气缸内壁，形成吸气腔和排气腔。转子转动时，吸气腔容积逐渐增大，腔内压力下降而吸入气体；排气腔容积逐渐减小，压力升高而排出气体。如此循环，将吸气端容器内的空气抽出，达到抽真空的目的。

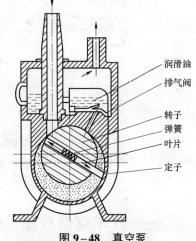

图 9-48 真空泵

需要说明的是，真空泵抽真空过程中并不能直接将制冷系统中的水分抽出，而是通过抽真空降低了系统内的压力，使水的沸点降低，而水在较低的温度下沸腾，从而以水蒸气的形式被真空泵抽出。

5. 制冷剂加注回收一体机

在传统的车用空调维修作业中，一般将用过的空调制冷剂直接排放到大气中去，不再使用。这样，一方面造成制冷剂的无端浪费，另外，也促进了环境破坏（臭氧层空洞日益扩大），劣化了人类的生存环境。

为进一步保护环境，坚持科学发展观，倡导和推动循环经济，我国相继加入了《保护臭氧层维也纳公约》《蒙特利尔议定书》和《京都议定书》等一系列国际环境保护公约，通过立法禁止使用对环境有害的制冷剂（如 R12），并明确规定，空调制冷系统中的残余制冷剂不得随意排放，应该回收利用。

回收制冷剂除了可以带来较好的社会效益外，其巨大的经济效益也是不容忽视的。至于回收的制冷剂，由于 R134a 性能稳定，不易分解，不易与其他物质发生化学反应，所以车用空调中残余制冷剂的性质与性能并没有发生变化,只是在制冷剂中混入了杂质,因而影响了制冷效果。只要把这些杂质充分过滤掉,然后将回收再生的制冷剂与未使用过的新制冷剂相比,其性能是完全相同的。

回收制冷剂中常见的杂质有冷冻机油、空气、水分等,只需对这三种杂质分别进行净化,就可以达到再生净化制冷剂的目的。

制冷剂加注回收一体机如图9-49所示,制冷剂加注回收一体机集制冷剂加注、回收、抽真空、除油、除水气、除杂质等功能于一体,能够把混入制冷剂中的冷冻机油分离出来,并可加入相应的新油,实现制冷剂的回收再利用。

除具有压力检测、显示及高压保护功能之外,制冷剂加注回收一体机一般还配有电子计量装置(电子秤),以确保制冷剂的充注量符合空调系统的要求。

为进一步规范制冷剂的循环利用,交通运输部还出台了部颁标准JT/T 774—2010《汽车空调制冷剂回收、净化、加注工艺规范》,提出了明确的制冷剂回收、净化、加注作业工艺流程,使得我国车用空调制冷剂的循环利用有章可循、有法可依。

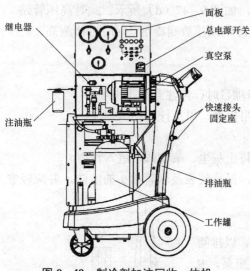

图9-49 制冷剂加注回收一体机

课题五 空调故障诊断

一、汽车空调故障诊断的常用方法

1. 看

用眼睛观察整个空调系统各个零件是否处于正常工作状态。启动空调,观察储液干燥器的观察窗,看制冷剂是否适量。

如果观察到连续不断的气泡出现,说明制冷剂严重不足,如果每隔1~2 s就会有气泡出现,表示制冷剂不足,如图9-50所示。

如果观察窗几乎透明,发动机转速变化时可能会出现气泡,说明制冷剂适量。看各接头处是否有油污、沾有灰尘。如果有油污和灰尘,则可能泄漏。观察冷凝器表面脏不脏,散热片是否倒伏变形。

2. 听

用耳朵聆听运转中的空调系统有无异常声音。如

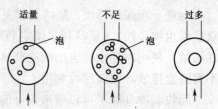

图9-50 储液干燥器视液镜

果有噪声，则可能是电磁线圈老化，吸力不足，通电后由于打滑而产生噪声，也可能是离合器片磨损造成间隙过大使离合器打滑。听压缩机是否有液击声。如果有液击声，可能是制冷剂过多或膨胀阀开度过大，应释放制冷剂或调整膨胀阀。除此之外，就是压缩机内部损坏。

3. 摸

高压管路比较热，如果某处特别热或进出口有明显温差，说明这个地方堵了。用手感觉压缩机的进气管和排气管之间应该有明显的温度差，前者发凉，后者发烫。用手感觉比较冷凝器进入管和排出管的温度，正常情况下，前者热一些，因为冷凝器上部温度比下部温度要高。用手摸储液干燥器，前后温度应一致。冷凝器输出管到膨胀阀输入管之间是制冷剂高压、高温区，温度应该均匀一致。

低压管路比较凉，用手摸膨胀阀，前后要有明显的温差，即前热后凉。膨胀阀出口到压缩机之间的软管应该凉而不结霜，正常情况应为结霜后即化，用肉眼看到的只是化霜后结成的水珠。

用手感觉车内出风口有凉的感觉，车内保持适应人体的正常温度。

如果高压管路、低压管路没有明显温差，说明制冷系统不工作或系统泄漏，制冷剂严重不足。

4. 测

为了判断出空调系统故障，可使用以下工具进行检测。

1）检漏仪。用检漏仪检查各接头是否有泄漏。

2）歧管压力表。用歧管压力表检查制冷系统的压力。运转压缩机，发动机转速为 2 000 r/min 时，观察歧管压力表。在一定的大气湿度内，轿车制冷系统工作时的高、低压范围其正常状况是：高压端压力应为 1.421~1.470 MPa；低压端压力应为 0.147~0.196 MPa。若不在此范围内，则说明系统有故障。

3）万用表。用万用表检查空调电路故障。

4）温度计。

① 蒸发器：在不结霜的前提下，蒸发器表面温度越低越好。

② 冷凝器：正常工作时，冷凝器入口温度为 70~90 ℃，冷凝器出口温度为 50~65 ℃。

③ 储液干燥器：正常情况下应为 50 ℃。如果上下温度不一致，说明储液干燥器堵塞。

二、空调制冷系统的故障诊断

汽车空调制冷系统是一个完全封闭的循环系统，其中任何一个零部件损坏都会使制冷能力下降或不能制冷。如果汽车发动机出现故障，可马上拆开检查。而制冷系统出现故障时，是不能随便拆检的。由于系统对密封性要求很高，因此给故障的诊断带来了困难。

汽车制冷系统的常见故障一般分为电气故障、功能部件的机械故障、制冷剂和冷冻润滑油引起的故障等。这些故障发生之后，集中表现为系统不制冷、制冷不足或产生异响。

制冷系统的故障一般是靠直观检查或利用仪表配合检查来诊断的。

一般来说，制冷系统的性能是否正常，车内的空气温度、湿度是否达到规定的指标，是判断制冷系统故障的主要依据。

在测试制冷系统性能之前,一定要先开启发动机,使其稳定在一定转速之上,持续 2 min 以后,再依次进行检查。先启动制冷系统,将控制开关拨到最大制冷量和最小送风量的位置,检查有无冷气进入车厢。再使发动机继续运转,用温度表检测蒸发器送风口的温度,如果测得送风口温度在 0~5 ℃,此时车厢里的温度可保持在最适合人体的温度 20~25 ℃。注意,检查时车身的密封情况应该正常。

汽车制冷系统可在静态或动态两种状态下进行检查。

1. 静态检查

发动机停机,制冷压缩机也不运转,按下列项目逐一检查,若发现故障即予以修复。

1)检查压缩机传动带,要求松紧适宜。可用两个手指压传动带的中间位置,能压下 7~8 mm 为宜。

2)检查压缩机传动带是否端正而不歪斜,检查压缩机在发动机体上安装是否牢固。

3)检查冷凝器翅片,应整齐、无损、干净。

4)检查蒸发器和空气过滤网,应干净和通风良好。

5)检查制冷剂管路和接头,如接口处有了油污,表示该处有泄漏。

6)检查制冷剂管路是否有擦伤或折断。

2. 动态检查

动态检查即开机检查。此时,发动机和压缩机都处于运转状态,操作时必须十分小心,保证安全。

动态检查时,先起动发动机,接通电磁离合器使压缩机运转,此时蒸发器鼓风机会送风,冷凝器风扇会排风,系统投入运行,然后再检查其他问题。

现列举一些故障项目加以说明。

(1)整个制冷系统不运转

① 检查电源。压缩机不运转,风扇也不旋转,很可能是电源方面的问题,例如,熔断器熔断、电线接头锈蚀、开关损坏、电线断路等。

如果是熔断器熔断,说明电路有短路处,应该先查找短路的原因,千万不要先换熔断器,否则会烧坏整条电路的电线,应该仔细检查各路电线的绝缘层有无破损,检查各种电器,例如鼓风机的电动机、电磁离合器内部有无短路等。

② 检查各风机的直流继电器。由于风机的用电量较大,蒸发器风机的电流可达 10 A 以上,因此一般都装有专用直流继电器,用小电流来控制大电流,实行分路供电。应该检查继电器线圈是否烧坏,触头是否完好。

③ 检查温度控制器。对于压力式(机械式)温控器,应检查感温包的工质是否泄漏,各结构触点有无损坏;对于热敏电阻式及电子式温控器,可先检查调温电阻是否损坏,热敏电阻的特性是否正常,然后再检查放大器部分。

④ 检查压力开关。向制冷系统内充入 3×10^5 Pa 的制冷剂,如制冷系统能恢复工作,则说明低压开关是正常的;如不恢复工作,则说明低压开关有故障。这时可把被检查的低压开关短路,如系统开始工作,则说明该低压开关有毛病。

(2)噪声

如果制冷系统有噪声产生,通常表示将会有连带的故障发生。例如,压缩机的固定螺栓松动会产生噪声,若不及时修复还会造成更大的故障。此外,如果传动带太松、带轮歪斜、风扇支架松动、电磁离合器打滑等都会产生噪声。

（3）冷气不足

在一般情况下，环境气温为 21 ℃时，蒸发器出风温度应为 7～10 ℃，如果高于此温度，就说明冷气不足。

三、空调暖风系统故障诊断

1. 空调暖风系统的工作原理

汽车空调暖风系统通常利用发动机冷却水作为热源，利用鼓风机将送入热交换器中的车外或车内的空气与已变为热水的发动机冷却水进行热交换，空气因吸收热量而成为暖风，被吹入车厢内。

汽车空调暖风系统如图 9-51 所示，冷却水通过热水阀流入暖风装置中的热交换器，然后再流回水泵。热水阀的作用是调节所需热水流量。通过这种装置进入暖风装置的冷却水流量主要是由发动机所带动的水泵来决定的，所以采暖能力会受到发动机转速的影响。

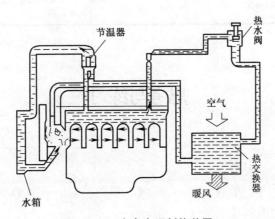

图 9-51　汽车空调制热装置

暖风装置除供车内取暖以外，还可对风窗玻璃起到除雾去霜的作用；在不取暖时，还可起到动压通风与强制通风的作用。

暖风装置所用的鼓风机一般与汽车空调制冷装置共用。

2. 空调暖风系统不制热故障

汽车空调暖风系统不制热故障的原因及排除方法见表 9-1。

表 9-1　汽车空调暖风系统故障原因及排除方法

故障现象	故障原因	排除方法
不制热或制热不足	空调机鼓风机损坏 鼓风机继电器损坏 热风管道堵塞 风门卡滞 冷却液不足	用万用表测电阻，若阻值为零则更换 用万用表测电阻，若阻值为零则更换 清除热风管道堵塞物 检查风门转换开关和拉索 补充冷却液

续表

故障现象	故障原因	排除方法
不制热或制热不足	冷却水管阻塞 加热器芯管内部有空气 加热器芯管内积垢堵塞 发动机石蜡恒温器失效 热水开关失效 发热器漏风	排除阻塞或更换水管 排出管内空气 用化学方法除垢 更换石蜡恒温器 拆修或更换 更换发热器壳
吹风机不转	熔断器熔断 鼓风机电动机烧毁 鼓风机调速电阻断路	更换熔断器 更换电动机 更换电阻
漏水	软管老化，接头不紧，热水开关关不紧	更换水管，拧紧接头，修复热水开关
过热	调温风门调节不当 发动机节温器损坏 鼓风机调速电阻损坏	调整调温风门的位置 更换节温器 更换电阻
除霜热风不足	除霜风门调整不当 出风口阻塞 供热不足	重新调整 清除 见本表"不制热或制热不足"的故障排除
加热器芯有异味	加热器漏水	检查进出水管接头并卡死，若加热器管漏水，则更换水管

思考与练习

一、单选题

1. 汽车制冷系统的蒸发器在（　　）。
   A. 车前　　　　B. 车内　　　　C. 车外　　　　D. 车后
2. 目前汽车上采用的制冷剂是（　　）。
   A. R12　　　　B. R22　　　　C. R134a　　　　D. CO_2
3. 从压缩机出来的制冷剂是（　　）。
   A. 高温高压的液体　　　　　　B. 低温低压的液体
   C. 高温高压的气体　　　　　　D. 低温低压的气体
4. 保持制冷系统中制冷剂循环的是（　　）。
   A. 压缩机　　　B. 蒸发器　　　C. 冷凝器　　　D. 膨胀阀
5. 通过热对流—热传导—热对流的方式将制冷剂液化过程放出的热量散发到车外空气中的是（　　）。
   A. 压缩机　　　B. 蒸发器　　　C. 冷凝器　　　D. 膨胀阀
6. 压缩机中采用双向活塞的是（　　）。
   A. 曲柄连杆式压缩机　　　　　B. 斜盘式压缩机
   C. 摆盘式压缩机　　　　　　　D. 涡旋式压缩机
7. 将高温高压制冷剂气体进行冷却的是（　　）。

A. 压缩机　　　　B. 蒸发器　　　　C. 冷凝器　　　　D. 膨胀阀
8. 汽车制冷系统安装在车内的部件是（　　）。
A. 压缩机　　　　B. 蒸发器　　　　C. 冷凝器　　　　D. 电磁离合器
9. 同时受蒸发器出口温度和压力控制的膨胀阀是（　　）。
A. 内平衡式膨胀阀　　　　　　　B. 外平衡式膨胀阀
C. 电磁式膨胀阀　　　　　　　　D. 孔管
10. 完全利用汽车行驶时产生的气流压力差，将车外空气引入车内的通风方式称为（　　）。
A. 压力通风　　　B. 自然通风　　　C. 强制通风　　　D. 综合通风
11. 由蒸发器出来的冷空气全部进入加热器的送风方式称为（　　）。
A. 半空调送风方式　　　　　　　B. 并联式送风方式
C. 全热式送风方式　　　　　　　D. 冷暖混合式送风方式
12. 汽车空调制冷系统制冷剂的多少可以从视液镜中进行观察。若制冷剂适量，则视液镜中（　　）。
A. 偶尔出现气泡　B. 出现泡沫　　　C. 无气泡　　　　D. 有长串油纹
13. 从高压侧充注制冷剂时，应（　　）。
A. 开启高压阀，开启发动机　　　B. 开启高压阀，关闭发动机
C. 关闭高压阀，关闭发动机　　　D. 关闭高压阀，开启发动机
14. 下列汽车空调部件中，不是热交换器的是（　　）。
A. 冷凝器　　　　B. 蒸发器　　　　C. 鼓风机　　　　D. 供暖水箱
15. 汽车空调制冷压缩机，一般来说，排气管比吸气管的直径要（　　）。
A. 大些　　　　　B. 一样大　　　　C. 小些　　　　　D. 大小不一定
16. 制冷剂在蒸发器中的过程是（　　）。
A. 吸热汽化过程　B. 降温冷凝过程
C. 吸热冷凝过程　D. 降温汽化过程

二、多选题
1. 冷凝器的结构类型有（　　）。
A. 管片式　　　　B. 管带式　　　　C. 层叠式　　　　D. 平流式
2. 对于蒸气压缩制冷系统而言，下面（　　）部件是不可或缺的。
A. 压缩机　　　　B. 冷凝器　　　　C. 节流装置　　　D. 蒸发器
3. 汽车空调制冷系统常用的节流装置有（　　）。
A. 膨胀阀　　　　B. 集液器　　　　C. 储液干燥器　　D. 孔管
4. 汽车空调的通风装置通常具有下列功能（　　）。
A. 通气方式控制　　　　　　　　B. 空气温度调节
C. 通风量调节　　　　　　　　　D. 送风方式调节
5. 汽车通风系统的作用是在保持车内适宜温度的前提下，尽量降低（　　）。
A. 二氧化碳　　　B. 灰尘　　　　　C. 烟气　　　　　D. 湿度
6. 空调制冷系统当管道中压力过高时，采用的保护方式是（　　）。
A. 打开压缩机电路　　　　　　　B. 切断压缩机电路

C. 打开冷凝器风扇　　　　　　　　D. 关闭冷凝器风扇
7. 汽车空调制冷系统处于高温区的部件是（　　）。
A. 冷凝器　　　　B. 蒸发器　　　　C. 储液干燥器　　D. 膨胀阀
8. 汽车空调常用的检漏设备有（　　）。
A. 压力表　　　　B. 电子检漏仪　　C. 紫外线荧光灯　D. 检修阀

三、判断题

（　）1. 非独立式汽车空调制冷系统是由单独的发动机驱动的。
（　）2. 压缩机的电磁离合器是发动机和压缩机之间的一个动力传递机构。
（　）3. 膨胀阀的作用是调节和控制进入冷凝器的液态制冷剂数量，使之适应制冷负荷的变化。
（　）4. 空调控制面板上的功能选择键主要用于空调系统取暖、制冷、冷暖风或除霜控制。
（　）5. 空调控制系统中的高、低压组合开关在系统压力过高或过低时均起作用。
（　）6. 汽车空调采暖系统的热源一般来自发动机冷却水和废气。
（　）7. 在压缩机加注冷冻润滑油时，加注量可随意确定。
（　）8. 冷凝器不是热交换器，它的作用只是将气态制冷剂变成液体制冷剂。
（　）9. 冷凝器应安装在车上不易通风的地方，让制冷剂更容易液化。
（　）10. 膨胀阀根据蒸发器温度可以自动调节膨胀阀的开度。
（　）11. 汽车空调制冷系统中制冷剂注入量越多，则制冷效果越好。
（　）12. 汽车空调系统高压特别低时，说明制冷剂量很少。

四、问答题

1. 汽车空调系统由哪几部分组成？各有什么功能？
2. 简述汽车空调制冷系统的工作原理。
3. 膨胀阀有什么作用？简述内平衡式膨胀阀的工作过程。
4. 空调系统的检漏通常采用哪些仪器？

参考文献

[1] 胡光辉. 汽车电气 [M]. 北京：北京理工大学出版社，2015.
[2] 吴涛. 汽车电气系统检修 [M]. 2版. 北京：电子工业出版社，2014.
[3] 刘振革，高瑞霞. 汽车电气设备构造与维修 [M]. 北京：机械工业出版社，2017.
[4] 杨智勇，修玲玲，张宇. 汽车电气系统检修 [M]. 北京：人民邮电出版社，2018.
[5] 刘冬生，黄国平，黄华文. 汽车电气设备构造与维修 [M]. 北京：机械工业出版社，2020.
[6] 王升平，胡胜，姚建平. 汽车电气设备构造与维修 [M]. 北京：机械工业出版社，2020.